不是拿走油燈
就沒事了

蔡榮裕——著

「精神分析取向心理治療進階」——技術篇

Psychoanalytic
Psychotherapy

Utopie
無境文化事業股份有限公司

目　錄

推薦序

04 **劉佳昌** ／ 青山高處見天闊，紅藕開時聞水香

10 **林俐伶** ／ 尋寶的歷程

14 **林怡青** ／ 是煉金師還是馬拉松跑者？──精神分析這條路

19 **謝佳芳** ／ 那些言語到不了的地方

22 **莊慧姿** ／ 守護分析治療的勇士

26 **周仁宇** ／ 人生無常

「精神分析取向心理治療」經驗談（小小說）

30 **第一章**　其實，我真的不懂你

34 **第二章**　「你又來了」，是什麼意思？

38 **第三章**　需要有綠洲的中間地帶

43 **第四章**　抱怨裡有多少人生可能性？（上）

47 **第五章**　抱怨裡有多少人生可能性？（中）

52 **第六章**　抱怨裡有多少人生可能性？（下）

「精神分析取向心理治療」進階（技術篇）

治療技術的12堂課 ／ 詮釋・行動・阻抗・修通

62 第一堂　　關於創傷/這是精神分析取向的技術嗎？

91 第二堂　　分析的金和暗示的銅/「精神分析取向心理治療」的基礎結構

113 第三堂　　梗在喉嚨裡努力做自己/治療技術需要什麼地圖？

132 第四堂　　回到佛洛伊德/從挫敗的地方開始

151 第五堂　　失望的胃口吞不下東西，如何招待它？

177 第六堂　　以「朵拉」為例的想像/從暗示到詮釋的光譜距離

193 第七堂　　是驅魔或感恩？/回到暗示與建議

214 第八堂　　臨床案例/思索診療室外的某些「行動化」

235 第九堂　　哥白尼・達爾文・佛洛伊德/關於自戀的想像和技藝

256 第十堂　　三位精神分析師主張的技藝/從歷史裡修改影子

288 第十一堂　理想性的困境和節制/超我作為主人的技藝

323 第十二堂　我要在一條舊毯子上活出自己/需要什麼技藝？

345 跋

推薦序 / 劉佳昌

青山高處見天闊，紅藕開時聞水香

　　這是一本很不容易寫的書。本書談論的主題是精神分析取向心理治療（作者簡稱爲「分析治療」）的技術，所以相對於談論精神分析的理論，這理當是一本實用性的書，教導我們「如何」進行分析治療實作。然而，不論精神分析或分析治療，實際狀況是很難有一簡單明瞭的方式來說明這如何做的治療技術。作者說得很明白：「談論治療技術時，對精神分析來說，由於移情和反移情的觀察和猜測是重心，因此無法專門只談論如何說話的『語法』，或者如何做好細節的『工法』，而是談論在技術和理論之間相互影響的觀察『心法』，因此說我的文章雖談論技術但是著重在心法也不爲過。」(頁61)

　　這情形有些難堪，因爲當前流行的氛圍是所謂實證醫學，而心理治療各流派爲了證明自身的有效性，紛紛建立標準化的治療技術及治療手冊，以利進行研究、累積證據、乃至推廣自家品牌的心理治療。在這時代，如果分析治療還不直截了當清楚明白地說明本身的治療技術，豈不是相當不識時務？

　　其實也不是絕對不能努力寫出這個方向的書。從北市

聯醫松德院區（原名台北市立療養院）的精神分析取向心理治療課程，到後來成立的「思想起心理治療中心」，我們使用英國作者Alessandra Lemma的「Introduction to the Practice of Psychoanalytic Psychotherapy」當作教材，已經十多年了，這就是一本比較符合上述性質及特色的教本。但我自己的切身體會是，那樣的教科書對臨床實作雖然也有相當的指引，但回到真實的臨床實作，若要對個案有更貼切的描述和更深入的理解，還是需要更加鮮活細膩的觀察描述，以及更加周延深入的思索和論述。這應該不難理解，因為每一次的治療時段都像一場首演，既不能預演，也無法重來，臨床實作於是總帶著各種不確定性，一個好的分析治療師勢必要有相當程度承受困惑、未知、乃至混亂無序的能力。

現實狀況是，欲學習分析治療的臨床實作，個案的督導仍是最直接的重要機制，但這並不妨礙我們期待有更貼近分析治療臨床實作的技術性文字書寫。不過同樣不難理解的是，越貼近臨床的技術書寫，勢必更接近治療的現實，因而更複雜，更不確定，也更加考驗讀者承受文字複雜度的工夫。

多年前在一場外賓研討會中，來訪的法國分析師Dr. Hellene Trivouss Widlocher回應一個現場提問時說道：「甚麼問題都可以問，但不一定可以回答。」這恐怕是許多分析治療個案心中一個共同的痛。我有這麼多問題，你能治好我嗎？要治療多久？你會如何看待我？我可以放心依賴

你嗎？你真的關心我嗎？為甚麼問甚麼你都不回答？為甚麼我們不直接講重點？你何不直接問我你想知道甚麼？這樣不著邊際地談不是浪費時間嗎？你一直連到你自己，會不會太臭美了？個案被要求無所不談，但他的無所不問通常不會被回答。

　　另一方面，精神分析取向心理治療師（作者簡稱為「分析治療師」）心中對於分析治療技術的問題恐怕不會比較少。這麼嚴重的個案適合分析治療嗎？要加入多少支持性的元素才恰當？要怎麼讓移情真的發生？怎麼知道不是自己想太多？詮釋要如何做？詮釋讓個案很生氣，我該怎麼辦？需要加點教育進去嗎？應該詮釋一個夢裡的象徵意義或是先處理阻抗？個案缺席幾次我才要聯絡他？個案不想治療了我應該同意結束嗎？死的本能好像癱瘓了治療，我該怎麼辦？不像治療中的節制(abstinence)場景，這些問題通常至少會被部分回答，但很多時候答案仍是令提問者不滿意的，同樣的問題過沒多久又會再次生起。

　　然而最不可思議的是，分析治療的兩造明明有著數不清的問題，其中為數甚多可能從未被直接回答，但仍有這麼多人在繼續做著或受著分析治療。這是怎麼回事呢？我猜想，這件事底下的推動力與其說是對想像中的答案的永恒期待，不如說更可能是因為疑問或提問本身就是一種思考，是心智成長的重要推力。這個說法似乎有點違背常識，問問題不就是尋求答案嗎？不求答案的問題還算問題嗎？不過事實顯示，問題和答案時常像一對怨偶，很難讓對方

長久住嘴。這現象如此鮮明地反映在爲數眾多的分析治療實作中，挑戰我們的自以爲是，也足以讓我們反思所謂技術。明確的技術如果是某種答案，是不是眞的能夠滿足學習者的問題呢？恐怕未必。在這些反思之下，蔡榮裕這本談論分析治療技術的書更顯特別，因爲讀者會發現他多麼熱衷且擅長問一長串的問題。

　　但是，這也是一本很不容易讀的書。作者用心良苦，爲了闡述他的理念，挖空心思，從不同角度接近分析治療實作理論與技術的方方面面。讀者會發現不少主題被反覆提及，因此許多文字、理念及論述過程都是再三重提，雖然是在不同的脈絡中或是以不同面貌出現。作者就像在編織一張極其繁複華麗的地毯，只見他一針一線，不厭其煩，細心地、耐心地編織下去。閱讀中，讀者可能會暫時迷失在千迴百轉不停纏繞的字裡行間，一時無法掌握作者眞正的意圖。但作者顯然不願爲了「可讀性」而將他想完整闡述的想法打折扣，換言之，他沒有爲了討好讀者而刻意把這本書寫得「深入淺出」。相反地，他相當程度重現了分析治療實作過程常見的基調，也就是這件事非但不是綱舉目張、條理分明，也決不像風和日麗、春日踏青那般輕鬆愉快；更多的時候，分析治療師與個案兩人反而更像是一起在迷霧森林中摸索前進，過程往往是困難、辛苦、有時甚至是痛苦的。

　　當然這並不是說，對於一本探討分析治療技術的書，這是唯一正確的寫法，這甚至未必是最好的寫法，而且我

相信這也相當程度上包含了蔡榮裕的風格在內。然而本書的書寫方式，似乎有意無意諧擬了分析治療歷程宛轉曲折、迂迴前進的氛圍，讓讀者不僅在智力上需要付出相當力氣去閱讀，同時也親身感受著類似身處分析治療歷程中的第一手經驗。這就是為甚麼我說這是一本不容易讀的書。

好消息是，閱讀本書終究有一點強過分析治療本身，當你耐心讀完全書，作者苦心編織許久的那張地毯的全貌，至少會比較清楚地展示在你眼前，讀者多少會感覺到辛苦的付出總算得到一些回報。相較之下，分析治療實作更困難，需時更久，也更少遇到「水落石出」、「真相大白」的戲劇性時刻。

這本書還有一個重要特色，它是深深扎根在台灣的在地經驗，具體而言，是真實反應蔡榮裕和一群同僚從松德院區、臺灣精神分析學會、到思想起心理治療中心，將近三十年來不間斷地在精神分析取向裡治療實作及督導教學中累積的第一手心得，因此各方面的論述，儘管高度複雜，卻深具本地分析治療實作的臨場感。書中不少概念的論述頗能與我本身的臨床經驗產生共鳴。例如，從失敗中學習(頁139,148)、強調要關注詮釋以外的部分、對經常彌漫在分析治療中的「失望」的深刻反思(頁162-168)、以及許多其他例子，在在使人想到Bion所提的「陰性能力」(negative capability)。

這本不易寫又不易讀的書裡，堅持古典精神分析理論脈絡下精工建構整個分析取向治療技術思考的同時，作者

也討論到不少嚴肅的大問題。例如，他以佛洛伊德在1919年提出的「分析的金、暗示（建議）的銅」定調，作為分析治療的基石(頁96)，自始至終圍繞著這個理念從四面八方反覆探究。另一個例子，當移情詮釋已儼然躍升分析治療主流技術的今天，作者深刻地反思治療關係中詮釋以外更大多數模糊未知的部分，提醒學習者切勿流於反射性地只想到所謂的移情詮釋。(頁180-188)

此外，蔡榮裕在書中也提出不少大氣魄的想法，聽來幾近宣言。例如他思索精神分析與分析治療彼此關係的過去、現在和未來，直言未來這兩者彼此間的互動關係會如何發展尚在未定之天。他認為在文字書寫相對缺乏的分析治療這邊，仍有許多有待耕耘和收成的機會；而對於制度相對定型的精神分析，他反倒提出警語，提醒倘若自省不足，臨床現實的發展會使得精神分析的路有越走越窄的危險。(頁198-200)

接近末尾，對分析的金和暗示的銅不屈不撓的思辨，最終在禪宗思想裡逼出一條出路，關於有與空的互不妨礙(頁214-215)，讓我們看到蔡榮裕思想創造上的又一企圖心。

書中珠玉不勝枚舉，等待有心人親自發掘。

▶作者：**劉佳昌** ╱ 臺灣精神分析學會前理事長、台北市立聯合醫院松德院區
　　　　一般精神科主治醫師、思想起心理治療中心資深督導

推薦序 / 林俐伶

尋寶的歷程

這是一本為臨床經驗整理立論的書。

點亮油燈，翻開書頁，當我們手執一本這樣的標題的書，我們有期待嗎？可能的期待又是什麼呢？你也許以為你找到了一本食譜，一份菜單，人稱「精神分析取向心理治療」，這就是我們的期待嗎？如果這本書像菜單，會不會教人失望？它如果不像菜單，是否也教人失望？

從病人的抱怨與諮詢開始，佛洛伊德為了回應對方，加上對症狀、對人心的好奇，他開始思考並運用可能可以與個案工作的臨床技術，接著透過觀察與思考技術與人的互動內涵，佛洛伊德開始建構理論。這三大元素：臨床資料、分析技術、理論建構，充斥著他創建精神分析的整個過程，他在此間不停地思辯、與人交流，書寫自己的想法再駁倒自己的想法，層層堆疊，寫了二十四卷，成一家之言。

這本書似是如上過程的縮影，和蔡榮裕醫師潛意識叢書的前四本不太一樣，少了詩意，多了許多重要的智性內容與人性關懷。讀者讀著這本書，比較有可能的是，在最初翻開的數頁，甚至數十頁，給人一種怎麼對人是既了解

卻又不了解，懂卻又不懂的情況？感覺不是很容易進入蔡
醫師的思緒脈絡，但是，跟著文字，要隨心所欲地緊跟著
（這句話怪怪的，不過卻是一個分析治療者頗為理想的工作
狀態），可以發現慢慢地產生一種處處拾穗的經驗，閱讀此
書，有點像爬上了一座物產豐饒的島嶼，邊走邊認識那一
切映入眼簾的，有時候還會情不自禁地駐足做著自己的聯
想。聽蔡醫師說過幾回：「腳下所踩的所在就是一個人想
要在的地方。」這句話是一個在閱讀此卷時可以運用的態
度：眼前所見的就是我要讀的、要想的、要感受的、甚至
質疑的。蔡醫師在字裡行間完全地打開了這些可能性。

　　本書中，蔡醫師對幾個固有的技術觀，包括分析的金
所意指的移情詮釋、中立的態度等概念進行審視，並且對
於使用僵硬的認識論看待它們的態度發出質疑，在此質疑
中，也許就改變了一個臨床家看人的角度，那裡面滿是慈
悲。比方說，他以描述變性人可能有的內在心理經驗去了
解個案在治療場域中「退回」到自己的世界的行動動力，
直接展現的可能只是對於做治療花費了他的時間與金錢的
抱怨，但某部分卻可能是深層內在難以與他者連接上的無
奈與絕望，個案既然「退」，我們要不要考慮「進」？因
此，蔡醫師提出了「邀請的態度」，認真者如他，絕不會
簡單發明介紹一個新概念就算了，前前後後的，讀者會讀
到「暗示的銅」的歷史地位及實用性，還會讀到費倫齊
(Ferenczi)的「主動技術」，葛林提議的主動的態度，當然
也不乏古典的「分析的態度」，克萊恩看待自戀與死亡本

能與自體心理學對自戀的專研等等。他在書中描寫了許多
觀察，提出一些問題，舉出不少的例子和比喻，例如：以
夢境作為治療互動或外在現實的比喻，然後再回到精神分
析歷史與理論以及對台灣現有的臨床經驗做些理解與辯證
的歷程，這幾個元素，就如同分析治療經驗一樣，不是以
穩定的連續性出現，而是以高度的複雜性，還有一種廣泛
性的風格，在文字間以一圈又一圈渦輪般的形式展現，時
而重疊，時而停駐轉而論述另一個概念，時而以嶄新的比
喻展露頭角，蔡醫師的寫作風格呼應著他文章中提到的：
「從『分析的金』到『暗示的銅』之間，有一片值得被探
究的場域，如溫尼科特所說的『過渡空間』(transitional
space)，或我想用的『餘地』，留有餘地的餘地，可以在僵
局裡再創新的領域。」

　　從蔡醫師的文字中，我們可以直接地感受到精神分析
的「創新」不是憑空的，那裏面有著身為一個人原本帶來
這世上的和他的生命歷史軌跡中的經驗，使得一個人的內
心還存有著更多更多的人的思緒，包雜著當下所受的苦，
在治療中，隱隱的期待能「蛻變」(transformations)，在移
情中蛻變。但如果我們思考蛻變歷程，蔡醫師提醒我們：
「生命早年的真正記憶，並不是在口說的故事裡」，也就
是老祖宗佛洛伊德所說的，真正的記憶是在行動裡，而且
是重複不止的行動（關係模式），但精神分析的工具是語
言啊！當某種語言方式和行動接不上時，分析治療師的意願
為個案去臆測、去了解有著關鍵的重要性。書中提到：「

佛洛依德說他的……後設心理學是一種猜測……不是和個案打轉一輩子的人所做的謙虛陳述，而是作為精神分析師或分析治療師，面對『臨床事實』(clinical facts)所真實經驗到的感受。精神分析師和分析治療師對於個案內心世界的探索，唯一的工具是猜測……作為分析治療師，沒必要對於自己的作為大都是猜測而感到汗顏，因為這是臨床事實，而唯有面對這種具有主觀且猜測的性質，分析治療師才能仔細傾聽個案的故事。」在這樣的傾聽態度之下，很自然的人與人之間的情感會以另一種新的語言方式建立，因此「回到當刻的脈絡」，「中立並非冷漠」而「詮釋是一種聯結」，這些蔡醫師提出的原則得以增進分析歷程的豐碩，語言和情感生成一種關係，而其中的感受能直接賦予語言在精神分析以及分析治療過程中，在人生其他遭遇裡不會有的，獨特生命力。

　　最後，我特別想說的是在談到比昂提的要追求真實感(sense of truth)的重要性時，蔡醫師很令人動容地寫到：「生為一朵花就是拼命要開出花，不論是否有石頭壓著，也因為有監督者的存在而讓表現的美學和手段有了多樣性。」我們讀這本書，會是這樣的一種尋寶的歷程，撿拾著一幕幕的臨床情境，一段段的理論概念分享，時而出現的對技術的省思與創見。綻放，在走走停停、尋尋覓覓、細細思想中輕巧地發生。

▶ 作者：**林俐伶**/臺灣精神分析學會副理事長暨執行委員會委員、美國及國際精神分析學會精神分析師、秋隱精神分析工作室負責人

推薦序 ／ 林怡青

是煉金師還是馬拉松跑者？——精神分析這條路

　　是誰引誘我走上這條彷彿馬拉松賽般無止盡的長路？

　　自從我選擇了一種與大部分精神科醫師不同的工作模式——設置一個屬於自己的心理治療工作室、裡面有屬於個案的躺椅與面對面的座椅，轉眼已來到第十年。工作時，窗簾放下，以燈泡色系的昏黃感從事著精神分析取向心理治療，進行著個案潛意識的探索。會走上這條路，很大一部分與我個別心理治療的啓蒙老師，也就是本書作者蔡榮裕醫師有關。還記得住院醫師第二年（這已經是20年前了），我第一次聽到精神分析的演講，講者就是蔡醫師，那一天，北市療（現在的台北市立聯合醫院松德院區）的第一講堂人滿為患，座無虛席，我只能站著豎起耳朵聆聽。蔡醫師談著溫尼考特holding的概念，談著談著竟然就連到佛教的禪宗了，我已不記得蔡醫師是怎麼連貫這些內容，但知道自己心裡遭受大大的撞擊，那個感覺很深刻，到現在還記憶鮮明。從那一刻開始，我的內在自我匱乏（lack）的部分，就被蔡醫師、佛洛伊德以及在他之後許許多多的精神分析師們啓動了，也被餵養了，直到現在。這些年來，蔡醫師在台灣精神分析的領域耕耘著，在創建「臺灣精神分析學會」

以及北市聯醫松德院區「思想起心理治療中心」以後，分析
學會的朋友們和他推動了國際精神分析學會亞洲會議於
2017年5月在台北盛大舉行。蔡醫師還想再繼續寫歷史，他
從去年開始，將自己多年來對精神分析的體驗文字化，這
真的不是一件容易的事！在蔡醫師2016年所出版的第一本
書(《都是潛意識搞的鬼》，頁299，無境文化)裡面提到：
「……這也是需要書寫文字並出版的理由，將個人經驗裡的
複雜面，藉由文字讓後人知道，我們這一代有人藉由精神
分析走到心靈深邃的什麼地方……」。的確，閱讀蔡醫師的
書時，就像當年聽他的演講一樣，有時不太知道要怎麼去
連貫每一個概念與每一句話，但卻彷彿知道那是來自心靈
深邃某處的召喚。

　　本書是他的第五本書，書名很可愛，叫作「不是拿走
油燈就沒事了 / 精神分析取向心理治療進階(技術篇)」。作
者陳列出來給讀者的12道菜非常豐富，在這裡請讀者們要
有心理準備，每道菜都是好幾份大餐的量！其實本書是蔡
醫師在2017年3月到7月間，幫精神分析學會進階班學員上
精神分析技術課程 (阻抗、詮釋、行動化與修通)其中的
12堂課內容，外加幾篇精神分析心理治療的小小說而成。

　　在每一章節裡都會看到蔡醫師在精神分析理論上的紮
實功力，除了援引佛洛伊德原典外，還融合了佛洛伊德之
後的許多英國、法國與美國精神分析師的理論(溫尼科特、
比昂、克萊因、費倫齊、麥可巴林、柯胡特、葛林以及亞
富尤、拉維等等)。在閱讀此書時， 我除了深深感受到蔡醫

師的博覽群書與思路繁複，並自嘆弗如以外，也想通了一件事，原來，他腦袋裡裝的東西實在是太多了，難怪當他在口述上課時，大家總覺得跟不上。此外看這本書時，讓我發現他的另一種個人風格，那是什麼呢？對！書中問號特別多！我想，問號代表著一種好奇；問號也代表著刻意迴避被讀者理想化的一種風格；除此以外，問號也符合精神分析的風格，那正是一種不斷地自由聯想這種心理動作的具體呈現。

　　閱讀本書時，像是一貫聽蔡醫師上課的心情，在經歷片斷感與許多問號後，不知不覺間開始覺得津津有味起來。在這12個章節中， 讓我印象深刻的像是第二堂，分析的金和建議的銅。作者提到：「……臨床治療者，尤其是初學者，感到最受苦的地方，語言無法發揮作用，情緒和情感卻被個案佔得滿滿的。甚至連在診療室外，還常常覺得被這些感受佔據了。在訓練養成分析治療師的過程，我們觀察到的現象是，治療者可能只有一兩個這種個案，就覺得所有時間，甚至空間，都被佔滿了，感覺上很難再有空檔容納新個案。……我們就是在這種情境裡走下去，或者苟延殘喘，不是因此變得無法說任何話。我的解讀是話語被說了，我們需要觀察這些情況，而不是忽略這些時刻，語言在溝通上是有困難的。至於還可以做什麼？亞富尤是這麼說，「『謹慎的分析師』，巴林定義說，應該接受他自己的話語起不了作用，而將注意力放在自己如何被利用為客體，同時，也放在治療的情境、框架、與治療的『氛圍』

上。」(頁109-110))。第十堂，從歷史裡修改影子：三位精神分析師主張的技藝再次提到關於精神分析取向心理治療的臨床經驗：「……關於分析治療的模式，如果以線軸來比喻，一端是『分析的金』，只管分析詮釋不管整合個案的問題。另一端是『暗示的銅』，以暗示和建議作為處理的方式。至於在分析治療的過程裡，某個時刻會在這條線軸的哪個地方，其實是需要依個案的精神病理，以及當時移情和反移情的脈絡來採取位置。我主張分析治療的經驗累積，就是在這些猜測和做判斷的過程裡累積經驗。」（頁260）這幾段話真讓我覺得五味雜成，心有戚戚焉。我的心理治療經驗是，躺椅上的個案在某些狀態底下，需要的只是被陪伴而非許多的詮釋。治療師要不斷去感受，至於要給個案多少詮釋、要怎麼給，則是一種藝術。治療師看起來不動如山坐在那裏，但他其實時時刻刻在拿捏，最終目的是當個案收下詮釋之後，可以做出一些改變，而非反而覺得被詮釋所攻擊或刺傷。往往當個案離開時，我會有一種被掏空的感覺，但那就像是跑了很遠很遠之後，雖疲勞卻同時伴隨著一種自我成就的充實感那樣的感覺。

　　蔡醫師說精神分析取向心理治療是一條走得很慢的路，是一條淬煉著分析的金與暗示的銅的路。這讓我想到在這條路上，我倒是無意成為一個煉金師，但是希望可以陪著個案，在人生這條馬拉松的道路上，慢慢撥開眼前的迷霧，忍受路途中的辛苦與迷惘，一步步，一同堅持下去。最後僅以村上春樹的一段話作結：「跑步的時候頭腦

裡所浮現的思緒，類似天空的雲。各種形狀、各種大小的雲。飄過來，又飄過去。不過天空還是天空。雲只不過是過客而已。那都是會通過然後消失的東西。而且只有天空留下。所謂天空，是既存在同時也不存在的東西；既是實體同時也不是實體的東西。那樣模糊的容器的存在模樣，我們唯有照樣接受，只能完全接收。」(村上春樹，《關於跑步，我說的其實是……》)

▶ 作者：**林怡青**/精神科專科醫師、精神分析取向心理治療師

推薦序 / 謝佳芳

那些言語到不了的地方

「你全然視我如神，到你覺得我不了解你，只是在一瞬間，尤其在我開口說話時是個關鍵。」

———蔡榮裕

　　蔡醫師使用語言的方式，像是荒野中的旅人在吟遊唱詩，他去過的每個地方，認識的每個人，都成為他的一部分，被緩緩地唱出來。十多年前在蔡醫師的課堂上，第一次聽見après-coup這個詞，那時候的他為了推廣精神分析，四處奔波教課，而初初認識精神分析的我，邊喝著珍珠奶茶，邊和身邊同儕竊竊私語說，這個詞很像某一種神秘濃湯（soup），他在台上慢慢說著什麼是延遲反應，我在台下皺著眉頭翻講義，這是我們第一次相遇的場景。蔡醫師每堂課介紹一個精神分析入門的概念，的確很像端出了一盤盤遙遠國度來的料理，我們這些吃台灣滷肉飯長大的傢伙，一時之間還真不曉得怎麼動筷子。還好他始終告訴我們，聽不懂沒關係，有在想就好，他對於刺激學生獨立思考的這種堅強信念，現在回過頭來看，其實是非常精神分析式的引導，畢竟當你坐在治療室裡，交會一個又一個獨特的

生命，是不會有標準答案讓人填空的，我們能做的，就是自由的去困惑，勇敢的去感受。

四年前從紐約回國後，對於在家鄉這個既陌生又熟悉的地方如何擺放自己，有不少疑惑和思考，拜訪以前的老師們，每個人都給了不同的鼓勵，其中蔡醫師對於提攜後進的不遺餘力，是眾所皆知的，有次談話過後，蔡醫師說，好，你來當我的助教吧，這總歸是一個舞台。在他的慷慨邀請之下，我們有了一起工作的機會，開始在2017年春天的週六下午，教授精神分析的治療技術，這本書除了小小說之外的部分，也就是當時上課的文本。課程已經結束了，而那個夏天午後，講堂窗戶灑下來的細碎陽光，偶而傳來轟隆隆的抽水馬達聲，學員們討論case時的此起彼落，蔡醫師把老花眼鏡戴上拿下的樣子，還留在我心裡。

「不過，我需要先提醒自己，這只是我在診療室裡的感受和想像，我需要提醒自己，這時候如果我冒然想用理論來套用這種一時的了解，勢必帶著我不是很想從你的真實心裡感受來了解，而想要以精神分析理論來蓋過你的心裡真實。雖然這些心理真實是如此困難被再度感受到，甚至困難得變成了語言無法描繪的場景。」

——蔡榮裕

蔡醫師在這本書裡從許多臨床的場景來談精神分析的技術，書雖然是由文字寫成，但他或許想帶我們去的是語言去不了的地方，讀他的書，有時候很像在看侯孝賢的電

影，在感受一種氛圍，我們可以看見一個治療師，在形成
推論之時，經過了多少的自由聯想，在這本書裡，時間概
念和地球不太一樣，就像治療室裡的時間運行方式，跟治療
室外的完全不同，蔡醫師拉長了每個一秒鐘，每一秒鐘可
以有一百個念頭，讓讀者得以也必須停留在那些細節裡。
當個案離開治療室後，他拾起了他們留下的，一片片殘破
又重疊的影子，試圖重新照光，試圖去模擬他們曾經見過
怎樣的太陽。這樣自由書寫的方式，有點像是嬰兒觀察訓
練，要求讀者非常靠近的去感覺作者的掙扎與思考。我們可
以看見當治療室裡出現僵局，一個治療師是如何不放棄的
反問，如何掙扎著生存下來？這場相遇的風暴，最終讓觀
眾期盼的，是病人能夠聯想的自由，還是治療師的自由？

▶ 作者：**謝佳芳**/ 國際精神分析學會分析師候選人、紐約IPTAR成人/兒童精神
分析訓練、諮商心理師

推薦序 / 莊慧姿

守護分析治療[1]的勇士

　　探索精神分析的道路上需要有同行善友一起走。蔡榮裕醫師曾說：「精神分析是大家的，不能只屬於少數人的權利。」此話一語道出了人性自戀的老毛病，一個人走可以走得輕快，展現的是鶴立雞群的孤傲疏離，一群人一起走會緩慢許多，但仰靠群體的力量與彼此支持的信念一起向前行，展現的是驚人的自信驕傲。群體的力量可以去到哪裡呢？可能會是一個未曾到過的美好境界。

台灣成為國際精神分析歷史舞台的一份子

　　十九世紀末，在維也納佛洛伊德發明精神分析，二十一世紀在台灣約莫過了一百一十九年才正式傳承此項偉大發明。台灣，妳終於等到了！

　　2015年臺灣精神分析學會成為國際精神分析學會的研究團體。將此官方用語轉譯成白話文的意思是，台灣可以在地訓練精神分析師，用我們的母語，說精神分析，想華

---

[1] 見p.58：「分析治療」是我個人對於「精神分析取向心理治療」的簡稱，有別於傳統的精神分析，以及其它不同取向的心理治療。

人的伊底帕斯情結，同時意味著得以用自己的語言和思考將精神分析串連介於歐亞板塊的美麗福爾摩沙島國，這是一份多年守候與等待的甜美果實，榮耀當然不只歸功少數人，還有一群在自己崗位上默默支持與推動者，於其中，蔡榮裕醫師扮演著台灣精神分析發展重要推動者之一，以及劉佳昌醫師和楊明敏醫師。

領導的藝術與合作的榮譽

同年，學會於台南冬季研討會的會後座談會，他一方面跟大家分享此番成就，另方面掛心精神分析取向心理治療的發展是否就此受限，記得當時他以感性口吻跟大家說，要珍惜分析治療這塊沃土，以地藏菩薩為師「地獄不空、誓不成佛」，以自己為表率守護分析治療師的價值，他展現領導的藝術強調合作，讓精神分析在你我之間發展，讓它不只是一種執業方式、是一種生活態度、更是一種精神思考，若非領袖若非遠見怎麼看得見這一切，若非勇士怎麼能如此的付出犧牲？是勇士精神！

Dr. Michael Gundle和Dr. Rudi Vermote兩位委員，2017年在台灣第一次成人精神分析訓練說明會上曾語重心長的表達：「倘若各位認為精神分析師優越於分析治療師，這個想法很可惜，」Dr. Rudi皺眉搖頭說，「畢竟分析治療師賺的錢比精神分析師多。」此話當真，台下聽眾瞪大眼睛竊笑，Dr. Gundle接著說：「在我的城市西雅圖，若想買船

卻問多少錢，那是沒有能力買的人。」對話裡，想傳達的
弦外之音是兩者無法擺在同一秤上以砭相較，各有所長各
有所用，學習精神分析若在意的是錢，恐怕很難學得成這
門以「心法」為重，強調人格成熟的思考學問。

用我們的語言談精神分析

　　佛洛伊德發明精神分析時向哲學家、文學家借用他們
老早就窺見的人類黑暗世界——潛意識，以科學的方法探
究發展精神病理學，也是人類的心智理論、心理治療方法
和人性思想啓發的學問。好奇的是，語言能否全然掌握表
達潛意識的慾望、焦慮與衝突？答案是，語言到不了的地
方是精神分析想了解的。
　　一個人到不了的地方，要大家一起走。
　　以中文世界理解精神分析，必然會發展出不一樣的在
地質地。2017年台灣成功的承辦國際精神分析學會在亞太
研討會：「亞洲的伊底帕斯」。他帶領著大家投入相當繁
雜的籌備工作以及龐大的英文稿件。以最靠近華人文化的
語法中譯精神分析文章是件浩大的翻譯工程，若非一群無
私且願意合作的有心人，是很難完成這項不可能的任務。

真相的追求與熱忱

　　2017年英國訓練分析師以及傑出的英國板球國家代表
隊隊長Dr. Michael Brearley來台灣講學，談佛洛伊德既然在

1925年說「詩人與哲人早在我之前就發現了潛意識」，那麼佛洛伊德又添加什麼[2]？談到，人類第三波自戀受傷是精神分析發現自我不是自己房子的主人，竟然還有本我和超我，真是令人意外的一家三口，以及黑暗力量。

詩人艾略特：人類無法承受太多現實。

既然，人類難以容忍諸多的真相，真相又是心理的糧食。診療室裡，幻想衝破黑暗在光天化日裡上演，面對衝突就不再製造更多的防衛和扭曲，治療師和個案一起忍受慾望只能是白日夢，一起承受不能實現的挫折，一起經驗眼前幻想的破滅，即是真相。真相的殘酷會讓人閉起眼睛不思不想，真相的理解是心理疏通的工作，是哀悼失去的歷程，這樣的工作本質，不會因使用躺椅式分析或座椅式治療，精神分析或分析治療，而有所不同。

精神分析這一條路，蔡榮裕醫師一直扮演著走在前面為大家提燈籠找路，迎接上門來的客倌們為之照亮精神分析這份美食佳餚的角色，此書「不是拿走油燈就沒事了」烹煮道地的台灣心理糧食，以樸實的語言實踐精神分析，誠心邀請你一起品嚐分析治療的心靈饗宴。

▶ 作者：**莊慧姿**/臺灣精神分析學會分析師候選人、精神分析取向心理治療師、臨床心理師

---

[2] Michael Brearley (2017). 'The poets and philosophers before me discovered the unconscious.' So what did Freud add to their understanding？(Freud, 1925). 「躺椅內外：精神分析之思考及其應用」，第九屆台北心身醫學與心理治療國際研討會。

推薦序 / 周仁宇

人生無常

　　能夠在兩年內第二次爲蔡醫師的書寫序，應該要興奮地恭喜他才對。在這麼短的時間裡一口氣出了五本書，實在是個不凡且令人佩服的人生成就。

　　然而，讀著這本書時，心裡不斷浮現人生無常的念頭。從開始讀一直到結束，心裡總是掛記著這個想法。明明是一本談治療技術這種具體事務的書，卻很難在他的文字中找到直接答案。熟悉蔡醫師的讀者一定不會太過訝異，這是他一向以來的風格。他從來無意爲複雜的人性找到簡化的定義。我們不斷看到失望與滿足、生命與死亡、自由與束縛、意志與表象的交錯共舞；在小小說裡有時彷若輓歌的片斷裡，我們目睹一位治療師如何堅持要讓自己的思考活著，並在每一個困局裡找尋可能的出路，在只差一步就要掉入絕望之前，勉強轉身。

　　如此，在本書的每一個片斷，每一個思考的轉角，每一段光明與黑暗，都有對人生無常的莊嚴哀悼。在一切追求速度和績效的這個時代裡，能讓這樣的思考方式在治療室裡活著，在臺灣精神分析學會的心理治療訓練課程裡傳授，並透過出版讓對無常人生的敬意流傳下去，對我而言，

這是本書最重要的成就。

▶ 作者：**周仁宇**/兒童精神科醫師、國際精神分析學會精神分析師

小小說

「精神分析取向心理治療」經驗談

第一章
其實，我真的不懂你

我敢說出這句話嗎？或者這跟敢不敢說沒關係，為什麼需要把說出這句話當作成勇敢呢？這才是問題吧。

不過，我這麼說並不是表示，這是對或錯的問題。我常常這麼說，沒有對或錯，但是這種話說久了，會讓結局就是這樣嗎？如果結局是這樣，又何必需要重複在不同候說出來呢？好吧，我是繞了一圈，我還是想說，我真的不懂你。只是不懂你的什麼呢？你的全部嗎？有叫做你的全部的這種東西，來讓我懂不懂嗎？但是我的確有一種很強烈的感覺，我真的不懂你。

當你說，你曾經路過某個街口時，突然想對所有路人說，你愛他們所有人。你還說，其實，沒有啦，你一直愛著更多的所有人。雖然你剛剛才說完你和上司的衝突，我卻被你說的所有人的說法吸引了，為什麼是所有人？這是什麼意思呢？我不是不知道字面的意思，而是一個人會說愛所有人，這是什麼意思呢？是指愛什麼呢？所有人，在心理上是指什麼呢？印象裡，我在其它地方也提過這個疑惑，但在你這麼說時，挑起了我更想要挑戰你的說法。

因此，這才是新的問題。何以我想向你挑戰：說出了一句其他人也常會說的一句，你愛所有人？有部分是來自

於你是在談論和上司同事的衝突後，你總會再多說一句，你是多麼愛所有人。明明就是很矛盾的故事，你卻說得一點也不矛盾，好像有矛盾是我自己的事。現實上，不可能沒有矛盾的啊，這是我說其實我真的不懂你的地方，這是理由之一吧。如果要仔細說，我有哪些不懂你，可就是很長的條目了。

雖然我說我不懂你，是需要勇氣的。

難道這句話是有問題的嗎？不懂就不懂，何以需要勇氣呢？是啊，你也曾說過，你就是搞不懂你父母到底在搞什麼？平時無論大小事他們都可以吵架，但是晚上又在臥室裡發出邪淫的聲音。你說你早就知道，他們在搞什麼把戲，但是你不懂的是，幹嘛在你面前就要表現得，他們是很糟糕的相處。何以這樣子呢？你說從很小你就知道，你根本就是圈外人，你是加重口氣說圈外人這三個字，但是帶著幼稚的口氣，好像那是你三歲時說話的模樣。

難道我要把你的說詞，硬往你是有伊底帕斯情結的網子裡塞嗎？

以為這個網子就可以套住你所有的問題。其實我根本不相信是這樣子，雖然我還是精神分析伊底帕斯情結的信徒。但這是我的事，我也知道就算我是信徒，並不意味著我只要拿這個網子就可以套住你所有問題，並以為用這網子套住，就是我對你的了解。如果這樣子，那麼我可以大膽的說，我早就了解你了，在你開口談故事的三十分鐘內，我就了解你了。那麼，從那時一直談到現在，我們到底在

做什麼事呢？

只是為了那三十分鐘的後續，加上更多的逗點和句號，來滿足那三十分鐘已達成的了解，這是事實嗎？也許不能完全推翻這種可能性，只是如果是這樣子，何以無法在那三十分鐘就解決了你的問題？而你卻仍願意再繼續說著你的故事呢？如果早就可以解決了，你繼續說的這些故事有什麼意義嗎？只是補充最早的三十分鐘裡的枝枝節節，或是背景，或者是在骨架上添加更多血肉？

無論你喜歡何種說法，還是無法說明，是不是這樣子，就是我了解你了？因為重點更在於，到現在你仍很難接受，覺得我有了解你。好像我的了解你，對你是一種重大的威脅，只要會讓我了解的地方，你就自然的閃身至其它故事。我說自然，是指你不必刻意安排故事，而是真的就是自自然然地做出來。不過，因為如此自然，就讓要回頭再細看變得很困難，因為自然就不會引起波紋，讓你和我注意到這些現象。也就是，因為很自然而被忽略掉。好吧，好吧，我的想像可能有些偏遠，脫離了你想要了解的範圍了，我就把這些想法保留在自己的腦海就可以了。

當你說，你很厭煩了，沒有人可以了解你時，我是很想趕緊向你承認，我真的不了解你。

只是我知道，如果我這時候說出了這句很謙遜的話語，所引起的風波不會只是針對這句話本身，或者只針對我的謙遜。在這時候，這句話一點也不謙遜，更像是一句挑釁的語句，這就是很奧妙的地方了。你說沒有人可以了解你

時，我如果即時回應我真的不了解你，何以會是挑釁？意
味著我是在挑戰你說的話，因而變成不了解你何以覺得沒
有人了解你？難道我真的不了解你嗎？

　　不過，這只是針對語詞內容的推論，更有影響力的是，
我的承認被運用來防堵你說的沒有人了解你時，也把我抓
進你描述的自己，而我的承認好像是坦然，卻是可能隱含
著我和你的對嗆呢？倒不是說一定不能和你對嗆，只是對
嗆會有什麼意義嗎？

　　更令人難解的是，就算是我為了是否了解你而說了那
麼多，我有增加對你的了解嗎？如果我這時候自己覺得，
其實我根本不了解你，這時候的我不了解你，有不同的意
義嗎？

第二章
「你又來了」，是什麼意思？

　　你發現我是喜歡從這個事例「你又來了」，來說明人和人之間的了解是怎麼回事。

　　不過，這的確是來自於和你工作以來，仍浮現在我腦海的念頭。我倒不至想直接向你說出這種重複性，這種直接指陳出來，好像是我們有在一起工作的模樣，但是我早就經驗到，重複的指陳出來相同內容，也是陷進相同的模式。你說著讓我覺得你又來了的事件，而我做了我又來了，也就是讓你覺得我又來了的重複局面。這只是讓你和我的互動，落入相互的僵局裡，變成你持續說著重複的故事，而我重複以各種方式說出，你在重複著又來了的故事。

　　這是一種僵局，需要再緩下來想一想是怎麼回事？

　　不過，在想到可能是怎麼回事和如何處理前，勢必得先沈靜下來。這是一段很奇怪的狀態，或者算是空檔嗎？是不是空檔呢？我的意思是，如果說是空檔，那好像預設著有什麼是正事，而這種時候是中間空檔。是這樣子嗎？雖然不可否認，我會這麼問是因為常是這感覺吧。是有些奇怪，近來愈來愈是這麼感覺，奇怪，如果精神分析取向是以自由想像為核心，何以會有個需要工作的核心呢？好像依著核心的工作才是正事，而其它的，都只是等待的空

檔？但是，這是誰規定的指令嗎？眞有這種指令嗎？

　　我其實愈來愈懷疑這種想法。

　　有個核心議題要處理的概念，是如此纏著自己，雖然在概念上早就知道，要讓你自由地談論自己，並從這種自由裡找出解決之道。畢竟這種方式是很大的挑戰，需要常常處在能夠容忍模糊，和不確定現在到底在何處的感覺。因此就自然地浮現著，找一個核心議題來工作，好像這樣子就比較有依靠的感覺，而不是全然走到迷霧裡。這通常在你的故事出現相同內容時，就會自然地加強了，我想要針對你重複說的，例如你的母親是如何地不把你當作是一回事，無論你怎麼做，永遠都是錯的。

　　回頭想來，其實更大的困難，是在於我先前做了幾次澄清，你在事件裡的角色，你覺得是我故意挑你毛病。你覺已經說得很清楚了，我怎麼還認爲是你的問題，才會讓故事變成這種樣子。你這麼做時也讓我變成了，如同你母親那般了，但是卻又像是小時候的你。這時候，你已經不自覺地充當母親了，不過，這些看來是太複雜的想像，尤其是當你還處在覺得你是無辜的人，你是很努力的人，卻總是得不到賞賜。

　　雖然我想要給你一些暗示和建議，是想要直接回應你，作爲某種賞賜，但總是事與願違，所以這意味著，我是不知道你要的賞賜是什麼？而且不是你的故事裡直接流露的期待。

　　或者說，是你另有其它期待，是在言外之意裡。

　　但這是難題啊，你的言外之意是什麼呢？我只能猜測，雖然這麼說，你可能會誤解為我可能不夠專業，我怎麼只是猜？而且一直猜得不對你的盤呢？雖然我是有信心，對於我的工作方式，但是說實在，也難免在某些時候會信心稍受影響，而會希望自己的專業為什麼只是猜測你各種言外之意？而不是你說這，我就知道是那個，你說那，我就知道是這個。如果是這樣子，是不是我就不會陷在這些偶爾跑出來的困局裡？但是真的這麼單純嗎？

　　也許當我這麼說時，你也了解我是懷疑事情不會這麼單純，因為就算沒有說，你大概也知我的工作方式了。不過就算是你來找我，並不意味著你就會完全接受我的意見。因為那對你來說，就會變得你好像就不見了，因此就算在某些時候，你會幾乎視我如神般的想要聽我的意見，但是只要我的意見說出口後，那些聲音還沒有到你的耳朵前，你就已經悄悄改變心意了，對於我說出口的話，你無意買單，甚至覺得只是加強了你覺得我不了解你的感覺罷了。你全然視我如神，到你覺得我不了解你，只是在一瞬間，尤其是在我開口說話時是個關鍵。

　　這讓我有好一陣子覺得很困難，好像只能閉嘴不說話才是最好的策略。但我是不可能完全不說話的，因為你不會讓我一直保持沈默，你又會以各種方式，甚至以是不是還要再來的方式，好像我只要開口說話就可以了。我就是在這種開口和閉嘴裡，重複著又來了的戲碼，我一再提醒自己，要有更多的想像，才是不再沈陷在這種僵局裡的方

式。至於想什麼，那是我的事了，我自己決定從你的情境想像要說或不說，我要讓我能夠自由。但是在「你又來了」的心情下，讓這種自由變得有些苟延殘喘。

我勉強對自己說，這就是外在現實的侷限，而這種侷限就是精神分析開始的地方。這是老祖宗佛洛伊德明示的意旨，有時候這種話還是有些管用，至少撐住心情可以再往前走。

第三章
需要有綠洲的中間地帶

是你還可以在心中慢慢收拾緊張和衝突，才會讓緊張氣氛平息下來。不過對我來說，不是事情過了就算了。

我需要提醒自己，畢竟在衝突後還能再多思索是重要的工作。這次，從你的反應看來，你是覺得我誤解你了，你並不認為和某同事發生衝突的過程，你有犯錯的地方。你所描述的故事是要我相信你，你和那同事的問題都是由於對方故意對你苛刻，故意為難你，才會導至你和他的衝突。

你告訴我這個故事是要我站在你這邊，沒想到我竟然說，如果有問題是否你覺得自己也有份？雖然我說得很婉轉了，不是全然只是同事的問題，我是從你說故事時流露的態度，好像你是這麼覺得。你想讓我知道，你不是那種只會怪罪別人的人，因為你擔心我會這麼看你，我不能說我沒有這個想法，但我是沒有在這個時刻做出這些承認。

如果我這麼做，只是將我自己再度捲進你的困局，我的承認也許可以緩解，你對我的生氣，但是對我來說，偏偏我的經驗和觀點幾乎都會想像，你目前的問題就算有當年的影響，但不可能只有當年的影響，而沒有現在的你添加柴火。尤其是如果要假設你也是大人了，也要試著替眼

前的問題分擔一些責任。

　　不過，這是困難重重的，我不是說就不要試著談談這些可能性，只是說不說，和如何說之間有很多的範圍，雖然我在先前的描述裡是強調你所遭遇的困局。

　　當你再說那同事是如何苛刻待你，讓其它同事跟著欺侮你，你再度談和同事互動細節，我感受到你是要以那些細節，來區分你和同事的問題是對方的問題，也要向我證明你的感覺是對的，是我嚴重誤解你了。當你清楚地描述細節時，讓這件事變得和其它事是不同的，是專屬於這位同事的故事。

　　因此，當我想要呈現你的問題之間有某些雷同的地方時，你這種描述細節的方式，就無意中地打破了我的意圖。因為你是強調，不同同事間的問題是不同的，但是我卻傾向要整理出共同點，讓你知道問題所在。這種情況顯然會是你我之間隱含的衝突點吧。

　　我需要以另一個角度，來想像和理解這些情況。我曾在其它文章裡提過的，破碎的瓷娃娃的比喻，早年的創傷讓你變得四分五裂，如散落一地的瓷娃娃都帶有銳利會割傷自己和別人的邊緣。但是年代久遠後，那些碎片已經遺忘了原先是來自相同的瓷娃娃了。因而我如果要整合，或者要讓你知道，你面臨的不同故事之間，都有相同的來源時，就變得相當困難。

　　你說的更多的細節是要切分不同故事間的不同，而不是思索它們之間有同源性。這是我用來理解你的反應的一

種方式，雖然這個破碎瓷娃娃的故事，仍是需要臨床上來驗證的意象。這個比喻如果使用過度，可能變成是傳達某種絕望的感受，只能依然破碎，不過這並不是我要表達的意思。

當你後來再說，你早就不再對人生懷有希望了，不再期待有什麼成就了。你這麼說時，是在回應你可能覺得，我並沒有進一步讚許或者評論你說的，美化自己的經驗的說法。這句話真的很有智慧，我已經說了不少話，表達我何以沒有馬上跟著讚許的緣由了。何況能夠走過先前的種種辛苦，直到現在，聽到你說出這句等待許久的話，我的沈靜還有另一個重要緣由。

對你來說，你生活至今，所有心思都花在和你衝突的人們身上，好像他們是你生活的全部。現實上，當然不可能是這樣子，你的周遭還有不少人事物發生著，但是在你說得出來的故事裡，有些人只是默默的存在，或者只是人形立牌。

你重複述說衝突裡的人物，他們是你灌注生命能量的所在。那些故事在你的記憶是滿滿地存在，像是水量豐富的樹林，成為茂盛卻暗無天日的森林。你說那些衝突的故事時，就像是在黑暗森林裡對自己說話，耳朵聽到的聲音讓你確定自己的存在，卻是沒有出路。有沒有出路的感受，有時我是困惑的，因為你是否想要走出森林，尋找出路？

或者你只想在森林生活著，但是需要一些有力氣的聲音來激勵自己，讓自己可以感受到自己的存在。不然，在

暗黑裡，你是看不見自己的身體，沒有影子也看不見自己。如果我把你說故事的方式，當作是黑暗森林裡活下去的方式，這是相對於一般假設，你是要走出來，但是實情是有所不同。雖然我不必然會完全認同你，只根據你給的路來走。

我需要不同的想像，來走出另一條路。如果我依先前的比喻來說，你是要走出森林，會走到哪裡呢？這需要另一個比喻來想像它，相對於你將力氣大都花在和某些人的衝突，是你對我說的故事裡的大部分。是否意味著，這片森林外就是沙漠？嗯，可能是，人生的沙漠。你不曾給予生命能量，不曾多注意的生活領域，就是一片沙漠。對你就是挑戰了，你願意從森林裡出來，走進你不曾花力氣耕耘的沙漠嗎？

我可以想像在森林和沙漠之間，還有中間地帶作為過渡到沙漠的地方。但是果真有這種中間地帶嗎？坦白說，我從你所說的故事裡，呈現生活能量的分配，幾乎很難想像，在森林和沙漠間有綠地作為你的中間地帶。我勉強先藉用分裂機制，作為我觀察的理論依據，在這裡是指只有黑白分明的兩種選擇，也就是只有沙漠和森林，沒有中間地帶的意思。

因此我想著，我是不可能硬把你拉出森林，因為到了沙漠地帶就是改變嗎？也許吧，不過總不能說，硬拉出來，其它的就是你自己的事了，如果這是中立，那麼我會深深懷疑中立的意思？我需要思索的是，你是需要有中間地帶，

作爲你走出森林的中介，就說那是綠洲吧，至少要有綠洲當作中間地帶，才有可能讓你能夠在有森林、有沙漠、也有綠洲裡改變你自己吧。

我必須坦誠說，這都是我的想像，如何落實到你面臨的挑戰？例如，你說自己在美化自己的創傷經驗，這句話是還處在森林裡的話，或者是走到綠洲地帶了呢？或者可能是暴衝，是突然不顧死活地，從陰濕森林走到乾旱沙漠，不是爲了求生，而是讓自己枯乾而死。

其實我覺得都有可能，也許你會覺得我實在太多慮了，但既然我的經驗是需要思索這些，我自然無法故意視而不見。不過我只希望自己做得到，也想讓你了解的是，倒不必以很嚴厲的角度來說，我一定不能替你高興，你已經走到這個地步了，如果不再美化自己的創傷經驗時，比較能真正面對自己的多面性。不然，你有可能待在受創經驗裡，沈溺在受害者的位置而不願往前走。

不過我已經說過，所謂往前走是需要有綠洲的中間地帶，對沈溺在受害者的位置的你，我一定要很小心謹慎的表達，不然可能再度對你造成二度傷害。很困難百分百精準做得到，畢竟人性不是三言兩語的事。好吧，我爲了你五年來的一句話，已經左思右想，來來回回好幾趟了。我就先暫停下來了。最後，我想著小說《小王子》裡，小王子到不同的星球，每個星球有不同的人物和不同的故事，要說再見了。

第四章
抱怨裡有多少人生可能性？（上）

其實你所做的，是其他人也會做的反應。例如，你在上一次的分析治療裡，只來了三次，就以受傷骨折不便行動為由，表示無法再來分析治療了。這出乎我的預料，怎麼在我還無法開始想像怎麼回事前，這場戲就要落幕了。

你第一次來時，就主動談了不少你成長過程的問題。你提到從小就生活在不穩定的感覺裡，你帶有控訴意味的口氣說著，當年，你父母如何忽略你的存在，這是你從小的感覺，你從小就是自己長大的。你卻從來不曾喜歡過自己，你甚至覺得活到了近三十歲，你至今所做的一切，表面上看來是配合社會的需求，但是你從來不覺得自己的存在有何特別意義。

另外你也提到，跟周遭人相處都是短暫的，雖然在心底你很想跟某些人可以更深交，但是交往不久，你就覺得對方跟你所預期的有所落差。或者常常是在不自覺的情況下，你就自然減少跟對方互動，你和其他人之間的互動，也是處於這種淡然的狀態，但你用很慎重的表情說，這是你不愉快的經驗。

事後來看，也許你當時就預示說，你來分析治療不會是長久的事。畢竟，就如你說的其它人生故事不是你生活

的常態，來這裡不過是人生故事的過站，是否要停駐下來
呢？你還在思索吧？只是依我的論點，你的思索不是現實
利益的盤算，而是什麼才是有痛苦卻是最少痛苦的選擇。

不過，在當時，這不是我主要的感覺，甚至沒這麼想，
我感受到的是你很認真說著自己，這種認真讓我覺得，你
會試著克服分析治療過程的種種困境。顯然當時我錯過了
某些重要訊息，並沒有完全跟上你的腳步，才會有我後來
的訝異，這場分析治療的戲碼這麼快就要落幕了？

你還提及了，從小你就很容易受傷，一些大大小小的
意外。你強調那些真的是意外，跟你的問題無關。從我的
角度來說，我不能只跟著你的說法就當作是意外，需要在
意外裡觀察什麼跟你有關。你的說法是，例如，當天出門
時，你不小心跟計程車擦撞，還好只是你的機車後照鏡出
了問題。

你說當時你就覺得，做分析治療是不吉利的事。你還
是趕來分析治療了，後來的兩次治療，你也都發生了一些
小意外，才來到診療室。例如，第二次，你家大門鎖匙，
竟然在你牽機車時掉進水溝裡；第三次，來診療室前，一
位冒失鬼騎著腳踏車來撞你，還好沒事。已經三次，你不
能再忍受了，你覺得是你必須終止來分析治療的時候了。

雖然這麼說，你在第三次時還是提到，你覺得就算來
分析治療，但是你目前遭遇的問題，例如，和別人相處的
問題，和父母相處的問題，雖然你已經搬離家了，但是問
題仍然存在並沒有任何改變。父母當年對待你的方式，仍

然深深影響著你，讓你因此無法和別人建立親密的關係。

　　這是你對目前困境的解釋，起因於父母當年以不當方式對待你，但是這種歸因也帶來了難題，既然你自己這麼認定了，那麼如何解決呢？這些事情都發生在過去，現在能夠怎麼辦呢？你帶著挫折的口氣問，是不是就只能不要管它了？可以是這種答案，但是這種答案有用嗎？

　　你在預定的第四次治療前一天來電話，說你必須暫停分析治療了，因為你受傷骨折了，預期幾個月內無法再來分析治療。

　　當你來電話說要終止治療後，我才猛然回想起，在前三次分析治療裡，我幾乎是處在挽留你的狀態，並不是我對其他個案不會有想要挽留的感受，而是我感受到你早就有想要離開的意圖。回想在前三次的治療裡，我曾多次回應你的話語，不論我的回應內容是什麼，回想起來重要的是回應的時機，總是在我覺得你貶抑我的時候。就像你貶抑了你的父母，雖然你覺得他們忽略你，而我的回應是在說我除了聽你說話外，我也有回應，我並沒有忽略你，反映著我不想被你當作父母。

　　現在回頭看時，才發覺這種壓力，比我當時感受到的還更有壓力。我真的不自覺地將你所丟出來的壓力，完全承接了下來，也就是說，在和你的細微互動裡，我承接了你對於父母的評論，我隱約地讓自己變成你描述的父母的位置。但是我內心的實質想法是，我必須要做些什麼，說些什麼，因為我不想被你當作是忽略你的治療者。

　　回頭想，我心中甚至一度浮現，如果我認為（雖然只是一閃而過的想法）你不快樂的人生，是不是有方法可以讓你快樂？你傳遞出來的潛在訊息是，你需要我提供你一些方法，讓你可以快樂起來。好像如果你快樂了，那麼你的一切問題就都解決了。

　　我這想法的確是太天真了吧，只是一閃而過，但就算是一閃而過，也應有它的意義吧，意味著當時我是多麼挫折於你的回應，好像我是位無能者，無力幫助你任何事，而你是如此迫切需要我的幫助。

　　但是，你重複陳述你在生活裡的挫敗，更像在說我作為治療者，是多麼地挫敗，一點也幫不上你的忙，你的突然終止就將這些複雜做了定位，我是位無能者，是位無法幫你忙的人。

第五章
抱怨裡有多少人生可能性？（中）

　　離你上次突然電話告知，要停止分析治療，隔了四個月後，這次你再主動電話來要恢復分析治療。你說你的骨折已經好了，還提到其實骨折早就好了，你早就四處活動了。你說你的生活不快樂，只能在性和吃東西裡獲得一些快樂，你再說你一直是希望繼續來分析治療。

　　你的重新來到，讓我再重新想了一些問題，我將這些想法整理如下：

　　這些材料裡有很多課題值得再思索，我就挑幾個課題來進一步談論。

　　當你提到不快樂和生命的悲慘時，這是相同的事嗎？或者這是兩件不同的事嗎？一般人的說法，常常將生活的悲慘相等於不快樂，因此來分析治療，總是期待治療者告訴他們，如何做可以獲得快樂。你說這是你一直很不快樂的原因，印象裡你以前曾提過你的不快樂，然後你輕聲說著，我能告訴你如何可以獲得快樂？你對於這個問題有些膽怯，因此當我沒有回應，你就不再多談，神情上好像你問了錯誤的問題。

　　我先回到佛洛伊德當年的說法，個案生命中常常重複的悲慘境況，一如你在工作和家中常常努力想要把事情做

好，最後卻總是讓你覺得，其他有權力的人過於針對你，讓你無法做到你想要做的事。好像這是你的宿命，或是你生命的悲慘。你對於這些重複的悲慘，大都歸因於其他人，而不是探索自己，是否你有涉入讓悲慘境況重複地發生？這是佛洛伊德當年所談論的，潛意識的困境所帶來生活的悲慘。

不過既然是不自覺地發生，就意味著不是很容易察覺，這些重複的悲慘境遇跟自己有關。因此分析治療的重點在於，如何讓你可以經驗到這些生活的悲慘，不是只有口頭上的記憶，而是你有親身正在經驗（或說是體會）。在臨床經驗裡，這常常需要漫長的時間（就像打開一個死結後，發現裡頭還另有死結），才會充份讓你經驗到這些境遇跟自身的關連。

所謂跟自身有關連，是指你也是形成目前問題的一部分，不是百分百只是蒙受傷害的人，但這不是指責或要求你一定要這麼想。重點不在於早年的經驗是否有你的主動介入，而是指你目前的問題是有你後來的貢獻，雖然這麼說是很殘忍的。

雖然在過程裡你會同時經驗到，某些遭遇的確跟外在的人事物有關（就像看山是山），但是理論上和實務上，一個人對於自己生命的境遇，如果能夠同時感受到，跟自己也跟外在人事物都有相關時，才能全面完整地看待這些不斷重複發生的事，而不是大部分時候將自身發生的問題，完全歸咎於外在的人事物。

　　然而更大的挑戰在於，在分析治療過程裡，逐漸發現自身問題不只是別人的關係，也有自身的因素，這是令人難以忍受的過程。甚至佛洛伊德認為就精神分析來說，能夠讓個案從不自覺的悲慘裡有所察覺，就是精神分析的目的了。他認為精神分析到這裡就要止步了，雖然個案有了這些治療的收獲，但意識上仍覺得不快樂。

　　畢竟，面對自身曾遭遇的悲慘後，要快樂並不是容易的事，佛洛伊德對於精神分析是否要再介入，走向幫助個案如何得到快樂，是採取謹慎的態度……那像是越界了，踰越了你在了解自身的問題後，需要再替你決定（只有你能替自己下決定）要如何快樂了。

　　要如何快樂，這不是精神分析的目的。雖然那也是你對於我的期待，就臨床經驗來說，畢竟人生遭遇如此困境真要完全快樂，不是容易的事，但也可以想像的是，當你經歷了分析治療的漫長過程，通常不會不知道如何讓自己快樂，只是以前處在不自覺的悲慘裡，讓你對快樂的期待，總是被自己不自覺的悲慘破壞掉了。理論上，只要能夠對這些不自覺的悲慘，有更多的經驗和了解後，自然地，你讓快樂被破壞的影響就少了。

　　關於從分析治療師這邊得到如何快樂的建議，或者是藥物，真的無法做到嗎？我不認為如此，因為人類有史以來，在讓人興奮或者極度平靜裡，得到不同愉悅的方式早就存在了。例如，各式迷幻藥，以後或許會有更新式的興奮與平靜式愉悅藥物。但我相信仍可能會被定義為是毒品，

雖然如果再重新定義，它們的確是讓人快樂的藥啊。

例如，目前爲了處理嗎啡所衍生出來的社會和醫療問題，有開放某些同類型的藥物作爲醫療用途，但是否只是玩著文字定義的遊戲？毒品和藥品間的差異是什麼？其中有多少人爲任意畫線的決定？以中國曾有的鴉片戰爭爲例，也許就可以想像，某些讓人經由興奮或平靜而得以愉悅的東西，多麼難以定義它們是藥物或毒品。

舉這個例子是要說明，如果我過於認同你所投射出來的無力感，而導向我無法讓你能夠快樂的方向時，我將會面臨前述的困局，也許有人會問，眞的沒有可以讓人愉快的心理學方案嗎？如果有，是否是我故意不給你呢？

其實目前資訊如此流通，如果有某種方式可以讓大眾愉快，勢必早就流行在各種管道或大眾傳播媒體裡了。因此我問的是，何以市面上有了如此眾多如何快樂的心理學建議，但是要如何快樂的問題依然存在？因爲需要我的專業來說明，或更仔細的分析何者可用，何者不可用嗎？或者更大的問題是，我是否要介入你的生活，讓你知道如何快樂的層面？

這的確就有一些價值層面的假設了。例如，精神分析傳統至今仍大致認爲，治療者處理的是個案的心理世界，不太涉進個案外在現實的世界。雖然精神分析運用在心理治療時，到底要介入你多少的外在現實生活？這仍是值得再爭議的課題，需要再評估及觀察的是，如果介入你的外在生活過多了，那麼再持續進行分析治療時，精神分析取

向的態度和思考能再幫上忙嗎？因為精神分析向來是以關
注你的內在心理世界為核心價值，不是以處理你外在世界
的生活作為專長。

第六章
抱怨裡有多少人生可能性？（下）

另外，值得再整體回顧的是，你抱怨分析治療時間漫長的問題。這個問題或質疑常讓我因過於認同你的想法，而一起質疑分析治療需要時間的課題。

有不同說法來描述或解釋這些問題，何以如此？我試著用繩結的比喻，來形容你不見得馬上接受的某種情況，至少我要先了解這種可能性，不然我也會將自己的挫折投射出來，讓你承受了自己和我的雙重挫折。

這個繩結的比喻是這樣子。記得你初來尋求分析治療時，常只感受到你有一個大問題，或是一個大的繩結，那個大繩結是唯一問題，是你受苦的唯一緣由，因此你常覺得只要打開這個結，那麼你的問題就完全迎刃而解了。通常這種期待是很強烈的，因此也常讓我感受到巨大的壓力，但這種感受裡卻潛伏著一個常出現的誤解。

也就是，通常被感受到的那個大繩結，打開後，會發現這條繩子有著許許多多的小繩結，只是被打成大繩結後，就看不見那些小繩結了。臨床上是常見的，當你將心思集中在某個問題，自然就會忽略其它問題的存在，甚至覺得沒有其它問題了。

　　通常如果我使用這個繩結模式，來跟你說明何以會有阻抗，是因為打開大繩結後會出現更多小繩結，因此你寧願維持在有這個大繩結的狀態。我這種說法看似清晰，但是如果還沒有走到這種經驗，你也難以接受。我需要體會這種困境，不是硬要以為你知道這個比喻，就以為我真的了解你了。要接受這個比喻的實質情況，仍需要一個心理過程來消化它。

　　依照這個模式來思索時間的問題，就會發現實質上並不是時間的問題，而是有多少小繩結，那些繩結是結在哪裡呢？這都是需要時間來探索它們，以及那些小繩結對於你的衝擊會多大？衝擊愈大的問題常是更難以改變，這不是指意識上覺得大或小的問題，因為意識層次的大問題在有壓力下會更快解決，但從潛意識的角度來說，愈有壓力的潛在問題可能存在愈久遠，在它周遭已有豐厚的堡壘圍著這些問題。

　　因此要解決它們反而是不容易的，雖然面臨這種情況時，在意識上可能會覺得更有急迫感，想要盡快解決，但是由於潛在的堡壘特質，實質上你是否真的接受那是問題呢？需要解決嗎？需要時間來消化和接受，不是用意識上的道理來說服，或變成壓迫式的概念來處理即會有效果。

　　這個繩結模式的說明和想像，並不是說知道這樣式後，你就容易解決長久以來的問題，而是提供一個看問題的方式。但是它將遭遇的困難並不會因此即減少，這些模式的目的和重點，反而在於治療者要了解及體會個案的這些困

境，而不是以為可以用此模式，說服個案之後就可以走得
比較快。

　　另外一個比較大的命題是，你覺得自己的問題是來自
於父母，那麼分析治療的過程裡，是否要把這個列成明顯
的治療目標？要讓你改變對於父母的觀點和態度？這是另
一個很大的命題，首先我們必須先了解，人從小長大受父
母影響，這句話是有它的道理，但是如果將自身問題都歸
因於父母，忽略了自身對於自己目前困擾的貢獻，好像也
違背常理。

　　臨床上常見的，我的經驗是不同個案會對某特定問題
固著地認定，就是源於父母，因此這些個案雖然自己來心
理治療，心中仍是意識或潛意識地期待要改變的是父母。
或者是一個更困難的期待，你也曾吐露的，如果人生能夠
重新來過，你的父母不要像以前那樣對待你。這個期待表
面看來很奇怪，在人性上，卻是很常見的情形，並不是你
常說的：「已經過去了，不可能再回頭了。」就能夠說服
自己並馬上有效用。

　　通常這很難說服自己，尤其是如果當年的經驗，對你
來說覺得愈受創傷的話，這種潛在期待常更根深蒂固，如
果重新來過，期待你的父母不要像以前那般對待你，甚至
你偶爾流露出來的話中之意，不只是「如果」重新來過，
而是要一定再來一次的力道。

　　你曾說要改變自己對於父母的看法，過程裡常出現的
是，由於對分析治療有過度的期待，反而更期待我可以讓

你心目中的父母有所改變，這種說法乍看很奇怪，卻是臨床常見的現象。換另一種說法是，潛在不自覺地期待來跟我會談後，會改變的是不曾親自來我這裡的父母，而不是你自己有所改變。

這種期待很細緻，不容易被你自己察覺。但是這種不自覺的期待，是你來分析治療時，常會浮現挫折感的原因之一。何以你會有這種不自覺的期待呢？以客體關係的角度來假設，會不會你的內在世界裡，有個父或母的客體存在著，因此，當你來和我談時，仍是期待那些客體會自行改變？

從這角度來說，你期待父母改變，並不必然是個錯誤的期待，是指你內在客體關係的改變過程，雖然在說出來的話裡，仍會是以具體父母的樣子來說他們。抱持著這種期待，讓我想到更困難的受苦是，如果你的父母都已經過世了，那麼如果你仍期待父母可以改變，這不是不合乎現實嗎？從內在客體關係來說，不必然不是現實，只是這是心理的現實，不是外在現實的真實。

對你來說，要一下子就了解我說的這些話，並不是容易的事，雖然我也相信只要假以時日，你就自然會了解的。不過，當我這麼期待時，就算是目標在未來，我也得謹慎，不要硬把我自許會有幫助的想法，凌駕在你自己的親身經驗，而要讓你自己慢慢找出語彙來描繪這些經驗。

你認為問題是來自父母的話題，在治療的現實上，是否是當你要談論內在世界裡的客體，但是成為說出來的語

言時，可能仍像是父母在世時的樣子？這種假設下，我如何確定你是在內在客體關係上工作，或是你還在回顧早年的日子，仍很具體遺憾自己在當年的日子，而不是在內心世界裡，你逐步修復和父母的客體關係？

當你重複抱怨早年的客體經驗時，尤其是跟父母的關係時，那只是重複的抱怨？或是具有修復功能的抱怨？這是個難題，因為很容易被我們聽成是一樣的抱怨。雖然我不一定聽錯，但你的重複抱怨裡，是否有可能隱含修復的功能呢？

仍得回到移情的感受裡來澄清這種判斷，不過我這些論述的主要目的是，想要說明某種可能的狀況，一如我們的日常用語裡，見山是山、見山不是山、然後見山又是山。是否有些抱怨其實是見山又是山呢？畢竟生命很早期的經驗，從挫折、憤怒到抱怨，這中間需要走過多少路呢？

從嬰兒式的表達方式，直到大人的表達方式，這中間的演化過程是什麼呢？這是值得思索的重要課題。這些都需要回到你自身的經驗裡，慢慢找出話語來說。雖然我不可能每次聽你相同的抱怨時，都會有不同的感受和想像，但是我也相信，如果能夠有不同的感受和想像後，我才能在「你又來了」的感受裡尋找出路，不但是你的出路，也是我的出路。

Psychoanalytic
Psychotherapy

「精神分析取向心理治療」進階

技術篇

　　「分析治療」是我個人對於「精神分析取向心理治療」的簡稱,有別於傳統的精神分析,以及其它不同取向的心理治療。

　　這本書的起源是週六下午,臺灣精神分析學會「精神分析取向心理治療」委員會所開的課程:「精神分析取向心理治療進階班」我授課內容的一部分。這是兩年的課程,邀請學會會員作為講師,課程包括精神分析理論和技術。

　　本書內容是2017年3月至2017年7月期間,輪到我負責課程裡《治療技術:詮釋、行動、阻抗、修通》的部分。這些文章是上課時宣讀的文稿,也感謝本課程裡我邀請的三位協同講員:李曉燕、李詠慧和謝佳芳。

治療技術的12堂課
詮釋、 行動、 阻抗、 修通

課程簡介：

　　當年是相對於催眠術之外發展出來，精神分析作爲一項文明的技藝，它除了是心智的後設心理學理論外，它在診療室裡也發展出一套約定成俗的模式，並在這些模式條件下逐漸累積起，對於人性和症狀的知識，但是精神分析發展至今到底有哪些約定成俗的條件呢？例如，躺椅、每週幾次、固定時間、付費等等。

　　這些外在條件作爲治療結構的一部分，它的真正目的是什麼呢？另外，在一方叫做個案或被分析者或病人，另一方叫做精神分析師或心理治療師，在這種條件下兩人的關係裡，人是如何展演自己呢？這個展演過程裡出現了什麼人性謎題呢？這需要什麼樣的技術的想像呢？以及技術的目的除了要改善症狀外，是否還有什麼需要一起思索的嗎？雖然我們目前簡略說，這中間有移情和反移情的展現，它們是什麼呢？如何知道它們呢？知道後要如何運用呢？以下的內容就是在以移情和反移情作爲中心思考下，探索「精神分析取向心理治療」過程裡的技術。

引言

這系列關於「精神分析取向心理治療」技術的文章，書寫時即以出版成書，以能夠讓更多人容易閱讀為目的，因此文章本身不以習慣的學術方式，註明每個概念的來源，為此有必要聲明，並非所有概念都是來自我自己的經驗。比較貼切的說法是，我相信這些文字大部分的起源，仍是來自於佛洛伊德以降的精神分析者的論述。

我只是以自身執行心理治療和督導其他治療師的經驗，再撿拾別人的想法來描述我自己的經驗。如果是第一手的文字，那是經由我消化後，吐露出來成為在地文字，作傳播精神分析的種子。因此如果說我有獨創性，是指經過我的消化和組織成目前的文字，至於文字指向的內容本身，如果說大都是來自別人的說法，我也不會覺得難過，但是我相信這些文字絕不是抄襲。

二來，我的書寫格式當然會降低它的學術性。不過，我不擔心這點，因為我想要呈現的，只是精神分析引進台灣後，我們依自身臨床經驗所做的描述，而描述只是描述，不必把它當作是真理。但我有信心，這些描述會是目前書本市場上，值得參考作為借鏡的文字。當然也需要告知讀者，不必將這些經驗的書寫當作是規章來看待，這些只是一些經驗的反映，仍需要各位回到自身的經驗來檢測。

由於是進階班的課程，因此一些最基本的如何建立治療結構，例如時間、地點、費用等議題並未專章處理，但

可散見在不同章節內容裡，畢竟心理治療得以開展仍涉及基本架構。談論治療技術時，對精神分析來說，由於移情和反移情的觀察和猜測是重心，因此無法專門只談論如何說話的「語法」，或者如何做好細節的「工法」，而是談論在技術和理論之間相互影響的觀察「心法」，因此說我的文章雖談論技術但是著重在心法也不爲過。

因此，這麼說也是恰當的，這本書是以「精神分析取向心理治療」邁向精神分析作爲方向。

臺灣精神分析學會以「精神分析師」的訓練爲標的，但「精神分析取向心理治療師」也是重要的發展項目。我們認爲這不是誰比較厲害的問題，依我個人觀點，這是關係著精神分析的古典寶藏的傳承課題，古典精神分析理論的臨床經驗，在每週多次躺椅分析經驗下，這些經驗是直接和古典理論對話。這些經驗當然會受後來的分析型式裡，處理不同個案群而有後續的不同影響。

至於「精神分析取向心理治療」的經驗，大多是面對面型式（不是必然只能如此），每週一或多次的臨床經驗裡，則是仍待更多文字描述的學門。目前的文字描述很少，卻是值得再深入，藉著更多文字描述來豐富這個領域，並持續和精神分析的古典或後來的論述對話。

這是我對於佛洛伊德的「分析的金和暗示（建議）的銅」的詮釋方式，也是2017年5月國際精神分析學會主辦，臺灣精神分析學會承辦的亞太區國際學術活動裡，我們的老友Rudi Vermote提及的，除了在主要技術，關於詮釋之

外，另有更大的領域，是在執行詮釋前的眾多尚未明的黑色地帶，那是重要待研究的領域。雖然他提的是針對精神分析，但是我認爲這個說法也適用在，我們如何看待「精神分析取向心理治療」面臨的黑色地帶。

另外，爲了區分「精神分析」（psychoanalysis）、「精神分析取向心理治療」（psychoanalytic psychotherapy）和其它型式的心理治療（psychotherapy），我是採取人爲地以不同名詞來稱呼它們，例如古典精神分析就叫「精神分析」，「精神分析取向心理治療」叫做「分析治療」，心理治療這詞代表其它型式的治療。不過仍會沿用習慣的說法，將分析治療也歸類屬於廣義心理治療的一支。至於精神分析師仍是「精神分析師」，「精神分析取向心理治療師」會以「分析治療師」來稱呼。這是爲了各自的認同可以清晰，至於精神分析和分析治療之間，是值得有密切交流來共榮相互的存在。

第一堂　關於創傷
這是精神分析取向的技術嗎？

前言：

　　談論「精神分析取向心理治療」（以下簡稱「分析治療」）的技術，並不是容易的事。不可能寫出一本有標準作業程序的操作手冊，何況精神分析的技術和後設理論間是維持著動力狀態的相互影響，不可能寫出個案說什麼，我們就怎麼回應的技術書籍。當要談論技術時，還是得回到診療室裡，治療者和個案的互動經驗作為基礎。由於這系列文章是定位在「精神分析取向心理治療」的進階班，因此我跳過最基本的治療架構的建立細節。本章先試著以分析治療師內心和個案對話的方式，呈現分析治療裡的某種片斷，並作為後續理論和實務課題的基礎。

以創傷作為開場

　　後來察覺，我很想向你演講一堂精神分析的技術課程，但這很奇怪，不是嗎？你是診療室裡的個案，不是在我課堂當聽眾。就算是課堂上有一些理論，這些理論也都是起源

於診療室裡的觀察和作為，但是為何我今天有股強烈衝動，想要對你談精神分析的技術呢？

你繼續說著你的創傷，你談到當年，父親如何在你和弟妹面前打母親，你一直想要出面阻止，但是你卻沒有採取行動。你說，後來，你的頭就愈來愈低了，低到你可以看見自己的胸部，裡頭有東西隨著時間在發展。你強調，不只是看到肚臍，而是胸部，你這麼說就把一場殘酷，說得有些搞笑了。或者你是更悲哀呢？但是，頭低到看見自己的肚臍和低到看見自己的胸部，兩者有什麼差異呢？

你這麼突兀的說法，至少我覺得脈絡上是有些突兀，可能有你自覺或不自覺的脈絡，你才會這麼說。如果只針對你現在所說的內容，是指涉當年的自己，那時你年紀還很小，你說，不到五六歲，但是父親不可能在你五六歲時才開始虐待你母親吧。這可以從你先前說的，在你很小很小的時候，你就覺得父親常動手打母親。

你說很小很小時的記憶是如此奇特，你常重複提起這些場景，但有時候你的說詞好像又覺得，那種打架不是你後來看見的，父親以拳頭打在你母親身上。你只是聽見父親跟母親的聲音，不知道他們在床上做些什麼事？你覺得那應該和你後來看見的，父親出手打母親是相同的事。只是這無法完全說服自己，因此你一直存在著疑惑，雖然你有時覺得納悶和不解，那時候，母親的喊叫聲，跟後來你和弟妹在半夜站成一排，看父親以拳頭打母親胸部是不同的聲音。

　　如果落實「此時此地」的觀點，這當然只是我工作的
觀點，你不必然要接受，我是不曾對你解釋過，此時此地
的觀察和詮釋是我工作的重點。但這是我的事，我不曾對
你說明過，只是這種此時此地的觀點，在此刻替我帶來了
麻煩，你就當作是我自己先自說自話，不是要對你說我的
想法。那就是，你現在說，當年，你的頭愈來愈低，甚至
看見了自己胸部時，這時候，你說的胸部，是你印象裡當
年的胸部，或你看見被父親打時母親的胸部，或是指你目
前在我眼前已經成人化的胸部呢？

　　如果習慣就事論事，只談看得見和聽得見的事，那麼，
我依據精神分析的後設理論所做出的推論和想像，就變得
毫無價值，甚至是一種干擾了。我有權力嘗試這麼說嗎？
其實你剛剛說你的頭愈來愈低，你也順勢低頭往下看，此
刻，你所看見的不再是當年五六歲的胸部。你是在談論你
目前的胸部，或者可能更有爭議，但更貼近實情的是，你
是看你自己現在的乳房？問題是，我談這些要做什麼？這
是分析治療裡該有的問題嗎？我總不能以我想到的，或者
依照理論說的內容，就認為一定是對的吧？但是我能無視
你的說話嗎？你這麼描述已經不是第一次了，我需要假設
是有某些意義要讓我知道，或者你也想要知道，只是知道
它是如此受苦，因此就只好過家門而不入的掙扎吧？

　　如果我夠殘忍，也夠無知，卻自認為已經聽你說了一
年多的故事後，就表示我是了解你，然後我對你說，你這
些話已經說過千百遍了，我已經了解了，請你多談談其它

的事吧。我如果這麼說，這是精神分析取向的技術嗎？

　　首先，我自覺很奇怪的是，明明我剛剛困擾著，你描述頭愈來愈低，低到從看見肚臍，到看見胸部的一些聯想，但怎麼隨後我腦海浮現的卻是，想對你說你是不是有其它新故事呢？我這個想法好像是說，你已經重複又重複說了相同的事，我已經知道你說的故事了，你怎麼還要再說一遍呢？然後，如果我真的這麼說出口，這是什麼意思呢？

　　也許是說，你快點再餵我一些新資料，不然我可是無法解決我剛剛的不安，和覺得被你干擾，關於你提及被罰站，當場看父親打母親的故事。你的頭愈來愈低的事，我想要了解，你談到的低頭看胸部是什麼意思？是父親有侵犯你嗎？或者只是父親打你母親的胸部呢？我直接問你這個疑惑就好了，何必變成是我的困擾呢？

　　但是我想著，我需要轉個彎，不必然只是我的專業訓練教導我這樣子，而是有股無言的壓力，或者這個問題是一顆地雷，一顆埋在胸前的地雷。嗯，這個聯想是接近我剛剛想要表達的感受。但是我還有疑問，為什麼「地雷」的比喻會那麼困難浮現？不然，怎麼直到此刻，我才發現「胸部有顆地雷」的意象，是更接近我聽你在描述童年經驗的感受？

掀開潘朵拉的盒子

　　不過，我需要先提醒自己，這只是我在診療室裡的感

受和想像。我需要提醒自己，這時候，如果我冒然想用理論來套用這種一時的了解，勢必帶著我不是很想從你的真實心理感受來了解，而想要以精神分析理論來蓋過你的心理真實。雖然這些心理真實是如此困難被再度感受到，甚至困難得變成語言無法描繪的場景。如果我不想像這種可能的困境，卻自以為直接問你，就可以掀開潘朵拉的盒子，這會讓這場景變成是我的攻擊了。

怎麼會想像成這樣子？會不會是我的多慮啊，「你們這些搞精神分析的，就是想太多了！何以想那麼多呢？不知道的，直接問，不就好了？」我當然不會反對，有些事能直接問就直接問，只是這行業做得愈久，就愈變得事情不是那麼單純，然後就變得很難相信，「就照著我的方式去做」的說法。如果你的問題是很簡單啊，是否我的多方思慮，反而延誤了你問題的解決？我只能對自己說，還好你的問題並不是那麼急迫，就算我緩緩地和你一起進行思索，應不會有重要的事情沒馬上處理，然後會帶來立即嚴重的後果。

不過，還是有一個疑問沒有被想一下，就是我前述的，如果我直接問你胸部的事是什麼意思，是否屬於攻擊呢？這麼想時，我浮現的是，父親在你面前打母親胸部的事，難道我這種比喻是成立的？不過，比喻就只是比喻啊，能夠說出什麼內心真理嗎？難道我穿梭這些不同事件之間，連來連去就是了解你的方式嗎？我需要說明這是什麼樣的了解？

　　例如，我覺得你現在重複說胸部，是在此時此地說的，我能說你就是要把焦點變成你這時候的胸部，不只是說當年還沒讀小學前的胸部？雖然是同樣的胸部，但隨著時日的變化，胸部自然已有重大變化了。但是為什麼要將你經歷的當年悲慘，連結到你此刻眼前的胸部呢？難道，還有其它的意思嗎？

　　我還能夠再推論多少呢？是否推論過頭，反而離你更遙遠了？或者我的推論是能夠更接近你的方式？不過，反正左思右想後，我知道現在我不必急著說些什麼，雖然你重複述說類似情節時，是懷著某個期待，如果有，是什麼期待呢？我多麼想要你就直接告訴我，到底你說這些是要告訴我什麼啊？說真的，我是多麼期待，你可以回答我所有的疑惑，雖然我明知這是不可能的事。如果這樣，何必需要有叫做精神分析或分析治療的玩意呢？

　　好吧，看來我是有些閃避了。雖然我覺得要有足夠訊息，再說出我等一下要說的想法，才不至讓大家誤解分析治療。你明明談了很多事情，我何以一直在胸部的課題上打轉，有時候我覺得這種批評有它的道理，因此會想要略過認為這不是問題，只是你重複地說著這件事，以有些突兀的方式來說，讓我要離開這個焦點時，你又拉了回來，讓這個話題在你原本要說的悲慘裡，變成很明顯的意象，到底這只是背景或者是真正的主題呢？

　　什麼？怎麼可能，你描述所遭遇的早年創傷經驗，怎麼會變成我口中的，只是你要說話內容的背景呢？就你目

前問題來說，你在生活和工作以及與朋友相處上的困難，你想要歸納成是起源於這些早年創傷經驗。就目前的事件和問題來說，早年創傷經驗當然是背景，不過，我知道這不只是背景。畢竟，如果背景仍然如此活躍，隨時就會跑出來扮演眼前出現的問題，真的很難說那只是背景了。

身體承載多少往事

　　如果你是要我注意你胸部的問題，是有幾個可能性，就遙遠的故事來說，你是象徵著母親，當年的母親承受父親的攻擊，那個母親的胸部是挺住的，是幫你和弟妹承受父親攻擊的地方。但是大家都知道的胸部，不是只有這種意義，你曾說過你一輩子都無法原諒母親，你印象裡曾有母親躺在床上讓父親吸她的乳房，而乳房就是長在胸部。你覺得母親背叛你們，不然，被父親吸吮乳房時，至少表情不要一副很陶醉，也不要發出呻吟聲啊。況且這些場景常常發生，在父親當著你和弟妹面前打母親的胸部後，不久，母親就被父親拉進臥室裡，連房門都不關起來，就在你們側眼可見的房間裡，父母親脫光了衣服，而且母親是自己脫光衣服。因為這些表情和聲音，你說從小你就看不起母親了。

　　就這樣子，母親和你的胸部，變得不再只是身體部位而已？也承載眾多往事的軀殼，我得再提另一件事，如果我直接陳述你提及胸部的其它意義，是否變成是我的攻擊

呢？但是，我為什麼會想要攻擊你呢？我並沒有明顯這麼感覺，但是我也不全然確定一定沒有。當我想要直接指出來，你只是重複談著這件相同的事，希望你談談其它新鮮的事。事後想想，這不是攻擊？或者是象徵著打你的臉或打你的胸部？我想的是，如果直接問出答案，就像是直接揭開你胸前的衣服，我相信這個比喻的確是有些過頭和暴力，不過，我不是要停在苛責自己，而是進一步想像這是怎麼回事？

　　如果我直接這麼說，在這時候就算是以比喻方式說出，仍是過於冒犯的語句。就算這句話本身隱含其它意義，但如果有可能傳遞著暴力特質，我當然沒理由在這時候說出這種有些過頭的猜測，讓我和你陷在相互攻擊的態勢裡。好吧，但是我總可以再想一下，這個聯想本身可能隱含什麼意義吧？畢竟，我的角色是賦予我謹慎動作和話語，並沒有要我不能透過五官感受的蛛絲馬跡和聯想，思索和推論是否隱含著潛在不自覺卻影響重大的訊息。如果是有這種可能性，這就是我工作的範疇了。

　　不過，我最好先聲明，所謂我工作的範疇，被賦予需要勇敢的想像，或者跟勇不勇敢無關，需要的是我能夠逐漸更自由地想像和猜測。這是佛洛伊德開創了精神分析，並被大眾接受成為文明和心理治療裡一支流派後，我作為精神分析取向者，能夠有這種權力也是義務，做這些想像和推論的基礎。我必須再聲明，這只是限於想像和推論，至於要說什麼，如何說，這是技術的課題，就不再只是我

怎麼想的命題而已,而是當我要談論的對象是你時,你不是一本書,也不是一張相片,而是會隨時變動的人。

我如何說以及何時說,例如,你重複談論胸部時,你還配合動作,你的右手都會靠向你的胸前,你說的故事是以前的事,但你現在用手指向胸前,已跟孩童時很不同了,有被叫做乳房的成為胸部明顯的目標。因此,當你說「胸部」,但右手靠向「乳房」時,我必須試著把這場景和動作也拉進我的推論裡。我接下來再談論一些技術的課題,但我要先在「胸部」這點上進一步深入說明。施展分析治療的技藝,開口說什麼前需要更重要的準備。

也就是,你是在我面前說出你的故事,在我面前指著你的乳房,這是說以前的故事,或是流露或做出當前的故事?如果是當前的故事,那是什麼呢?這是假設你說以前的故事之外,另有弦外之音?誰能聽到這些沒有說出來的聲音呢?弦外之音的說法是大家熟悉的成語,它能夠存在表示著,一般人是接受有這種說法的存在,但是這就表示平時大家會接受言語之外,真的另有其它要說的話?如果要將這種一般說詞,運用到某個特定時刻的你和我之間,這種說法會遭遇什麼困難嗎?這個弦外之音的術語能夠暢行無阻嗎?

表面現象下的其它意義

就回到你的說法來經驗是否能夠暢行無阻?我記得有

一次，我說，「當你說你父親在你面前打媽媽，是為了讓我知道你的害怕，那種害怕直到現在仍趕不走，這也包括你害怕我會傷害你。」我還深刻記得，當我在說完之前，就有一股不安氣息在流動著，那氣息在說你根本就沒有害怕。這是從你那邊傳出來的無言訊息，是為了來抵抗我的說法，當我一路說，你需要一路抵擋，把我的話語隔在你的腦海外，不然，你就會被我的話侵犯干擾了。這是我說話時觀察到的感受，我當然不能說一定是這樣子。

稍微沈默後，你說，「我早就不再害怕了！」你說得輕描淡寫，幾乎不像是在回應我所說的話，而是你對著風在說話。但是你這句輕輕飄來的話，輕易打翻我原來的慎重想像了。更準確的說法是，我是不相信你的話，你雖然說得輕聲，只是這種輕聲反而讓人難以著力去反駁。因此這句話更像是「我說的都是以前的事，你竟然不知道，我早就不再害怕了！」或者「你到底了不了解我啊？」也許還有其它可能性。

無論哪種可能，都明明白白告訴我，我根本就不了解你，甚至連說「不夠了解你」也是錯的，是「不了解你」，沒有比較級「夠或不夠」的命題。那麼，我坐在宣稱自己是分析治療師的位置，到底發生了什麼事？這還需要再進一步說明，我在這裡說我不了解你，並不是我一定認同你，說你不再有害怕了。這種說法有所相違我跟你互動過程的經驗，也就是，我是可以輕易感受到，你對於當年創傷的害怕餘緒，這些情緒的餘緒仍散置在生活的小細節裡，例

如，存在你說的跟其它朋友同事相處的經驗裡。

你可能因為有些害怕對方，讓自己起初和對方親近，但很快地你就不再和對方親近，因為你說你「擔心」，對方將會不再理你。這種「擔心」和「害怕」是類似的嗎？你以「擔心」的說法出現在心裡頭，那就不是「害怕」而是「擔心」？何況再加上你可以舉出例子，你朋友和同事們眾多的舉動，是有些不善意，是欺侮你，如果照你所說的內容，對方的確是相當過份了，只是我無法對這些發生在外頭，我未親身經歷的事做出任何判斷。但我可以假設，你是要以那些發生在診療室外的事，來說服我接受你的擔心，別人要欺侮你，是有依據的說詞，不是你憑空想像。

但是從你回應，「我早就不再害怕了！」讓我突然有另外一層的了解。是否你先前都以「擔心」別人會欺侮你，你是要將「害怕」這詞所挑起的感受放在一旁。由這些反應來推論，反映著對於涉及情緒的一些用語，例如，擔心、害怕等，每個人會有很主觀的判定。有些個案反而是不喜歡「擔心」這字眼，而你意圖將「害怕」這詞踢出感受外。這些推論是我對你的某些了解，讓分析治療過程裡的實情，是我在了解和不了解間的擺動。

前述我所說，我的不了解你，是指當你說「我早就不再害怕了！」你這個反應是完全出乎我的預料。這種預料之外，如我常在其它文章說的，意味著那瞬間我是不了解你。不然，不會發生出乎我預料之外的現象，就在這些複雜的情境底下，我們作為分析治療師的職責之一，是視情

況需要，說出我們觀察的表象下的其它意義。

自由聯想的起點

在了解和不了解的交替過程裡，我所做的任何處理，我的行業叫做精神分析取向的技術。首先要思考，精神分析或分析治療技術的主要目的是什麼？是誰來訂定目的呢？由你來訂定遊戲規則，只因為你是顧客，顧客一定要至上？所以你來訂定技術，規範我應該怎麼說？什麼時候說？該說些什麼？不過，就現有文獻來說，看來不是這麼做，也許這造就了一個不公平的基礎，但這種公平的意義是什麼？是否有利於人在面對自己的問題時，需要處理什麼素材才有機會改變？

我早就感受到，對於你和我關係上的不公平，你早就有意見了。雖然你不曾直接表達這個想法，好吧，我就說說從精神分析文獻裡歸納出來的觀點。的確治療者要說什麼話，不是只以商業邏輯，顧客至上作為最重要指標，這不是刻意要不公平，而是除了公平原則，還需要其它重要的參考指標，一起來想像分析治療的關係和技術的課題。

坦白說，我依據的準則還是很古老的指示，來自佛洛伊德的說法。經過百年來，不同的精神分析師們有他們的論述方式，我還是試著回到古老說法，雖然我知道在這個求新求快求變的時代，我居然還要把分析治療技術的主要目的，拉回到古老的說詞，的確是需要冒一些險。對於你

覺得受苦，想要趕緊解決的問題，例如，爸爸為什麼那樣子？老天為什麼這樣待你？還有，媽媽到底怎麼搞的，同為女人，她怎麼那樣對待同為女人的你呢？

　　我當然不會將以下的想法馬上告訴你，這只是增加你不必要的負擔吧。但是這不是意味著，我在診療室裡就要停止這些思考，我存在的角色就是不停的思考。但是要你和我都能夠持續的思考並不是容易的事，也就是回到佛洛伊德的古老說詞，個案以能夠將浮現在腦海裡的想法說出來，這不容易做到，精神分析取向者大致就以「自由聯想」（free association），來代表佛洛伊德當年對精神分析技術所下的重要指令之一。

還有，自由飄浮的注意力

　　佛洛伊德下的這道指令，是精神分析診療室裡第一道重要指令，如果要設立一個博物館，這個指令絕對有它最顯著位置。但這是佛洛伊德的「命令」，或只是一般可有可無的「期待」呢？我甚至無法百分之百確定，你在不同時候是否有相同心情和努力，想要達成這個指令？你是否真的把它當作指令呢？也許是複雜且矛盾的變化過程吧？

　　對我來說，依據前人經驗加上自己的經驗，我也同意，精神分析和分析治療技術的主要目的之一，是讓個案能夠自由地說出任何想法。我知道很難被你當作是一道指令，畢竟對你來說，你在創傷的心理經驗裡長大，至今就算你

覺得有問題來找我，我假設，你在這種心理困境裡能夠活到現在，以目前方式來到診療室，你可能不太會覺得我能夠完全了解你。甚至你搞不好覺得，如果我生活在你的情境裡，早就垮了，無法走到現在，無法撐著種種困難走進這間診療室。不過，我當然不是省油的燈，這也是你和我一起在診療室裡共同經歷的，無論你先前再三威脅我，我依然讓自己保持著，分析治療師該有的某種態度。雖然常常會陷進某些困境裡，但是藉著習慣地事後回頭想像和思索，讓我自己能夠再往前走。

好了，我不必把自己說得有多厲害，我知道問題不在於我是多麼厲害。因為不論我多麼厲害，只要你突然消失不來了，就輕易打敗我了。雖然要不要認為這跟失敗有關，也是我的事情，只是這點偶爾被你用來，作為潛在地要打敗我的方式。雖然以這種方式打敗我時，持續受苦的人還是你，也就是，你的勝利仍是替自己帶來痛苦。

但是對某些人來說，寧願享受這種短暫打敗治療者的愉悅。不過，至少你目前不是如此，依你的生命經驗來說，這也是我不全然了解，甚至常有驚訝感的緣由，你在受苦下，依然能夠來到診療室。就分析治療技術來說，能夠讓我繼續往前走，不會被框在某個問題和情緒上，最重要的武器是我要能夠持續想像。這是精神分析家比昂（Bion）的「想像的理論」（Thinking Theory）的臨床基礎，不過我還是先回到佛洛伊德的古老說法。

佛洛伊德的說法明示的是，我要能夠保持著「自由飄

浮的注意力」（free floating attention），或者說是飄浮懸置
的注意力，我曾在其它文章裡重複談到這個主題。為了能
夠談論分析治療的技術課題，我只好再重述一些想法，如
果我過於認真地執行著這個指令，就意味著我根本不該追
隨你提出的任何想法，因為你說的故事馬上就過去了，就
像看著火車外的景物，一下子就在後頭，雖然你說的某些
故事仍停留在我的記憶腦海裡。

　　我深深知道，如果「自由聯想」和「自由飄浮的注意
力」是來自百年前的佛洛伊德的指令，那麼這兩項指令就
像是幽靈。我們要往前走，一如當你沈浸在某種難過裡難
以脫身時，你常常以挑釁的口氣說，精神分析不是要我們
往前走嗎？你問我，你怎麼還一直在漩渦裡難以脫身呢？
如果我把幽靈當成是指令者，這是必要的嗎？

一句話能走多遠

　　可能是遺憾吧，精神分析百年來，就算佛洛伊德的論
點被吵翻天，但這兩項自由仍持續以不同化身，不同語言
來描述它們。這表示這兩個概念在臨床上，具有可重複觀
察的基礎，也許你覺得我只是抱著古人骨頭，其實，我並
不會完全推翻你這個說法，我只是得持續想像，何以這麼
多精神分析者至今仍是這樣子呢？我只是其中之一罷了，
至今仍努力以我們自己的語言和情境脈絡，來描述佛洛伊
德早就說過的技術，因此我只能說，我試著在和你工作的

過程裡，留下一些很快就會消失的聲音。我只能事後在這些文字裡，捕捉當時的一些想法，來表達我對於古老指令的配合和遵從的程度。

不論文獻裡的其他人怎麼說，對於遵循古老的指令，我是否需要再仔細想想是怎麼回事？沒有理由相信，別人怎麼說就一定是對的，我當然知道這個道理，但是依我的臨床經驗，我仍認為唯有愈來愈自由，才會有更多的想像力和創造力浮現出來。雖然我們在人和人之間，尤其在歷史裡，看見以自由之名，結果卻相反的結局，反而大家陷進某種困局裡。也就是說，在歷史經驗裡，不可否認地，自由本身可能也是帶來問題和停滯的原因之一。

對於你以挑戰的口氣，問我到底是不是能夠幫上你的忙時，我在第一瞬間總是會錯愕而停頓一會兒，心想到底怎麼回事？到底我需要說多少次，你才會真正體會到，是你要慢慢地讓自己自由，然後自然有不同的觀點回頭來看自己，這過程裡可能因此有不同方法浮現，來處理長期以來的困境。不過，我應該已經失望，帶來失望的來源裡，你的狀況只是其中一環，我的經驗是可以讓自己了解，這種失望倒不至於讓我完全喪氣。因此仍帶著一些力量要掙脫，讓自己不再被這些感覺捆綁住。

至於被捆綁住的感覺，就是沒有自由的意思吧？至少我此刻是這麼相信，雖然期待你相信自由能夠帶來以後的創造力，不過，以眼前情況來說，這是未來式的經驗，要如何才會相信未來的可能性呢？只靠著意識的理智知識，

就能夠做得到嗎？我雖然是以疑問句方式，其實我心裡深深知道，不能欺騙自己的經驗，在早年承受重大創傷的你，只靠著這些意識的知識就能有所改變，這不是容易的事。雖然我覺得目前一時之間，沒必要告訴你這麼多通論般的知識，目前這些知識只是一堆雜亂的內容，要連結上你個人的問題仍還太早了。

好了，當我告訴自己，不要一下子走太遠，沒必要多說如何做才能自由的理論，重點在於所謂自由的談論自己，是指在診療室的某個當刻裡。也就是說，不論是否因以前創傷而無法讓自己自由，此時此地的自由度和創造力是重點。試想一下，是否目前你很難說明自己，可以簡略說成是不夠自由，因此無法讓「自己是什麼」真正浮現，但是並非「那麼，就讓自己自由啊。」這類簡便的說法後，自由就真的來了，這種期待是對於心理複雜度的蔑視。

我從你以前的說法裡，想像此刻你是多麼期待可以解脫，讓自己自由，但是要解脫什麼呢？

所謂不自由，是一個或是一片東西集中在某個地方，某個房間，然後你打開後就看見所有的不自由？然後一一點名和命名那些不自由的內容，看清後，自由就隨後趕到讓你隨手運用嗎？其實，我剛踏進這個行業時，幾乎是這麼期待，我的個案是否可以轉眼間就改變了，自由就降臨，然後個案可以運用這些自由，發揮能力解決原來困頓的問題？

interpretation與explanation

　　我是不曾跟你說過，你期待的自由，和一直存在的不自由，是手心和手背的差別，只要手掌一翻，世界就改變了。這是我當年開始做治療者時的期待，也不知過了多少年，才真正覺得不是我能力或知識不夠，而是人的問題不是這麼單純啊，我們不能輕易蔑視它們的存在和運作。此刻，這也是你不自覺的期待，我想對你說，這個世界跟你的內心世界不是這樣子啊。當我能夠這麼說，就表示我有穿透力嗎？久而久之，我已經不敢這樣期待自己了。

　　到底我能做什麼，比較能夠跟你的狀態同步走？這當然是難題，甚至同步走也只是一種假設，例如，當我對你說，「你剛剛說父親對你的傷害時，也同時向我表達，你害怕我傷害你。」談論你回應我所說的話之前，我先對你之外的其他人說，我這句話到底是什麼意思？但不是對你說，因為你沒必要在這時候聽我說這些理論，你要能夠自由地表達自己，才是分析治療的重要過程，不是先吞進我的理論，雖然也沒有理由說你一定不要先知道這些理論。

　　當我試著將幾件不同事件拉在一起，說出這句話時，這當然不是標準說法，因為很難有標準的說法。我這句話想表達的，不是只要你回答，是或不是，然後以為這就是人生的答案。那不是我的真正目的，雖然有時候在某些情境裡，可能會不自覺地如是期待，你可以同意我的說法，好像那是一種得意的結果，唉，現在這麼說時，我終於覺

得說對了什麼，但是所謂說對了什麼，眞有這種事嗎？

　　我最好先說明一些理論作爲背景，才能讓大家了解我爲什麼這麼說？通常在現有的精神分析技術裡，叫做「詮釋」，不過如果以英文「interpretation」來說，跟中文「詮釋」之間是否有字義上的落差？我需要稍說明一下，其實有些枯燥，雖然對我們這行業的人來說很重要，但如果在診療室裡向你說明這些，就眞的是治療的敗筆了。

　　演奏家表演前人的作品時，會說是對前人的曲譜進行interpretation，如果再推論的話，後世演奏家不太會說，他們只是忠實反映前人的曲譜，而是說他們有對於該樂曲的interpretation，這種表演有個重要特色，就是講究獨特更有創造力的演奏。甚至可以說，更有個人風格的演奏，會愈被當作是重要的演奏家。如果要把interpretation的意義搬進診療室裡，我針對你所說的故事或道理（像一首前人的曲譜），就字面我只是展現個人創意就好了嗎？我說得愈有創意，就愈有存在價值嗎？如果這樣子，難道就不管你的感受和想法嗎？

　　你當然會有所回應，就算沒說話也算是回應，難道精神分析式的interpretation，眞的是如此嗎？我只能說，任何文字都有它的侷限吧，或者精神分析和分析治療的技術需要interpretation這字的相關特色，就看你如何回應，再來後續想像和處理吧。目前常被使用的中譯「詮釋」的字義本身，和interpretation有完全配對嗎？雖然它們目前是被配對在一起了，或者我們已經不知不覺地，結合這兩個字在不

同文字脈絡下的雙重意義，來運用作爲精神分析和分析治療的技術了。

多年後，我再來追查這項技術，在台灣在地使用的眞實狀況，也將會是探索精神分析和分析治療，從舶來品變成在地生活的過程裡，被自覺和不自覺地捲進來的多重意義。我相信這不會只是兩個字的意義變化而已，是隱含著以精神分析爲例，來探索外來的重要學門和技術，在地化過程的種種想像和心理、社會、政治、經濟及美學等等課題。

我想得有些遠了，可能跟你目前狀況不是那麼緊密相關，我再回到「詮釋」，依照字面的說法，以相對的「解釋」（explanation）來相互說明也許有助於了解。先從這個問題出發來談論「詮釋」；何以照一般理解的方式，使用早年的生命經驗來「解釋」你爲什麼目前會有某些問題？這裡使用「解釋」應是貼切且可被理解，這是假設當年的經驗是前因，而目前的問題和症狀是後果，因此在前因後果的邏輯下使用「解釋」這字眼。

詮釋之外的連結

雖然符合字的表面意義，我要問的是，這種前因後果的說法在理論上有它的表面道理，但是在臨床上眞的是這麼簡單的前因後果嗎？尤其是生命早年經驗影響後來人生的問題，通常個案就會自己說故事了，一如你提到父母對

你所造成的創傷，你至今仍多多少少覺得，你的問題就是來自於父母帶給你的創傷。

如果是這個答案的解釋，你來到診療室前大概就知道了吧？但是何以這種知識並沒有讓你造成實質改變？其實這不必我多說，在你的個人問題裡就已經證明了，改變不是如此單純，不會只知道前因後果的解釋就改變了。不然你不會至今仍在診療室裡掙扎著，如果我們堅持一定另有其它前因，只是還沒有被發現來解釋緣由，我也不排除這種可能性。有趣的現象是，何以精神分析百年來的文獻，就算是期待找到早年的經驗，但是「解釋」幾乎不是重要的技術，在文獻上可說是相對被忽略的。

通常「解釋」是個案說明自己問題的方式，意圖自己找出前因後果，如同我剛說的，你以早年經驗裡父母如何傷害你，你的說明即是運用「解釋」的方式，但何以精神分析的文獻使用「詮釋」呢？到底詮釋是什麼呢？依據友人李醫師的說法（私下的溝通），詮釋的「詮」是「言全」，是指說出了全部的意義。因此所謂詮釋，是有說出外顯內容底下的全部意義，但這是什麼？這是可能做到的事嗎？或者果真有「全部的意義」被說得出來嗎？例如，以伊底帕斯情結來詮釋錯綜複雜三角關係的糾纏時，「伊底帕斯情結」就是某人在那些關係的全部意義嗎？

對我來說，我很難被如此簡單地說服，伊底帕斯情結代表某些行為的全部意義。一來，那些行為不再可能有其它角度的解讀？分析治療期待我們能夠更自由，想像和推

論某個現象能有多重向度，而不只是爲了找到一個答案，以爲人生有個標準答案般的期待就好了。倒不是說要這樣期待人生意義就不對，只是從精神分析和分析治療的目的來看，這眞的是目的嗎？或者要詮釋的內容，有比伊底帕斯情結還要更深細，而且可以代表著人生故事的全部意涵，這可能是什麼？是更基本的生物學某些現象，就可以用細胞來說明人類身體的全部現象和功能嗎？

我不是完全推翻不可能有一個或數個術語，可以構成人類生活的全部意義，只是在還沒有找到前，先暫時擱置所謂「全部」的意思，因此如果依然沿用「詮釋」這詞，就需要先調整使用時的期待和野心。再回到我對你所說，「你剛剛說父親對你的傷害時，也同時向我表達，你也會害怕我傷害你。」這句話如果被當作是一種詮釋的話，我試著說明更細的理論意涵。我相信理論的說法依然不是有必要成爲分析治療實作過程裡和你討論的材料，也許我眞的很擔心，有人會誤以爲我在這裡嚴肅的討論，是要成爲分析治療實作過程和個案討論的素材。

當我從你說出的不同故事裡，嘗試找出這些不同故事間有某種共通線索，如果我假設只有唯一的線索，就可能構成「詮釋」說出全部的意義？不過如果認爲目前所做的說明，還不是代表故事裡潛在意義的全部，是否另有想法是「詮釋」說出了全部的意義，並非指單一次的詮釋，而是藉由系列的詮釋來達成？

回到我對你說的這句詮釋裡，包含了至少兩項運作內

容。首先，當我從你所說的眾多內容裡，找出幾條線索並假設這幾條線索之間，可能有某種隱含的關係。將不同事件或故事連結在一起的思考，也許接近精神分析家比昂（W.Bion）對於「連結」（linking）的論點。如佛洛伊德提出的性本能般的連結能力，如同讓精子和卵子連結在一起後，創造出下一代的神奇結果。這是假設原本的經驗裡，某些有相連的經驗被種種因素打斷了，呈現失憶般的斷裂，而透過精神分析的連結，讓那些原本斷裂的故事，再度被連結而有了新的意義，或者是恢復原來被遺忘的意義。

作為治療者，我思考的是如何從你說的故事裡，找出是否有某種潛在線索，這條線索是能夠連結表面的不同故事，因而衍生出某種內在意義。這就是前述的「連結」的工作，例如，我所做的說明裡，涉及你正在抱怨和父親相處的傷害，和眼前你可能覺得我也像父親那樣傷害你，這當然不是唯一的答案。

被挑選出來的事實

至於連結了表面上不同的故事後，如何說出內在裡有什麼關聯的內容？這是一種「建構」（construction）的過程，是指連結你所說的原本看來不相干的故事，藉由我們的挑選出來，而相互聯結成不同的內容。這種相互聯結接近比昂所說的「連結」，不只是把原本不相干的事情抽取出來擺放在一起，且要讓它們之間產生如化學鍵般結合成

新的意義。

　　也就是，不只是不同故事放在一起而已，而是化學鍵般的連結而產生了意義，並經由新意義而聚集了新的能量。因此這種連結有如性本能般活化出新的意義，如同精子和卵子的結合會產生新的產物。至於什麼材料會從眾多訊息裡被抽取出來，比昂曾提過這些材料是「被挑選出來的事實」（selected facts）。

　　什麼材料會成為被選擇出來的內容？如同我何以從你說的創傷故事裡，舉出你父親對你的傷害，來連結你可能覺得我也會傷害你。理論上，分析治療師是完全基於個案的心理，不過這只是理論上的期待，實際上一定會受分析治療師個人因素和理論傾向的影響。雖是如此，但我們不能把這視為理所當然，而不再深究我個人因素的影響，是否完全遮蓋了對你的了解？

　　雖然是期待透過分析治療師接受專業訓練的過程，有被個人分析治療後能夠更了解自己，以及有個案的督導讓分析治療師有另一些人作為旁觀者。不論如何總是有侷限，離最理想完全如同鏡子般只反映個案的心理，而沒有分析治療師的個人影響，這幾乎是不可能的事。就算沒有放棄這種如鏡子般的理想，也必須正視現實，那些被挑選出來的事實，仍受分析治療師個人經驗和理論的左右，因此精神分析和分析治療就在謹慎卻難以完全避免的情境下，一步一步開展。

　　再來就是「建構」了，如前所述的過程裡，被挑選出

來的事實經由連結產生了新意義，這種說法好像是自然的
結果。其實不然，當然也受要建構出什麼意義的影響。不
同的精神分析學派對於從個案的故事裡，連結了幾項內容
後會形成的詮釋，其實可以說是，經由連結幾個被挑選出
來的事實，然後形成心理學的建構過程。這個過程形成話
語後被說出來，就成了所謂的詮釋。

　　以我先前說過的例子，「你剛剛說父親對你的傷害時，
也同時向我表達，你也會害怕我傷害你。」當我從你的故
事推論而說，「你也會害怕我傷害你」並不是你說出來的
話，是我依據你所說的故事，和我自己的直覺，加上理論
所形成的假設。這種假設就是建構，是一種假設，也是一
種創造，並不能說完完全全就是你的內心話。就像一般也
會出現的，當我們事後覺得，以前發生的某件事另有其它
意思時，這是了解，新的了解，或是另一種假設呢？對以
前事件的另一種假設，當有了新假設時，就會浮現新的了
解？這種了解是原本就存在某處，只是等著被我們發現的
材料，或是新創造出來的內容？

　　依照目前精神分析的技術來說，如果偏重「此時此地
（here and now）」和「移情」的觀察、詮釋，意味著在建
構的內容上，雖然在不同國度和不同學派會有不同的焦點，
但是以移情為工作領域是有共識的。也就是，針對此時此
地和移情做出假設，再形成後續建構的想法作為詮釋的話
語，一如我舉出的例子，將你說的在診療室外的故事，反
轉成此時此地和移情可能是什麼。

分析裡的建構

　　最後，需要說明的是，我的角色不全然如你所期待的，在聽你談了人生故事後，然後替你建構出早年可能遭遇了什麼事情，然後對你說，問題就是源自於早年的那些創傷經驗，然後，再來就是你的事了。當然絕大部分仍是你自己的心理工作，我無法代替你做這些工作，雖然佛洛伊德在晚年寫過一篇文章，《分析裡的建構》（Constructions in Analysis, 1937），描述他從年輕時開始發展精神分析就有的夢想吧，希望透過分析成人的案例，來建構出個人生命早年的心理史。這是很大的野心，不過這並不意味著，在診療室的分析治療過程，就技術上是往這個方向走。

　　不過，我多多少少可以感受到，你並沒有放棄這個意圖和欲望，認爲你只要知道當年到底發生了什麼事後，就可以解決自己的問題了。這的確是很複雜的心情和想法，作爲分析治療師，我只能以你說的故事做基礎，加上我親身的觀察來想像，但我的想像畢竟只是我的想像，並不必然等於你當年的故事。何況我還受限於只能聽到，你意識和潛意識裡能夠流露出來的材料，我必須說這是必然的結果，不論當事者多麼勇敢，也不大可能說出故事的所有細節，何況又在難以走過的創傷情境裡，以及受限於當年在記憶和語言方面能力的侷限，如何記得當年年紀小時的事情呢？

　　因此你會發現，我前面描述的建構，是針對此時此地

的經驗，包括移情本身也是當下的經驗。我們當然可以說，嘗試讓生命早年的經驗可以更完整，也是一種建構，不過你可能已經發現，我前面描述的建構，仍不是如你所期待，也許這始終是你和我之間，存在某種張力的緣由之一吧？只是其他治療師的經驗已經告訴我，針對早年的故事而建構的「起源學式的詮釋」（genetic interpretation），替目前的問題和症狀找出生命早年的根源，並不必然馬上帶來預期的治療效果，雖然大部分個案來接受分析治療時，他們大都是帶著這種期待走進來診療室。

　　當這些意識和潛意識的期待，在診療室裡浮現出來，如果這些期待未能獲得滿足，而不自覺出現的種種反應，對我來說，反而是我作為分析治療師需要的材料。再從你談到的以前故事，一起去想像和建構，眼前所出現的現象是怎麼回事？這是比較貼近我的工作，但是這種工作模式，我必須說不是一件容易的事，只能在有限材料裡工作，或者是在無限的資料裡僅能做有限的工作，建構出眼前有什麼正潛在發生著，讓那些材料嘗試變成話語，但又不是說你一定得是這樣子。

　　好吧，先這樣子了。就像每次會談總有時間限制，我就在文字量的限制下，談了和你在分析治療的過程裡，我腦海曾浮現的二三想法，雖然仍有話沒說完的感覺，不過就先暫停在這裡了。

結語：

　　這是分析治療進階班的第一堂課，我嘗試讓重要的精神分析術語先現身，後續章節再慢慢從不同角度，來琢磨和思索臨床裡的複雜性。我想說的是，臨床的變化總是比預想的還更複雜，我只是試著藉由文字的表達，讓讀者了解我們能做的是多麼有侷限。但也不是什麼都不行，需要無限的想像和創意，以免被個案經年累月沈積的問題和症狀所淹沒，而能夠持續在診療椅上坐得住，再慢慢消化被個案投射的各項素材。談論的是分析治療的技藝課題，仍需要有更多的理論思考作為基礎，雖然精神分析到目前為止還沒有把對於人心的話說完。

第二堂　分析的金和暗示的銅
「精神分析取向心理治療」的基礎結構

前言：

　　個案在沈默後，冷靜地說他昨天割了手腕，當他看見血時，他就覺得再度活了起來。也許我們可以找到語言，描述他藉由血的流動來證明自己仍然活著，只是這句話有多少了解個案的狀況呢？或者還有多少我們仍難以言說的話卡在喉嚨？我們甚至在吞了口水後就不知如何形容，自己遇到個案這麼說時的感受？這些難以說出，或者難以說到位的感受，我們如何從現有理論裡開始了解呢？如果另一個案例，當我們說了一個自覺很不錯的詮釋，個案起初覺得獲得貴重禮物般而很高興，但是個案下次來會談時仍顯得不高興的樣子，還說分析治療師根本幫不上他的忙，這是什麼意思呢？如果分析治療師的詮釋像一隻很大的毛毛熊，是個案一直想要的，他的心如果有一個門，但是現在門仍然很窄小，他得到禮物後卻發現這隻毛毛熊抱不進家門，只能放在家門外，而晚上可能就要下雨了，我們如何想像這些心情感受的複雜性呢？不過，這一切都是猜測，為了再往前走，我們還是先從佛洛伊德以降的一些基礎和爭議開始吧。

精神分析走進心理治療

精神分析發展至今，後續有客體關係理論或自體心理學的發展，我仍認為佛洛伊德的論點是重要的基礎。雖然我們不會認為他已經把事情說完，說清楚了，但依然是值得再三回味的觀點。佛洛伊德雖然不是很樂意直接談論診療室裡的技術課題，不過他在1911年至1915年間發表了六篇文章，以《關於技術的文章（Papers on technique）》為名，提出了一些精神分析技術的觀點，作為後續學習者的參考。

另外，晚年於1937年所發表的兩篇重要論文，《有止盡和無止盡的分析（Analysis Terminable and interminable）》和《在分析裡的建構（Construction in analysis）》裡，他再度回顧及思索這一輩子實踐的精神分析的經驗和技術。這些文章都是值得重複閱讀的，隨著我們作為治療者在不同案例和臨床經驗的累積，會有不同的聯想和收獲，當然也是有它們的侷限。

目前的相關論文大都是以精神分析為基礎，每週多次躺椅式分析型式為主的經驗，由此後續衍生出來的論述。而當我們要談論「「精神分析取向心理治療」（分析治療）」的每週一至三次面對面（也可能是躺椅型式），這也是我的臨床經驗內容之一時，需要加進什麼思考嗎？如果依循佛洛伊德的論點，大都是以傳統躺椅式分析案例，並以觀察個案精神官能症的意義為主的思索。雖然佛洛伊

德的重要案例《朵拉》和《狼人》，依目前的診斷概念來看，朵拉和狼人也是邊緣型人格違常個案，佛洛伊德當年只聚焦在他們的精神官能症的變化和意義，這也是他建構精神分析技術和理論的基礎。

　　簡單的說，精神官能症的潛在機制是潛抑（repression）、壓抑（suppression）、合理化（rationalization）等心理機制，而邊緣型個案容易非黑即白的二分法，是以分裂（splitting）和否認（denial）為主要的心理機制。對於分析治療師所帶來的臨床衝擊和壓力是很不同的經驗，後來有些精神分析理論家，例如，克萊因（M.Klein）等是以觀察個案所出現的分裂機制為重點，不過我這種說法是過於簡略了，只是先讓各位稍有基本的概念。目的只是提醒大家，閱讀現有文獻時的基礎，畢竟觀察不同的焦點，以及和哪些現象的互動，是可能產生很不同的想像和描述，而這些想像和描述就是構成後設心理學理論的基礎。

　　除了前述觀察個案的不同現象和症狀時，所帶來的理論和技術觀點的差異，這是目前不同於精神分析理論和技術的原因之一，另外，關於要將古典精神分析的技藝，運用於「精神分析取向心理治療」（分析治療）時，隨著個案和治療結構的不同，將會有哪些不同或相同的地方值得觀察和思索呢？

分析的金、暗示（建議）的銅

在《精神分析取向治療的前進路徑（Lines on advance in psychoanalytic therapy, 1919)》裡，佛洛伊德鑑於精神官能症對於人類生活品質的重大影響，可能更甚於肺結核，但是古典的精神分析工作模式不可能廣泛運用，只是他相信他一生發展的精神分析應該可以對於這種現象有所貢獻。但囿於現實，包括個案的費用和精神分析師時間的侷限等因素，他提出了精神分析運用於心理治療的模式：「分析的金、暗示（建議）的銅」。

我是以這個概念作為「精神分析取向心理治療」（分析治療）的基石，相對於佛洛伊德在《有止盡和無止盡的分析》提及，是否需要幫個案做整合時，他說只需要分析，不需要幫個案整合，如同化學鍵被打斷後會自己尋找其它分子再結合。如前所述，這是佛洛伊德從他的個案群所累積出來的經驗。但是他知道精神分析要變成分析治療，以便運用於更大範圍的個案群時，需要調整原本的作法。

因此，他把當年放棄的催眠式暗示（suggestion）再拉回來思索，但是仍是以精神分析作為基礎，不再只是以暗示作為主要技術。我在臺灣精神分析學會這系列關於技術的主要題目，就是延續這條線索，以精神分析古典論述為基礎，再根據分析治療的經驗而建構相關的思索。

另外，佛洛伊德在《在分析裡的建構》裡提出一項重要但並未如預期被注重的課題，關於建構（construction）

和詮釋（interpretation）兩者在技術上的差異或雷同的地方。我這系列文章試圖融合建構和詮釋，來談論分析治療的技術課題。因此先列舉出主要的技術命名，例如暗示（目前轉型成「建議」）、詮釋和建構，回頭來看這三個主要的技術名詞各有歷史脈絡，加上後來者開展不同的觀點，因而讓這些主要技術用語，也呈現很分歧的情況。如果未能了解這些歷史脈絡，是很容易變成各以現有論點來評論其它不同觀點，形成很難對話的情況。

本章先說明精神分析技術的歷史意義，待後續章節再慢慢開展這些基本概念，這些基本概念是需要重複再重複地透過不同治療情境和理念來接近。這項乍看起來很簡單的技術課題，因為臨床上變化是萬千的，很難有一個簡化概念可以代表並說完診療室裡的全部實情。

在十九紀末期，當佛洛伊德面對那些出現記憶問題、失憶或是強迫症狀等個案群時，是以「現實感」作為界限。如果個案和外在現實之間尚不至完全脫節，那麼他們出現的疾病被歸類在精神官能症（neurosis），例如，起初被當作是子宮亂跑的疾病。當個案的現實感如果和外在現實脫節，例如，個案堅持有幻聽等，那麼他們被歸類在精神病（psychosis）。

精神官能症是後來的譯詞，更接近的詞彙是神經症（nervous），因為原文本身就有神經元（neuron）的意涵。佛洛伊德在自行開業賺錢養家活口前，在研究室的主要工作之一是包括研究和探索神經元，和目前主要概念稍

有不同的是，精神病在目前被當作較有生物基因學的基礎，但是當年被稱為psychosis時，「psycho」反而更具有心理和心靈的意涵。現在被當作是精神官能症者，可能相對賦予比較有心理和心智意涵，但在當年卻以神經元為基礎命名。這些命名背後，顯示當年對於這精神疾病的想像和推論，或者說也有醫師們的欲望在那裡。

病因學的假設

佛洛伊德開始發展精神分析前，精神病和精神官能症的診斷是百家爭鳴，不是如目前，被一統在美國的精神疾病診斷條例DSM（Diagnostic and Statistical Manual of Mental Disorders），或者國際精神疾病診斷ICD（ International Statistical Classification of Diseases and Related Health Problems ）的觀點裡。這也顯示了這些被稱為精神病或精神官能症的症狀群，目前仍是動態地被了解和推論中。生物基因學有自己的假設，精神分析至今仍有它的假設和推論。

另外，1940年代起，抗精神病藥物出現前，當年先鋒們做出分類的背後假設是，希望藉由症狀群的聚集，再觀察和推演精神疾病的病因學，如在佛洛伊德的文獻裡看到的，那時候除了催眠術外，就是按摩、水療、電療和休假旅遊等有限的治療處方，以及有些醫師可能會粗魯地直接告訴個案，他們的症狀問題是因為缺乏性交，因此建議個

案結婚之類的。這些當年的處方在目前仍處處留有影子和變形，成為民間生活裡的一部分，雖然如此普及，但是從佛洛伊德和當年其他精神醫學家，例如，布魯爾（Eugen Bleuler, 1857-1939）和克列普林（Emil Kraepelin, 1856-1926）等所留下的資料來看，當年頻繁出現的症狀到目前或許有些消長，但仍是在當代看得到的症狀群。

　　當佛洛伊德抱著好奇心，加上需要維持住個案才有門診工作的收入，不論如何，他的經驗是無法只靠催眠術作為謀生工具。也許是他在催眠術的天份有限，或者另有其它原因，讓他看見了如安娜歐（Anna O.）在催眠術的宣洩（carthasis）和暗示（suggestion）後，有短暫的改善症狀，但是很快就再恢復了症狀。他曾很積極地拜訪催眠名師，但除了使用技術來消滅症狀外，他也好奇這是怎麼回事，大家都在尋找精神症狀是什麼意思？也就是，當時的氣氛是要嘗試假設病因學，以及隨之而來的處理技術課題，也許在這種工作的好奇心下，才會有後來他說的，處理精神官能症的個案，就算有了所謂的病因，如果病因是傾倒後起火的油燈，但是消防隊員被叫來處理時，不能只拿走火災起源的油燈，就當作已經處理好了精神官能症。

　　這個比喻很神奇，也左右著佛洛伊德吧？除了像當年尋找神經元的秘密外，要了解精神官能症的起源，但也知道處理的技術不只是拿走起源的油燈而已。其實，回頭看佛洛伊德發展精神分析的過程，在佛洛伊德全集英譯標準版本（The Complete Psychological Works of Sigmund Freud

(The Standard Edition)）的第一和第二冊，是他在發展精神分析前留下的重要文字，尤其是關於那時候催眠術治療個案的紀錄。當看見夏科（Jean-Martin Charcot, 1825-1893）催眠個案讓症狀消失，再催眠後可以回復症狀，我們如何看待和想像這一幕呢？意味著這是可以被創造出來的症狀，不必然完全是起源於生物學或腦部的生理因素。（有興趣者可參考Daniel Widlöcher 著，李郁芬等譯，《精神分析的新版圖》第三章＜驅力的生物學神話＞，五南出版，頁57-85）

假定有種叫做心理學的因素，影響著精神官能症的出現和消失，加上當時已有催眠術的個案在被催眠後，談論了他們的某些故事，可能是生命早年的故事，呈現的是那些故事的苦澀。其實在目前仍可以從個案的描述裡，窺見他們是如此期待著，希望被催眠後可以說出當年某些受苦。如果宣洩這些故事後，個案的症狀可以消失，雖然會再出現，但就算只是短暫消失也是神奇的事了。這是當年的催眠術所帶來的神奇性，這種神奇性在當年形成的工作邏輯是，藉由回憶談及生命早年的經驗，尤其是創傷經驗，情緒宣洩功能被當作有治療功效。這種說法和感受仍存在於民間的某些心理治療型式。

潛意識變意識的過程

不過有趣的是，如果確有神奇功效，何以未被採納進

主流的精神醫療型式呢？畢竟，任何治療理論都需要經過臨床的篩選，佛洛伊德發展出來的精神分析，曾經是精神醫療的主流，但目前是處於邊緣狀態。當初，佛洛伊德的確採取了行動，離開了催眠術的行列，不過就算如此，還是留下一些催眠術的遺跡。例如，個案的躺椅型式，或者從潛意識到意識的概念，仍被列爲精神分析的第一地層學（topography），假設了有潛意識失憶或者被遺忘的過去，但可以有機會回到意識層次。

並且主張個案的某些精神官能症狀，和生命早年某些失憶的記憶有關，佛洛伊德在不放棄這個工作假設後，直到發展出目前所知的坐在個案躺椅後方，以自由聯想爲準則的方式前，他是嘗試過其它方式但後來放棄了。例如，技術上以手壓在個案的額頭上，再加上一些鼓勵話語來達成催促作用，尤其在個案談到痛苦的記憶而處在掙扎狀態時。

就技術來說，縱然有不同名詞術語，但是期待從說出生命早年的創傷故事，然後症狀就會消失的假設，仍存在目前市場上不少治療模式裡。只是如何達成的技術有所差別，讀者如果仔細觀察目前市場上的各式心理治療或諮商模式，可以發現它們之間的這種共通處。但是技術的不同，也就反應著不同治療學派的誕生基礎。我重複強調的是，由於處理的個案群的差別，或者以什麼作爲焦點目標，加上目前尚無某種心理治療模式可以一統江湖作爲唯一的治療模式，尚不至過份的說法是，精神分析取向畢竟是目前

心理治療（催眠術除外）的老祖宗或者是某種變型。

我的觀察是，後來出現的心理治療模式，多多少少是基由精神分析模式有所窮困或侷限的地方，例如何以要花如此長的時間？以及何以無法直接挑出個案的核心問題？能否加速進行？例如 Aaron Beck 是精神分析師，他有感於憂鬱症的說法太複雜了，而簡化了憂鬱症個案所呈現的某些負面想法，進而以憂鬱是起源於負向想法，開啓了後來大爲流行的正向思考。近來再加上佛教，尤其是禪宗的修行經驗，搭配正向想法成爲正念。這些例子只是要說明，每種心理治療模式的存在或流行，是目前某些治療型式不夠令人滿意所衍生出來的模式。

本系列文章不是要說服大家，何以精神分析值得繼續存在，不過，我先在此說明精神分析的存在，是佛洛伊德以降的後設心理學理論，說出了以前不曾有過的看事情的方式，尤其是針對在表面現象背後的生或死本能，及其後續所衍生複雜的眾生相。另外，精神分析取向技術本身的科學性，也是重要的特色，所謂的科學性在往後章節會持續敘述，在此先簡略說明的是，詮釋個案的症狀和問題時，分析治療師抱持的態度並不是根據理論和經驗，去假設已經完全知道個案在當時，背後一定是什麼想法，並要個案依循分析治療師的說法去執行。我主張「精神分析取向心理治療」是要接近古典精神分析的策略，不是將精神分析的理論，當作就是個案在某個時候所出現的問題和症狀的特定意義，就算是乍看符合精神分析的理論，也不是說個

案就一定是如此。

因此我的主張是,後來所衍生出來的各式心理治療模式是佛洛伊德所提出的「分析的金和暗示的銅」中,「暗示的銅」裡的素材和技術的一部分,因為我的假設是,這些後來所出現的心理治療模式,可能觸及了精神分析要運用於心理治療時的某些困局。不過如何引進其它模式的某些內容,我提議要依佛洛伊德當年提出「分析的金和暗示的銅」的模式時,仍得回到以精神分析作為基底。至於這個基底是什麼?我主張的是觀察和詮釋移情,這麼說好像很清楚,不過仍需要更多的說明。

我們可以這麼說,佛洛伊德當年將焦點放在自己想要看見的症狀群,或者當年的主流視野仍沒有能力,就像還沒有發明顯微鏡那般,還無法看見邊緣型個案的某些重要特色,不過也可以換成另一種說法,在更多個案的經驗累積後,佛洛伊德逐漸經驗到有某種原本他關注的防衛機制,例如,潛抑和合理化等之外。他後來寫了另一篇短文,在過世後才被發表,關於《自我防衛功能裡的分裂機制》(The Splitting of the Ego in the Defensive Process, 1940),也許佛洛伊德早就發現了這種更原始,更具有破壞力的心理機制,但是在分析的技術發展上還沒有明顯的調整。

積極主動的技術在當年所帶來的難題

不過我們可以提問的是,佛洛伊德提及的,運用精神分析至更廣大群眾,因而需要在技術上調整為「分析的金

和暗示的銅」時，是否有部分緣由來自於他的臨床經驗，也遇到了不少很原始人性的個案群，無法再只看重個案的精神官能症本身，而是涉及症狀之外的性格或人格因素？所謂性格或人格因素，依目前的角度來說，就是以較常運用分裂機制來處理生活困局和挫折的個案群。

　　以現在的概念，我們可以簡化地說，佛洛伊德當時認為精神官能症和伊底帕斯情結的三角關係有關，理論上是大約在二三歲時的事，但是後世學者依佛洛伊德的個案報告，認為朵拉和鼠人等，是現在流行概念的邊緣型人格者。至於現行概念認為邊緣型或自戀人格者的困局，假設是源於更早年的「前伊底帕斯情結（pre-oedipal complex）」。

　　佛洛伊德著重精神官能症的分析和處理，堅持的是有距離的分析詮釋，依亞富尤（Jean-Claude Arfouilloux）在《成人身上的悲傷兒童》（《當影子成形時：兒童分離和憂鬱三論》，記憶工程出版，2007）裡論及的，佛洛伊德最早期學生之一費倫齊（Ferenczi）當年提出積極主動（active technique）的技術，由於涉及身體接觸或接吻等，至今仍是讓精神分析界憂慮的技法。回頭來看，費倫齊是想要觸及比佛洛伊德標定的伊底帕斯情結還要更早期的課題。這種想法在當年並不像目前如此清晰，但是費倫齊的論點仍有值得思索的地方。

　　例如，費倫齊所採取積極主動的治療策略，是針對精神官能症之外，其它更深刻影響個案行為和情感的現象，是兒童在會說話前（pre-verbal）的問題，那時是母親和嬰

兒最接近的時候，因此費倫齊想要處理的課題，他覺得無
法只使用佛洛伊德以說話為主，在分類上這被當作是較具
有父性特質的方式。理論上，個案若是退行（regression）
至如同期待母嬰般的關係時，需要的不是父性的語言和說
話，而是如同母親般的接觸。

　　嬰孩還缺乏成人式的語言作為指標，來想像和描繪當
時正發生的爭議，雖然依我的經驗來說，就算個案退行至
期待和分析治療師的關係，如同母嬰般的關係，不可否認
的是，這種退行只是整體關係的一部分，並不意味著個案
和分析治療師在這時就真的是當年的嬰孩，現在是成人身
軀和欲望是事實，因此身體接觸的方式仍是有疑慮的技法。
但是這並非指費倫齊的說法是沒有幫助的，回頭來看，他
是看見了更原始的人性，並覺得那些人性因素的影響力不
小，因此認為要把焦點和技法轉向這些問題。

　　費倫齊的技法和觀察，在其它心理治療取向仍是可見
的技法。例如，擁抱和安慰個案等技巧，如亞富尤所說的，
雖然引起精神分析界很大的疑慮，但是費倫齊當年所察覺
到尚無法說清楚的經驗，和佛洛伊德要處理的問題和現象
是有所不同。也許可以說，費倫齊想處理的課題，已涉及
當今診療室裡的常客所呈現的人格課題，也是其它心理治
療模式意圖要去處理的課題。

　　我個人傾向主張其它心理治療型式，在「暗示的銅」
這部分的經驗和論述，是有可能作為分析治療的參考。但
是如何參考，仍得謹慎地以移情的觀察和詮釋為基礎，加

進「暗示的銅」的經驗和技法，而不是直接採用費倫齊當
年的提議。但是他說著和佛洛伊德不同的面向和技藝，回
頭來看仍很有意義。因爲涉及了不是單純的關於是否身體
接觸的倫理課題，更是涉及引進了「暗示的銅」後精神分
析取向的處理，畢竟在佛洛伊德的時代，催眠術是有一套
約定成俗的作法（在佛洛伊德英文標準版全集〈Standard
Edition〉的第一和第二冊有不少論述），但是在引進「暗
示的銅」於心理治療後，佛洛伊德當年並未仔細討論相關
的細節。

只要分析，不管綜合？

那麼，我們就完全採取費倫齊的技藝嗎？事情不是那
麼單純，畢竟一門特定技藝要採納什麼內容進來，總是在
它原有的基礎上做出改變。在佛洛伊德提示再引進來「暗
示的銅」時，是要以「分析的金」爲基礎，雖然另有說法
是指，暗示的銅是在分析的金裡頭，而不是誰作爲基礎，
誰作爲外加在基礎上的概念。只是隨著時間和個案群的不
同，除了分析的金裡，在理論和技術上仍有持續的調整外，
暗示的銅已經變成「建議的銅」了，在建議的銅這個層面，
我們可以加進來多少其它技藝呢？

我還無法完全確定，佛洛伊德提供「分析的金和暗示
的銅」的概念，除了要擴大運用精神分析外，如果他覺得
在診療室裡，無法受益於古典精神分析的個案，有多少是

費倫齊以及後來的麥可巴林（Michael Balint）等描述的個案群，是無法受益於佛洛伊德堅持的「只要分析，不管綜合」的個案？當後續者將臨床焦點逐漸偏離以精神官能症狀為主，也就是，無法受益於古典精神分析以中立和詮釋為主的個案群，是一直存在著，也被其他人注意著，並引進他們來到精神分析取向診療室。

這些個案的困難始終存在，無法只以古典方式來分析而走下去，是否佛洛伊德出來正視現實的方式，在定位上是將古典精神分析模式擴大運用，而有了「分析的金和暗示的銅」的提議？這是我的推論，但這是技術的讓步，或者是擴大呢？到底「暗示的銅」的提出，針對佛洛伊德當時的精神分析工作者，如費倫齊的作法，是技術的限縮或是擴大呢？

我引用亞富尤在《成人身上的悲傷兒童》裡一些有趣描述，作為說明我前述想法的基礎。

在佛洛伊德的概念裡，將個案在診療室裡的展現，分為能夠「移情的精神官能症」（transference neurosis），另有某些個案是缺乏能力產生移情，他命名為「自戀型精神官能症」（narcissistic neurosis）。這是預設精神分析的工作是以「移情」為工作焦點，因此個案是否能夠對分析者有移情的能力是重要的基礎。前者是佛洛伊德認為可以被分析的個案群，後者則是因為無法有移情能力，只能將能量都灌注在自己身上，這群個案是目前定義的「精神病」個案。但在克萊因和她的追隨者的經驗，如比昂（Bion）

個案。但在克萊因和她的追隨者的經驗，如比昂（Bion）
和漢娜西格（Hanna Segal）等，針對精神病個案的精神分
析是可行的。依我在「思想起心理治療中心」，透過治療
者長期定時觀察慢性精神病個案，這些精神病個案對於治
療者也是有移情能力。

根據亞富尤的說法，古典精神分析是習慣在伊底帕斯
情結的衝突領域下操作，但在精神分析界裡卻出現了有趣
現象，在佛洛伊德之後，吸引大多數分析師注意力的是，
與古典的移情精神官能症很不同的反應者，他們「眼淚、
呻吟、憤怒和無理要求補償，突然從不復存在的時光中湧
現，分析的進展喚醒了悲傷孩童的苦難，它們必需被埋
怨、被聽到。分析師面臨了不可能的任務，同時要在當下
進行安慰，卻又要神奇地消解過去所經歷的失望與缺空（les
manque。筆者註：中譯者黃世明的譯者說明，這字以前是
被譯為匱乏、缺空、實有、缺席、不在場或空的位子的概
念）。個案對分析師的期待，是少一些詮釋，少揭露字詞
底下隱藏的意義，而多一些情感的流露。分析師的中立，嚴
屬地受到考驗，若不以善意來裝飾，立即被認為是一種不
敢明說的拒絕。」（《當影子成形時》，記憶工程，頁
60）

比較原始的兩人關係

只要稍有臨床經驗者，對於亞富尤的描述會覺得有親

切感，因爲這些個案群在我們的臨床經驗裡也是常見的。
這群個案的行爲和情感反應，是處於精神官能症的傳統領
域和精神病個案間，被歸類在邊緣狀態和自戀人格。依亞
富尤的論點，間接說明費倫齊當年以「積極方法」（active
method），例如在1931年《與成人進行的兒童分析》提到
的，「使人平靜而極爲巧妙的話語，或透過手的按壓來鼓
勵，如果這還不夠的話，友善地撫摸頭，減低病人反應的
程度直到可以溝通。」（同上，頁63）

　　不過，亞富尤也說，費倫齊的方法嚇壞了大部分的分
析師，佛洛伊德甚至批評費倫齊採用誘惑的治療方法，會
把精神分析推向危險的路，讓精神分析遠離了具有父性特
質的言語詮釋，而變成有母性移情氾濫的危機。對佛洛伊
德來說，他不想站在移情中母親的位置。

　　亞富尤的評論是「但費倫齊得到了一些成功，在其他
人陷入困境時，只有他敢挑戰身體碰觸的禁令，這禁令不
只在當時，至今也依然支配著病人－分析師關係。」（同
上，頁63）費倫齊的技術雖然不被信任，但是對佛洛伊德
之後的分析師來說，費倫齊的思想有不可否認的影響，包
括後來在理論發展上有獨特地位的克萊因。依亞富尤的看
法，克萊因所描述情感發展的思想，在費倫齊的觀念裡也
可以看見，他們要描述的現象是有些熟悉的，但是採用了
不同術語來發展。

　　後來，麥可巴林技術上採取較謹慎的態度，但是在後
設心理學的假設上，他和費倫齊是直接師承的關係。值得

再談麥可巴林的進一步想法，他從精神分析的角度區分這些個案群爲三個區塊。首先，是伊底帕斯衝突的區塊，這是精神分析的後設心理學探究最多的領域，涉及的是三角的客體關係，是成人語言可以準確描述和理解我們所觀察的現象，而且在移情的關係型式，也接近成人間建立的關係型式。不論是否接受這個情結的概念，在理解上是不會太困難的，因此伊底帕斯情結成爲常識般被運用在文學電影等領域的評論。

第二個區塊是原誤區（primary fault），這是比較原始的兩人關係，我們使用成人語言是無法描述這區塊所發生的現象。依巴林的說法「這是一種錯誤.....這是一種必須修復的欠缺，因爲有些事在精神上不對勁。並非有什麼被困住，要找到一個較好的出口；而是病人少了某些東西，也許是現在，也許從出生開始就一直沒有過。本能需求可以被滿足，衝突可以解決，但原誤只收瘢癒合.....」（同上，頁65-66）（蔡註：巴林的原文是使用basic fault。）

巴林的分類，對我來說，是很有共鳴的分類。我相信這也是至今臨床上常見的個案群，也許我們不會使用相同語詞來描述這種現象。這是精神創傷理論的概念基礎，在技術上，亞富尤的描述值得參考，也是臨床治療者，尤其是初學者，感到最受苦的地方，語言無法發揮作用，情緒和情感卻被個案佔得滿滿的。甚至連在診療室外，還常常覺得被這些感受佔據了。在訓練養成分析治療師的過程，我們觀察到的現象是，治療者可能只有一兩個這種個案，

就覺得所有時間，甚至空間，都被佔滿了，感覺上很難再
有空檔容納新個案。

　　因為被無法說清楚的感受淹沒了，在這節骨眼，技術
上常見初學者會本能地想要做著類似費倫齊的技術，如以
肢體動作安慰個案的受苦。我是由這些經驗來推論，費倫
齊當初發展出那些主動技巧的緣由，雖然我也傾向在「暗
示的銅」方面，是以語言來探索，是否有不以肢體接觸的
方式，靠著語言來傳遞和處理？我們再來看看亞富尤如此
描述語言在這類個案的困難，「當移情中觸及原誤層次時，
要表達成人身上受傷的孩童，病人和分析師之間的溝通方
式不再能使用共同語言中的詞彙。字詞變成客體，沒有語
言的效力，而是滿載著情感和投射。而在古典技巧中，是
要詮釋伊底帕斯衝突、移情和阻抗，這些不是完全無效，
但只會更加深那道分開兒童和成人的鴻溝，只會讓病人認
為被拋棄或者是分析師過度的干預。」（同上，頁66）

言語無法觸及的領域

　　這些說法是接近我的臨床經驗，只能說臨床的實情永
遠比能說出來的還要更複雜。我們就是在這種情境裡走下
去，或者苟延殘喘，不是因此變得無法說任何話。我的解
讀是話語被說了，我們需要觀察這些情況，而不是忽略這
些時刻，語言在溝通上是有困難的。至於還可以做什麼？
亞富尤是這麼說，「『謹慎的分析師』，巴林定義說，應

該接受他自己的話語起不了作用，而將注意力放在自己如何被利用爲客體，同時，也放在治療的情境、框架、與治療的『氛圍』上。」（同上，頁66）

這些說法是思索「暗示的銅」這項指令時，我們可以處理的方向是什麼，不過，細節上如何做仍有很大的思考空間。也就是，在肢體接觸式的安慰和運用語言的詮釋之間是需要開發出更大的空間。如果要維持以說話爲主，除了移情的詮釋外，是否還有哪些可以說呢？亞富尤這麼說，「至少在分析的這個階段，他的角色僅限於給病人時間，不必以詮釋介入；以及提供能開展而非阻礙退行經驗的『環境、架構』。」（同上，頁66）這當然還有很大的空間，值得在臨床經驗裡重複觀察和處理，再發展出治療師個人的細緻方式。

至於麥可巴林所區分的第三區塊是「創造區」，這是完全缺乏外在客體所構成的特徵。巴林是這麼說「主體是唯一的而且他最關心的是創造以自己爲基礎的東西」（同上，頁64）這是更原始的區塊，只有自己，是更難以言語觸及的領域。也就是，當我們說要「做自己」時的自己，都還是可以言說的自己，而不是麥可巴林所說的「創造區」裡的自己。

另外，溫尼科特以及克萊因及其後續者，例如比昂（Bion）和約翰史泰勒（John Steiner）的論點裡，除了死亡本能（被當作是破壞本能）的強調外，再將「分裂機制」當作是重要的觀察重點。因此開展了不同的技術傾向和焦

點，包括法國葛林（André Green）的《死亡母親》（The Dead Mother）這篇重要的文章。葛林從個案的經驗裡判斷臨床技術需要有所調整，針對這些生命早年時因母親憂鬱，雖然在場卻如同死亡般的不存在，讓個案從原有的幸福裡墮進了失樂園，「死亡母親」的經驗再投射，使得分析師如同「死亡母親」時，在分析的技術上不能再如古典技術的被動，而需要調整為比較主動。雖然所謂主動和被動，在技術的實踐上，仍有它的相對性，在不同個案，或者同一個案在不同時候。葛林觀察到的古典分析技術的修改，細節部分在以後章節再進一步思索。

結語：

　　本章所描述的這些臨床現象，我相信在你們的臨床經驗裡，是常有類似的地方。在「思想起心理治療中心」的某些個案群，依目前的診斷概念，很容易就被分析治療師歸類為邊緣型人格或自戀型人格者，其所呈現的情緒風暴和矛盾，常是不可思議和不可理喻，讓分析治療師感覺有如在懸崖邊緣。這些技術上的爭議仍是一條長路，就算有了「暗示的銅」被加進來思考，佛洛伊德是有所開放，也可說是有所限制。

　　精神分析的發展就在這種局面裡，往前走著，很慢很慢，因為無法以言語來形容的世界，例如參可巴林所區分的「原誤區」和「創造區」的某些個案，他們早就被納進

心理治療領域裡了，不再如精神分析發展史的早些日子，
當作那是不可被分析，無法受益於心理治療的個案群。實
情上當然不是那麼容易，還有很多細節需要在這些基礎上
往前思索。

　　也可以藉此來觀察和了解，目前台灣市面上，不同心
理治療模式何以會出現？可以說也是在解決臨床上的個案
群所帶來的困局，並尋求解決方法而浮現的方式。其實，
這些困局也曾出現在精神分析史的脈絡裡，當年的困局至
今仍存在於我們的診療室裡。因此對於「精神分析取向心
理治療」的技藝來說，是需要有精神分析的經驗作為體會
「分析的金」，至於「暗示的銅」是很複雜的發展過程，
值得來思索哪些技藝會被拉進來，哪些仍是被保留？這仍
是一條漫長的道路，一條開放的道路，希望這些描述有助
於分析治療師，形成自己做判斷的一些基礎。

第三堂　梗在喉嚨裡努力做自己
治療技術需要什麼地圖？

前言：

　　心理治療和心理學，包括精神分析，在人類的文明史裡，是要作爲控制人和人性的手段，或是用來探索人性？一如很多人對於遙遠星空和遠古恐龍的好奇。雖然在臨床和日常生活裡，控制和幫助人常是一線之隔，不過，這更反映著我的主張是值得思索的課題。

　　拉維（J-C Lavie）先生說：「幻想是精神分析地圖的重要元素，但我們幾乎無法用理性加以設想，因爲幻想具有荒誕不眞實的特質，我們無法對它做出眞實的再現，也正是這個原因使它遠離病人的意識層面。」（「精神分析的領土與地圖」，作者：Jean-Claude Lavie，中譯：賴怡妝，取自《從言語誕生的現實》，無境文化出版，頁81）這些話是什麼意思？我以這段話作爲談論技術的課題，在於想強調拉維所說的，何種技藝能使個案遠離意識層面，如此才有機會讓潛意識被經驗到。但是精神分析歷史發展的因素，讓我無法任意地說，精神分析就算要自由，也不是沒有它的領域和說事情的方式。我試著從佛洛伊德的論述，先描述這片潛意識地圖裡，現有的一些地標語詞，作爲要達到那些地方的技術思索。

後設心理學裡的技藝

關於精神分析的技術課題，我先回到佛洛伊德開始發展精神分析時，所遭遇的困局，以及如何在這些困局裡尋找出路？我主張所謂的技術，是為了解決診療室裡的難題而進行的思索、猜測和說明，並且，嘗試以描繪這些困局背後的心理結構為基礎。我試著從這個角度來談論技術的課題。

首先，回到佛洛伊德的診療室，先從他原本熟悉的技藝，當年常見的治療技術：催眠術。當他要在門診進行催眠術時，個案似乎不是那麼容易被催眠，這是否有機構的因素，讓個案群有所不同呢？尤其是住在大型療養院的個案，大都是嚴重的精神病個案，而他新開張的門診裡，不是住院的個案群，有的是被命名為精神官能症（或稱為神經症）的個案。

佛洛伊德除了期待治療技術的有效性，讓他能夠有收入養活結婚後一個接著一個出生的小孩，他也早就好奇，為什麼會有歇斯底里和強迫症呢？在那個時代，他的國家有建構大理論的風氣，佛洛伊德在遭遇一些臨床的挫折後，逼得他必須再思索，到底是怎麼回事，為什麼個案明明想要好起來，卻總是困難重重呢？

其實，佛洛伊德並沒有完全放棄，他從催眠術裡習得的一些概念。例如，原本被擱置在一旁的創傷經驗被再度記憶起來，這是最起初的心理治療模式，也許可以說是心

理治療最素樸的起點。不過，素樸並不意味著事情就變得
容易，在這樣的概念模式下，佛洛伊德開始借用前人的話
語，先來鋪陳他在臨床催眠術的困局，並且要撐下去維持
家計的動力。

他要說明那些原本是不被自覺或者被壓抑的生命早年
創傷經驗，是位於潛意識的領域。原本藉由催眠術讓個案
因宣洩而說出當年的種種創傷，就是被歸類在這個場域。那
些早年的記憶浮現出來後，變成位於意識領域了，加上他
從自我分析自己的夢的經驗寫成了《夢的解析》，他也發
現在不自覺的潛意識和自覺的意識之間有個中間地帶。有
些記憶是在記得和不記得之間，好像隨時準備被記起來的
這個中間地帶，被叫作「前意識」。

這是佛洛伊德從催眠術過渡往精神分析的路上，在大
理論建構的重要一步，被稱作地層學模式（topography）。
也就是，如果有「心智機置」（psychic apparatus）這種東
西，它是有潛意識、前意識和意識三種層次。至於這三種
內容是如同冰山模式，或者地層般一層接著一層？這些圖
像的假設會影響如何看待潛意識，不過，它被當作是底層
的內容，藉由某些技術讓那些被壓抑的記憶浮現出來，多
多少少如同地層學般的概念，我相信如果以後有人以其它
模式，來重新解讀這個第一地層學，就有可能發展出不同
的技術和理念。

不過，這些想法仍得回到臨床經驗作爲基礎，佛洛伊
德從安娜歐（Anna O.在《歇斯底里研究》（ Studies on

Hysteria, 1895））的催眠治療裡，經驗到了症狀解除再出現的重複過程，早就了解從潛意識到意識的記憶，並不保證個案的症狀就會完全改善。有人主張這案例是精神分析發展的起始，但是光有這些經驗和疑問，並不足以馬上就想到如何解決的途徑。他和耳鼻喉科醫生朋友佛萊斯（Wilhelm Fliess）的通信過程，也同時在《夢的解析》裡慢慢建構性學理論，他想要讓這些新的概念，取代原本有所不足的概念，因為對佛洛伊德來說，他主張「精神官能症」是概念（idea）的障礙。

以自由為名的開展

佛洛伊德在《朵拉》（Fragment of an Analysis of a Case of Hysteria, 1905）的案例裡，結合了部分新技術，不再是古典的催眠技巧，而是嘗試說出朵拉的故事和動作裡隱含的性學意義。不過，結果不如他的預期，朵拉反映出佛洛伊德在臨床上的挫折，從潛意識變成意識是有些效用，但仍不足以造成持續的效果。佛洛伊德並沒有放棄第一地層學的心理學模式，他再進一步探索想像何以效用無法持續，或是有什麼阻擋個案接近創傷記憶呢？

在這種情況下，「阻抗」被用來描述個案想要改變，卻又出現相反意向的動力。另外也出現了，後來被他稱呼為「移情」的經驗，尤其是帶有破壞力的負面移情，讓個案無法再持續分析。至於阻抗和移情之間的關係，還需要

時間來磨合，同時思索和描繪心智機置裡，有什麼是構成個案出現阻抗的緣由？這是佛洛伊德能夠一路往前走的方式，遇到了困難就再進一步思索問題所在，並試圖再替一些不被注意到的內容加以命名，以便在潛意識領域裡，可以在下一次路過時，知道那是什麼？

例如，超我、自我和原我被建構出來，被當作是第二地層學。這三者後來被廣泛運用，雖然也有一些精神分析者不甚願意運用這個概念。自我、超我和原我的概念，在潛意識裡畫出地圖和命名，讓後來被注意到的一些心理現象，得以使用這些概念來描述。不過，起初很重要的是為了探索和說明，由潛意識變成意識的記憶過程裡，什麼機制讓阻抗得以呈現？因為光是有了「阻抗」這兩個字，仍無法讓個案就變得不再阻抗。因此需要再找出其它內容，來進一步說明心智機置裡有其它機制存在，至少可以讓阻抗現象，得以再被區分出更細節的內容。

這是佛洛伊德為了解決，個案出現在診療室裡想要變好，卻又出現相反動力的機制所做的思索。這些思索被當作是精神分析理論，不過它的真正起源，是要解決臨床所遇到的阻抗現象。如果說精神分析理論的建構，是在觀察和命名臨床的困局，而逐步成形的過程是很貼切的，佛洛伊德同時也研究夢的經驗作為比對，來增加我們對於心智機置的了解。

《夢的解析》裡有不少篇幅是在描述，最原始的嬰孩期欲望（Infantile wish）何以無法直接表達，而需要在夢裡

以扭曲方式表達自己？也可以說是另一種阻抗的意思。佛洛伊德常常比較「夢」的經驗和「症狀」的理論，並從這種比較裡推衍新的了解方式。其中，重要的基礎是對於夢的觀察和描述，以及在臨床的改變過程裡所呈現的抗拒，就在對這些抗拒的觀察和描述，慢慢建構了精神分析。

前述是針對精神分析技術的目的，簡述它的部分歷史，從阻抗的角度來說，意味著目的是要讓個案，能夠將潛意識記憶變成意識化的過程。後來出現的是，要個案在診療室裡將當刻腦海浮現的想法，不加以判斷地說出來的指示。這個指示後來被英文譯者加以簡化成，自由聯想（free association），作為代表這種指示的代名詞。至於分析師，相對的也有自由聯想的困局，在分析師這邊的技術指令是，以自由飄浮的注意力（free floating attention），或另一種說法，懸浮的注意力（suspended floating attention）。這是古典精神分析的指示，我主張也是運用於分析治療的重要指示。

就技術的意義來說，精神分析從潛意識記憶變成意識化的過程，同時出現的概念是「自由」，或者可被解釋為「解放」或「解脫」。這些衍伸出來的不同詞語在技術用語裡，經由本身的運用脈絡和聯想，可能又不自覺地演變成其它技術的執行細節。對精神分析取向的技術和理論來說，這些細節可能是再持續開展的源頭。不過，針對自由聯想和自由飄浮的注意力來說，意味著精神分析技術的目的是能夠自由，這種自由是隨著佛洛伊德起初的構想，讓

潛意識的記憶被意識化地說出來。至於是否給予一些暗示或建議，作為取代個案原本受苦或扭曲的概念，這是進一步的技術思索了，雖然在催眠術裡早就存在暗示的技術了。

分析治療師的善意是需要的嗎

分析治療師的善意是需要的嗎？這涉及精神分析技術裡，詮釋的目的以及如何詮釋時可能衍生的問題。在前述的自由聯想指示下，分析治療師的任何介入技術的目的，是以個案能夠自由地想像和談論為目的，而不是一般期待的，以得到某種知識為目的，如果分析治療師有給予知識的期待，就很容易隱含著暗示或建議，這會引出另一個問題。精神分析取向的技術施用的時候，會說些什麼呢？例如，精神分析的後設心理學裡有伊底帕斯情結，如果跟個案說，個案的某些故事和行動是伊底帕斯情結的展現，這是詮釋或是暗示呢？

精神分析取向的作法通常是，不太需要以理論術語來告知個案，畢竟精神分析術語是作為專業人員之間，溝通描述臨床情境的語言。雖然久而久之，到目前，非相關專業人員也都使用相同的精神分析術語，但是在同為精神分析取向者之間，可能有不少認知落差，需要再回到個案在臨床實境的脈絡，作為討論和對比自己的理解是什麼。

以自由作為技術的指標，是不太可能在短暫的互動裡，個案的不自由很快就被解決，不過，這是一個參考點，回

到佛洛伊德分析的案例，如朵拉，他在分析過程不斷地直接暗示，朵拉所說的故事裡的性學意義。不過，對佛洛伊德來說，朵拉是失敗的案例。佛洛伊德不吝於提出失敗的案例，由於他說明了一些細節，讓這些案例變成精神分析史上相當珍貴的資料。後來的追隨者，其實很容易驗證這種作法的失敗結果，但奧妙的是，佛洛伊德在《朵拉》裡所施作的技術，仍是很容易出現的，或者說，在未受過精神分析取向訓練者，他們自然實作的方式就是那樣子，差別也許是，他們使用什麼理論的術語作為穿場語言。

或者如林玉華在《客體關係兒童心理治療實例：皮皮的故事》（D. W. Winnicott, The Piggle: an account of the psychoanalytic treatment of a little girl，樊雪梅譯，2000，五南出版）的「導讀」裡提及的，「溫尼卡認為技巧上的彈性，或見面次數的多寡，不應作為區辨精神分析與心理治療的依據，更重要的是治療的內容。他認為只要在治療室中有詮釋潛意識幻想及移情，即可稱為精神分析。他強調更重要的是治療師的受訓過程及被分析的經驗，他認為若治療師有足夠的訓練背景，則彈性技巧的運用是必須的。」（頁3）溫尼科特的說法不必然所有精神分析者都會認同，不過我認為他的說法是有些道理。

至於就個案來說，如果真的能夠接受這些理論，並且依著想法而有所行動，也許會有不錯的收穫。如果從是否改變的角度來看，也不能說這種作法是對或錯，只是要另再思考的是，「暗示」是佛洛伊德從催眠術出走後，努力

走向精神分析的過程所拋棄的東西，但一般情況下，是容易觀察到一般人，或不同於精神分析取向的治療，是自然地以「暗示」作為表達的方式。由於仍有一些功能，因此佛洛伊德後來想到，要將精神分析運用於更多人或窮人時，提到「分析的金和暗示的銅」的概念時，可以確定的是，佛洛伊德並沒有完全放棄催眠式的暗示，雖然，他再三強調，要以精神分析作為基礎，這個概念是我以下章節，談論「精神分析取向心理治療」的重要源頭，因此不要以那是佛洛伊德早年曾放棄的東西，就採取全然負面的態度。

對於個案所遭遇的課題給予某種意義和理論，不只是自由而已，是分析治療師要給予新東西和概念時，需要思索個案是否能夠承受？或是硬要對方接受一種難以消化且帶不進家門的臃腫禮物？雖是禮物，反而變成了困擾，也就是分析治療師基於善意所提供的概念，可能帶來另一層阻抗。這是分析治療過程裡，分析治療師介入後所新生出來的技術命題。

對於阻抗的某些想像

不過，臨床事實比先前的描述還更複雜，因此需要更多的語言術語，如同潛意識領域裡某地方的命名般，讓我們能夠在前述的基礎上，架構精神分析技術的背後理念。精神分析取向的技術，並不是個案出現表面需求，然後我們就如何回應的技術課題，而是我們對於個案內在狀態的

假設和推論下，又要達成佛洛伊德指令，讓個案能夠說出他此刻的任何想法。這當然不是容易的事，因此需要更多的假設，尤其是針對個案內在世界的假設作爲技術的基礎。如果技術的目的是使個案能夠自由地想像和談論自己，勢必得以想像和假設作爲出發點。

我嘗試以佛洛伊德談論心智機置裡，生之本能和死亡本能，以及虐待和自虐的心理爲基礎，來談論精神分析取向的技術裡，處理阻抗現象的細緻心理過程。畢竟，阻抗現象有它的複雜內容，並非「阻抗」兩字就足以讓我們了解其中的心理運作方式。因此佛洛伊德再運用潛意識地圖裡，命名其它地名，來說明並試圖了解阻抗現象。

以生之本能和死亡本能來說，如果單純地定義「死亡本能」是破壞者，似乎可以說，以死亡本能的概念就能清楚說明阻抗現象，但是，當佛洛伊德引入「本能」概念，說明他要觀察的潛意識領域時，「本能」並非是可以直接被五官觸及內容。我們只能透過它們的代表物，作爲再現本能的方式，而代表物可能是什麼呢？就生的本能來說，是具有生命活力的性學概念，他以希臘神話的愛洛斯(Eros)來代表生的本能。至於死亡本能，他舉例的是希臘神話的戰神（Thanatos），也舉例東方佛教的涅槃（Nirvana）來形容死亡本能，不過以我對於佛禪宗的經驗，佛洛伊德以涅槃來再現死亡本能的概念，是令我感到有些疑惑的。

死亡本能，是指生物學上能量逐漸驅於零的現象，但是我們對於涅槃的概念，不只是死亡，而是另一種再生般

　　的平靜。佛洛伊德的死亡本能是否有這種再生般的平靜呢？
至於克萊因將死亡本能視爲破壞本能，是否就完全接近佛
洛伊德的死亡本能呢？如果佛洛伊德對於死亡本能，的確有
我們熟悉的涅槃概念，就不是等於克萊因的破壞本能概念。

　　以上的說明是要呈現，當我們進一步說明一些潛意識
現象，只能以語詞作爲再現或代表時會遭遇的困局，但說
不定也可能是精神分析後設心理學，會逐步更豐富的緣由。
這些不同概念的解讀，都會影響著後續者對於阻抗是什麼
的想像，也影響著我們做出什麼處置，才會被當作是在處
理阻抗的方式。

　　以佛洛伊德對於虐待和自虐爲題，進一步論述精神分
析取向的技術，如何受到自虐和虐待的影響。也就是，這
種常見的人性現象，也形塑著技術的建構。這是很細緻的
過程，大都是潛意識的過程。就在這些想像的基礎上，搭
建起人和人之間要探索不自覺的領域，卻在意識上飽嚐受
苦和愉快混合的複雜感受。如何讓這些原本不自覺的內容，
有機會被多知道一些呢？這只是一個簡單的疑問，以及因
好奇而想要多知道一些些，但這就構成了人和人之間開始
產生一些略帶神秘並等待被說出來的材料。

　　對分析治療實作經驗來說，這是我們的日常工作，也
屬於我們日常生活的一部分，作爲精神分析取向者，在不
自覺卻深刻影響人類情感和行爲的心理過程，如何還能持
續宣稱自己是在分析治療師的位置呢？例如，臨床常見的
現象之一是，那些早年遭受虐待的個案，在治療情境裡和

分析治療師之間的互動，常像是處在一個戰場，將分析治療師拉進情緒糾葛的互動情境。只要稍有經驗的分析治療師，不會太難捕捉到我簡短描述裡所帶來的複雜情緒。

移情和反移情的互動

例如，楊明敏在「鼠人，老鼠？或男人」裡，提到佛洛伊德和鼠人間的互動，可以傳神地表達前述的經驗，「綜合說來，弗洛依德在鼠人的移情中身兼數職——父母親、良善的／心懷不軌的朋友、同性戀的對象，而鼠人在弗洛依德的反移情中則扮演著兒子兼朋友的角色，兩人之間的互動非常地混亂交雜。但弗洛依德一味地將鼠人在分析時的色慾與攻擊，推向父親與母親，而不正視自己如何誘發了移情關係，同時也忽略了在此時此地（here and now）自己所扮演的多重角色，的確是異乎尋常的。」（楊明敏，《克萊恩觀點下的男性特質：以弗洛依德的個案「鼠人」為例》，2002，五南出版。頁57）《鼠人》是佛洛伊德在1909年發表的文章，談論一位強迫症案例的分析。如果以佛洛伊德在1900年發表《夢的解析》作為起點，意味著他投注在精神分析已近十年，他也在《朵拉》案例裡提出，自己在處理朵拉時，忽略了移情的處理，但是由這案例也可以了解，移情和反移情的互動是多麼複雜的事。

就算個案把分析治療師變成虐待個案的人，這種感受並不是那麼容易被察覺到，甚至有時察覺到了，卻又難以

接受自己是處於這種情境裡，而想要否認它，或者想要趕緊將這種感覺弄走，好像弄走那種感覺後自己就好了。只是，回到前述的精神分析取向的技術目的，是讓個案能夠自由地想像和談話，而分析治療師是否忽略了自己變成了虐待者，或者知道了自己處於這種情況，但這是怎麼回事？這些只是需要被移除的感受和行為，然後分析治療就能再持續下去？

　　我先從這種臨床現象提出一個想法，難道分析治療師被個案逼得身陷於虐待者的位置，分析治療師只要趕緊移除自己的感受就好了嗎？或者，還另有其它值得思索的意義呢？當這麼想時，精神分析的技術就需要其它想像，我試著以佛洛伊德在論述虐待和受虐時，所使用的幾個概念為主，來談談前述這個常見的臨床現象，以及思索在這過程裡精神分析取向的技術是什麼。

　　佛洛伊德對於虐待和受虐的觀察，至今仍是有用且常看得見的現象，但更常見的是，虐待和受虐常是以配對方式在同一個人身上出現。探索精神分析技術時，何以需要觀察虐待和受虐的配對出現現象？最主要的原因是，這種現象若出現在分析治療師身上時，是足以讓分析治療師的詮釋，尤其是針對個案早年創傷經驗的詮釋，像說出心中真心話卻是針刺般的受苦。這現象是怎麼回事？需要再仔細思索，不然在臨床上，常是陷在困局裡，呈現著相互攻擊的場景。有時，這種相互攻擊是以隱微的形式出現，但是如果是這樣，意味著離自由是更遙遠的。

　　這是臨床上處理早年受虐個案面臨的困難，對於治療雙方都是掙扎的過程。我們作為分析治療師，何以能夠宣稱我們是分析治療師，仍能夠讓分析治療走下去？而且不再和個案只陷於相互虐待和受虐的位置呢？我們需要更多其它的觀察和思索，這對分析治療師是很大的挑戰，如果分析治療師無法有更多的思索和體驗，以及即時將這些經驗，化成讓治療雙方可以消化的語言，就變成只是重複個案早年創傷模式，而難以從創傷裡走出來。

　　除了相互隱微的攻擊外，是否還有其它的？這疑問得回到臨床經驗，來推想分析治療情境或者在日常生活裡也常見的一些現象。例如，社會上突發攻擊事件發生死傷後，大眾所出現的反應，除了恐懼和哀傷外，還會出現觀看者很興奮的場景。這種興奮有時很難被察覺，也難以直接說是因為看見人的傷亡。觀看者卻是抱著莫名興奮的感覺，不過有興奮的說法很難被接受。畢竟，從現場很興奮的傳言和描述情景，那種興奮該被定義作興奮嗎？

　　從佛洛伊德定義的，從原本平靜的能量狀態加上火煮時，水就會沸騰，我們可接受的是「沸騰」，也就是現場人士情緒沸騰。但如果說這種增加能量的過程，也是一種興奮的過程，的確會遭遇阻抗，不願想像這個詞語的其它可能意涵。不過，佛洛伊德就將這種現象定義作興奮的過程，因為能量被增加了，佛洛伊德表示這種興奮能量的增加，而顯得激動、不安、焦慮等外顯現象，就物理學的能量不滅定律，只要火源消失了，這些被增加的能量就會慢

慢地消失。

　　由於對語詞的聯想有所不同，會產生接受或排斥的現象，只是佛洛伊德和後續的精神分析取向者，並沒有要修改這詞語，何以如此呢？仍是得回到臨床現象作爲判斷的基礎，也就是看見別人受苦時的複雜心情，有苦也有興奮，何以如此？這是難解的習題，可以先簡單地說是，虐待和受虐經驗的同時呈現。

嚴厲的超我認同了攻擊者的苛責

　　嚴厲的超我認同了攻擊者的苛責，這種現象何以跟技術有關呢？因爲如果分析治療師不自覺地處於這種情境下，任何符合理論的技術，都會變成是和個案處在虐待和受虐的互動裡。這種情境並不是那麼容易被察覺，卻深深影響著分析治療師的技術。是否分析治療師和個案能夠往自由的方向前進，或只是陷在困局裡變成重複相互虐待？分析治療師不必然曾有早年明顯的受虐經驗，但是任何人在成長過程，幾乎不可能沒有心理挫折和創傷經驗，而這些原本可能很微小的經驗，在和這些個案的互動裡，很容易被共振波般地擴大激發出來。

　　至於受虐和虐待經驗配對出現的現象，在佛洛伊德的觀察裡，是有多種方式來呈現。首先，包括先前談論的生的本能和死亡本能的交織互動，也就是說，在分析治療的過程裡，面對早年創傷的個案時，分析治療師的心理是可

能在這種狀態下呈現兩極化。更像是共時的存在，這種兩極現象就如佛洛伊德晚年說，自己一生的工作和論述裡，從來沒有把死亡本能的概念拋在一旁，他都將死亡本能的概念隨時放在背景裡。

何謂放在背景裡？可以有不同的解讀，不過他的另一種說法更生動，卻是殘酷的真實。他說，人的生命所以璀璨，是因為生的本能和死亡本能同時交織糾纏在一起。不過，以「本能」來說明臨床現象時，通常是治療師之間專業對話溝通用，意味著那是難以解決的課題，難以使用語言直接觸及的領域，雖然有了「本能」這兩個字。

我主張不是有必要跟個案談論，他們的問題是來自於這些本能的術語，因為在分析治療的過程，跟個案說他的問題是來自於本能，不論是生的本能或死亡本能，就算個案笑納這些術語，但是對於臨床症狀的解決，並不如預期。雖然有些個案在某些時候，只要有分析治療師的任何說詞，都會覺得終於替自己多年的困惑找到了答案，而暫時會有症狀和問題緩解的現象。

還有其它術語被用來說明自虐和虐待的配對存在，例如臨床上若潛在心智是處於自虐和虐待狀態，當事者和他人之間的表面關係會變成互為主體性的（intersubjective）主宰和順從的關係。這裡使用互為主體性，而不是使用人際關係（interpersonal relations），是為了說明這種主宰和順從的關係，如果只著重表面的人際關係，會被誤解為只要在治療技術上，鎖定改變人際的社交技巧，就可以處理

源自於內心深處的主宰和順從關係，因而忽略了其中的自虐和虐待本質裡，這些深度心理的困局，常常不是以人際社交技巧的修改，就足以解決這種主宰和順從的關係中，涉及的個人主體的行動化（acting out）課題。

　　例如許豪沖在〈有關行動化與行動化的一些反思〉裡提及「有一個童話故事可以傳神地描述治療者與病人的關係。那是一段北風與太陽的對話，關於誰比較有力量讓一個旅人脫下他的大衣。結果大家都很清楚，北風用力想要吹去他的大衣，結果旅人越穿越緊；太陽則放出溫暖陽光，而旅人則自然地卸下他的大衣。」這個故事可以反映分析治療師的態度和技術課題，至於就分析治療流程來說「佛洛伊德接下來的解說是：『我們已經知道病人重複而非回憶，並且在阻抗的情況下重複。我們現在可以問，事實上他所重複或行動化的究竟是什麼？答案是他所重複的每一件事，都是已經被潛抑的源頭中浮現進入他外顯的人格——他的禁抑、無用的態度與他病態的性格特徵。……並非把它當作過去的事件，而是作為當下的力量。』」（王麗斐主編，《精神分析講台：自體心理學等（之六）》，2008，學富文化，頁221）

　　佛洛伊德以個人心智結構的自我處罰，或更進一步的說法，虐待的超我和自虐的自我，來表述虐待和自虐的配對存在，並如上段引文佛洛伊德所說的，「並非把它當作過去的事件，而是作為當下的力量。」也存在於個案和分析治療師之間。簡易的說法是，由於個案存在著自我處罰

的動機，這是潛意識的說法，不是意識上自覺要處罰自己，在早年蒙受創傷經驗者，對於早年經驗的解讀是，隱含著不自覺的自責感，覺得當年會發生虐待事件，是當事者自己的問題所造成。

因而在發展的過程裡，嚴厲的超我認同了攻擊者的苛責，成為虐待的超我，依照佛洛伊德的定義，自我作為原我和超我的奴僕，使得自我是承受超我的苛責角色。同樣的，這些術語上的分析，也是專業人員之間溝通用，讓專業人員在潛意識的領域裡有個地圖，可以想像超我和自我等術語，如同地名的指標。

例如，某個案虐待自己小孩的方式，和父母當年虐待他的方式是雷同的，但是這些術語在臨床上使用，對於個案問題的改善並不如預期，雖然不少初學者以為精神分析是以這些術語，在個案面前進行分析個案的問題，因為這些都是潛意識的功能，當事者通常要很長的時間，才能夠承受這些術語背後要溝通的受苦，到那時才比較能夠消化這些術語在自己問題裡的真正意義。

結語：

這些概念是精神分析取向技術課題的起頭，先從歷史文案做一些聯想，我還沒有談到移情的因素。先從最原始的反應「阻抗」著手，相對的因素是個案能夠自由地表達自己，以及分析治療師能夠自由地想像，眼前的個案可能

是怎麼回事？就這樣開始了精神分析取向的心理治療，而不是從一開始就設定，是要談伊底帕斯情結或者死亡本能的破壞力等。

　　本章參考這些內容作為後續論點的起始，至於關於精神分析的處理流程，可參考楊添圍和周仁宇翻譯的《人我之間：客體關係理論與實務》（心靈工坊出版，N. Gregory Halmilton, Object Relations Theory in Practice, 1990, Jason Aronson.）第十三至十五章，關於技術和治療關係的思考，這是美國客體關係的部分思索。不過，由於臨床實境的複雜，任何談論精神分析技術的課題，都會面臨簡化的問題，因此閱讀時是一種思考的刺激，而不是照著做而已。

　　對克萊因學派（Kleinian）有興趣的讀者，可以參考樊雪梅翻譯的《精神分析歷程》（五南出版，Donald Meltaer, The Psycho-Analytical Process, 1967, Karnac Books.），有克萊因學派常用的英國客體關係的語言，雖然也有人主張英國客體關係是指費爾貝恩（Ronald Fairbairn）和溫尼科特等人的論點。還有，關於美國的自體心理學的思索，在理論上，關於神入（empathy）的基本概念，請參閱劉慧卿的〈閱讀Kohut：論神入〉這篇文章，至於治療關係和技術間的互動，請參閱同一本書裡，張凱理的〈回到那個房間裡的風暴：關於治療關係的思索（演講稿）〉。（《精神分析講台：自體心理學等，之十二和之十三合訂本》，2015，學富文化）

第四堂　回到佛洛伊德
從挫敗的地方開始

前言：

　　關於「精神分析取向心理治療」（分析治療）的技術，我會先標明這句話，技術是飄浮在移情和反移情裡，這是什麼意思呢？需要很多的故事和情節來說明才能了解，尤其是佛洛伊德為了擴大精神分析運用於更多人，他說的是窮人，技術上需要調整為「分析的金和暗示的銅」時，「技術是飄浮在移情和反移情裡」這句話就更重要了。

　　我假設「分析的金」就是移情和反移情的觀察和處理；而「暗示的銅」則是飄浮在移情和反移情上，也就是需要以移情和反移情作為基礎，最簡單的說法是，不論是詮釋（Interpretation）或暗示（建議）（Suggestion），前者假設是以分析的態度為基礎而說出來的話語，目的是要個案能夠更自由地思索；至於暗示或建議，是藉用個案基於治療的正向移情為基礎而說出來的意見，目的是期待個案聽進建議的的內容。不過這兩者都需要以「分析的金」為基礎，我假設就是以移情和反移情的觀察和處理為基礎。

　　有些分析師認為當年法國拉岡（Lacan）的「回到佛洛伊德」，卻變成了遠離佛洛伊德。雖然並不是遠離佛洛伊德，就是對或錯的事，加上如何詮釋佛洛伊德，本來就不

是誰能獨佔的事。我在這裡仍然提出「回到佛洛伊德」的說法，意旨有所不同，我是更傾向假設，精神分析還有很多待拓展的領域，而拓展是需要如同佛洛伊德在發展精神分析的早期，持續的引進其它學門，如文學、藝術、歷史、醫學等概念，來說明在臨床實作過程裡新發現的領域，讓精神分析能夠以更細緻的描述，說明補充或填塞心智的地圖，這是值得被期待的事。

　　不過，這個說法很濃郁，需要其它的語言和故事來開展。

對失敗的探索

　　關於「精神分析取向心理治療」（分析治療）和精神分析，在社會和診療室裡的位置，首先，我提出的立足點是，我們不一定在公義的一方，也不在唯一擁有真理的一方。我們可能想要讓自己的專業是站在公義和真理的一方，但是只要我們談論精神分析時，就不再只是理論和哲思的辯論，而是涉及了有個活生生客體對象的複雜欲望，和我們一起在診療室裡工作。不論叫對方是個案、病人或其它的，我們的思考，尤其是涉及要做什麼、不做什麼、該做什麼、不該做什麼時，我們是不適合自居是有公義和真理的一方，而得考慮對方是獨立的客體對象，個案來診療室並不是要來聽道理的，就算他們可能有這種期待。但是分

析治療師承擔作為個案投射內在反應的接收者時，如果我們一再自居是公義和真理的一方，這對關係會帶來什麼影響呢？

為什麼要提出這個疑問呢？

試想，當個案出現了某些受苦，作為分析治療者並不是以自己是成功者，要讓個案作為學習的的標竿，而是對失敗的容忍和探索才是技術和態度的焦點。例如，在面對個案錯綜複雜的故事，有個案對於別人的評論或指正，常覺得是別人對他的指責或批評；或者他失敗了卻以強者的姿態，讓我們感到不舒服。另有些人，以外在現實裡不道德的作為，挑起我們的欲望想要指正他們。甚至如百年前的精神醫學，以道德問題來看待精神疾病，患有精神疾病者常處在需要遮遮掩掩，好像自己的問題是做錯事的結果。這些反應至今仍是臨床常見的景象，或者個案是在被虐待下長大，因此激起我們想要解救他們，想要充當正義的使者。

作為資深的精神分析取向工作者之一，我給自己的命題是，面對前述種種現象，在我們愈來愈有經驗的情況下，我們對於技術的論述，會如一般人相信的，我們是愈來愈有經驗嗎？這個說法是什麼意思呢？愈有經驗是什麼意思呢？是指成功的經驗或是失敗經驗的描述呢？有經驗，就表示我們是知道一切的人，或是站在真理和正義這方的人嗎？因此我們的技術就愈能夠說中個案的心聲，是這樣嗎？這是一般人假設的邏輯，但是我對這種說法提出疑問。

　　精神分析取向的經驗技術在文明裡發展的未來，我的疑問是，我們作為資深分析治療師，愈來愈有臨床經驗的背後，我們選擇某些個案群進入分析治療，是否會愈來愈侷限在某些假設易被分析的特定範疇裡？畢竟，每個工作者的時間有限，一輩子能夠接觸的個案是有限的，尤其是愈資深後，除非保持著相當高度的自知，不然，能夠配合我們內外在相關條件的個案，會形成我們的分析治療經驗的主要來源。但這是所謂適合分析治療的個案群的全部嗎？不必然，這些有限的個案群裡累積的長期經驗，自然是有值得保留的知識，也會成為文明史的一部分。但是，在有限經驗之外，其它的呢？

　　楊明敏在拉維先生的《精神分析實作三景：從言語誕生的現實》（賴怡妝中譯，無境文化，2010）一書的前言，〈拼圖遊戲與語言遊戲〉裡提到，佛洛伊德將詮釋和小孩的遊戲相比喻，「一旦獲得解決，便讓分析師有種確定感，這種遊戲稱之為『拼圖遊戲』。一張妥貼於木框的彩色版面，被切割為許多小塊，切邊呈現不規則的曲線，如果能將這些難以辨識、亂成一團的小塊，恰當地歸位，使一幅有意義的圖像浮現，在這嵌合的過程中不再有缺塊，所有的小塊構成了完整的圖面，拼圖的遊戲於是被解決了，不再有其他的問題。」（Freud, 1923）（頁16）

　　佛洛伊德說得如此清楚，像是一種技術的指導，不過實情早就遠比這還要複雜，也就是，除了說得清楚的內容外，其它的呢？保持這個疑問是很重要的，不論我們是否

　　界定個案有防衛與否，但是能夠說得出來的部分，就意味著已是被成功地使用語言處理過。畢竟，面對複雜的人性，勢必還有很多失敗的經驗，連語言都還無法成形來說它們，這是形成語言的失敗，卻可能是其它防衛機制共同運作的成果。

　　並不是分析治療要誇大宣稱，我們可以處理所有個案，只是需要不斷地疑問，在有限的個案經驗裡，成功之外，其它的呢？也就是，我們所累積推演出來的經驗，成為我們教導下一代分析治療師的基礎，但是否會因為診療室工作的個案群選擇，讓成功經驗只在有限的範圍裡？

挫敗的影子在那裡

　　例如，分析治療師對於治療對象的選擇，會影響後續經驗的累積和描述，其實任何精神分析師或分析治療師的個案經驗都有它的侷限，如果以成功經驗作為唯一的指標，這種信心好像很重要，卻可能是未來沒落的開始。一如個案成功了，就會離開精神分析或分析治療，依成功經驗所累積出來的知識，也許可以再複製幫忙有類似問題的人，但對精神分析來說，並不是只針對表面類似的問題或症狀，而在於這些問題或症狀是在一個擁有自身人格的人身上，不會有流水出現在相同的地方，如果要運用並複製成功的經驗，在理論上就自陷於動態式實情的矛盾面了，從臨床經驗來看也確是如此。

　　只因為某些精神分析術語，是指向有個挫敗影子的地方，例如伊底帕斯情結，因此希望成功是什麼意思呢？當我們把伊底帕斯情結這些術語，貼在個案的某些行為和想法上，就是成功的意思嗎？

　　對於有經驗者當然是挑戰，因為愈有經驗，尤其是成功經驗後，就可能愈傾向期待別人複製相同的成功經驗，這是不少心理治療模式的基礎，或者被當作是科學式的複製模式，以成功來複製成功，但這是心理治療臨床的實情嗎？不必然，雖然也有可能，或者常被如是期待。

　　佛洛伊德在《哀悼與憂鬱》裡，描述失落者的自我的陰影或空洞，我以這比喻來談論「精神分析取向心理治療」技術演進的思考。也就是，是否他的描述正是針對那些處在空洞裡，仍能成功存活下來的人？我們需要同時想的是，一個人在這種成功裡，最後仍是空洞感，這是怎麼回事呢？後來的空洞感，就算理論上和當年的失落經驗有關係，但在他們來尋求治療時，常是生活裡人際間充滿了空洞感，空洞是一眼可見，卻是混合著成功和失敗。

　　成功和失敗，不是以矛盾方式存在，而是不自覺地和平共處著，它們就是各自存在那裡，孤獨地各自存在著，無法以成功來餵養失敗感，而失敗就是失敗，不會影響他們在某些方面的成功感受。成功是孤獨，失敗也是孤獨。當我們作為分析治療師的欲望，是要他們能夠成功地解決某些問題，這種後來的成功能比得上，早年經歷受苦並殘存的成功感嗎？前者的成功屬於眼前，而後者的成功屬於

歷史上的當年。

　　我的猜測是這樣，是否成功的模式，一如丟進洞裡的食物或親近的人，卻不是當事者想要的，因而一再地另尋它物想要滿足空洞感，這是否才是人的實情？分析治療技術在面對這種實情時，是要找出某些東西餵飽它嗎？或者，任何成功的說法，包括認識出伊底帕斯情結在自身的作用，只是那些物或是一時滿意的客體而已。

　　一如精神分析的難題也是起點，當佛洛伊德成功地說出了，人的渴望難以滿足，可能是起源於閹割情結裡，對於已經失去的陽具的愛戀，一直在尋找已經失去，永遠再也找不到的陽具。這個描述有它的知識威力，臨床上已經成為常識了，只是個案來診療室前，並不是有知識就不再出現問題或症狀，這成為精神分析存在的現實，也就是佛洛伊德在「朵拉」裡說的，在現實侷限的地方，就是精神分析開始的所在。

　　「然而朵拉一例雖然是夢的解析做到極致的成功典範，卻是治療徹底失敗的案例。在給了朵拉最好的分析，讓她看見她被壓抑的渴望後，佛洛伊德反而被病人開除了。……這段經驗讓他耿耿於懷許久。一個被病人開除的分析師，努力地在撰寫其個案報告的過程裡去整理及消化『到底發生了什麼事』。最後佛洛伊德不得不承認，這段治療之所以提早結束是一種『共演』，是過去經驗的重覆，是『移情』的結局。這段治療讓佛洛伊德十分痛苦。」（樊雪梅，《佛洛伊德也會說錯話：精神分析英倫隨筆》，心靈工坊，

2013，頁120）

在二十一世紀的當刻，談論精神分析取向的技術時，需要面對的現實，已經有不少切中要點的理論和對於技術的描述，如對移情和反移情的關注和處理，但是這些知識並沒有完全解決個案的問題，因此造就了親身來診療室的必要性（現代科技影響親臨現場是另一件事了，也是未來談論技術時，難以忽略的課題）。

溫暖的奶水後，恨意才正開始

回到我前頭提到的，在以親身經驗為基礎的文字描述外，如果不時再問著自己，其它的呢？這種疑問本身，是否一如佛洛伊德在《哀悼與憂鬱》裡提及的空洞？因為失落，而不斷地渴求其它客體，卻是永遠無法滿足，每當找到了自己所要的，很快就發現那不是自己真正想要的。這種有所收獲，反而帶來了空洞的發現，在人性上是佛洛伊德所說的憂鬱，我只截取他論述的部分觀點來提問，是否還有其它的，讓我們談論精神分析取向技術的潛在動力，變成意識上某些材料所需要的動力基礎？

例如，臨床上因成功得到所要的，卻是出現後續的憂鬱，何以不要成功？不全如此，不是不要成功，而可能是成功映照出了，原本不被注意的空洞和陰影。一如英國精神分析師比昂（Bion）說，在哭餓後，乳頭來了，提供了溫暖的奶水後，恨意才正開始。這並非說恨意原本不存在，

而是以無法被意識到的方式存在著，這是精神分析取向的重要假設。

精神分析的臨床模式和理論，是基於個人的經驗而做出的選擇，畢竟，任何描述文字都有它的選擇作為基礎，例如，文字運用時的排他性，語意有它的精準要求，但是實情卻是複雜多樣性，不得不犧牲了未被語意觸及的內容和聯想。也就是，我們成功描述某些人生經驗後，可能犧牲了其它未被注意的經驗，在那瞬間成為未被注意的失敗者。這些失敗可能太受苦而變得過於防衛，以致被所選用的語言所忽略，失去了被注意的焦點。我在本章標題裡提及的，回到佛洛伊德，不是只以他發現的術語為主，也從挫敗的地方開始，這個例子說明所謂挫敗，可能就掩藏在某些成功的旁邊。

最簡單常見的是，例如，某人重複某些行為後，常會聽到另一方帶著不耐煩的口氣說，「你又來了」，這是什麼意思？這是了解嗎？「你又來了」，是成功地說到了某些現象和問題，但是何以帶來挫折？因為被當作是攻擊，或者覺得還有未被注意到的心意或感受？也就是，「你又來了」說中了某些事，也忽略了其它可能性。

我們從經驗裡學習了什麼？只是一再證實著，對啊，就是原先認為的覺得對的卻只是重複問題？如果無法增加相互的對話，是一種了解嗎？一如我們只是重複驗證著佛洛伊德所描述的，個案有伊底帕斯情結或閹割情結，這種常識般的說法，是分析嗎？或者，這些術語讓我們忽略了

其它不明顯的材料？另一種想法是，如果這些被發現的術語是文明成就，但是如佛洛伊德早就警覺到的「文明及其不滿」，隨時存在潛在欲望未被滿足的不滿，不會因為有了文明的發現（例如，找到術語來描述某些現象即是文明），而減少那些處於邊緣或弱勢的不滿。

現在和佛洛伊德時代有所不同的是，潛意識的概念和精神分析的某些常用術語幾乎是常識了。關於佛洛伊德理論的觀點，有興趣者可以閱讀＜佛洛伊德的巫師式後設心理學是什麼意思？＞（蔡榮裕，《都是潛意識搞的鬼》，無境文化，頁62-66），這些術語也常被用於文學、藝術、電影、政治、社會的評論，一般人也常使用那些術語，表達對於精神分析的了解和評論。這些術語被運用的情況有它的社會心理功能，但是在診療室裡的功用，是不如大家預期的那般快速有用。

這是精神分析的困境嗎？或者，不必然是困境，因為認為是困境的緣由，可能就是來自於認為精神分析的「分析」，就是使用那些術語，如同使用手術刀般的分析，切割個案的問題和症狀，和文學藝術的文本。在精神分析發展早期的作法，有它的新鮮性，但是至今若只是仍以有限的術語，做著當年相同的事，就不再是新鮮事了，以此要和標榜創造力的文學藝術對話，當然是種困境。

成功能夠讓我們推論什麼？

　　另外，從側面的角度，在精神分析發展的早期，佛洛伊德的重要弟子費倫齊（Ferenczi）的某些貢獻，可以進一步補充前述的想法。

　　回到佛洛伊德，從催眠術裡走出來，他為什麼需要發明精神分析呢？涉及的除了技術外，還跟什麼有關呢？如果要讓精神分析的遺產，得以持續對於人性的了解和文明有所貢獻，有什麼值得思考呢？不是只有在談理論時才一本正經，而是在臨床實務的每一瞬間都有這個想法，不只是讓個案好起來，而是精神分析為什麼要存在？這是一種態度，深深影響著每個當刻裡技術的使用。

　　林玉華談論克萊因對於費倫齊的看法，「克萊因在《兒童精神分析》第一版的序言中，強調他對於費倫奇的分析心存感激，且認為在被分析中找到了自己的精神皈依……克萊因如此寫道：『費倫奇是第一位使我有機會接觸精神分析的人，也幫助我了解精神分析的真正本質與涵義，他對於潛意識及象徵等強烈而直接的感覺，及他和兒童的心智建立關係的能力，對於我瞭解兒童心理學的影響是無法抹滅的。他肯定我在兒童分析領域的稟賦……鼓勵我從事這方面的精神分析治療，這領域在當時仍是一塊蠻荒之地。』」（林玉華主編序，《伊底帕斯情結新解：臨床實例》，五南出版，2003，頁3）

　　試想一下，我們一生能夠接的個案有多少呢？但是依克萊因的說法，她受費倫齊的影響，使得她發揮能力進而帶來重大的影響。所以我們也不能忽略，就算能做的有限，

卻也可能產生如費倫齊對於克萊因的重大影響。但是問題
仍在,這種影響是如何造成的?是可以說得清楚,可以傳
承教導他人的嗎?這種成功經驗真的能夠被別人複製嗎?
這涉及我們在有限經驗裡,想要建構技術的概念,找出如
何做才會成功,或者至少不是導致必然的失敗,也就是,
我重複提及的,承繼佛洛伊德成功的地方,包括他發現和
運用一些重要的精神分析術語,作為後來的學習者只是要
複製他,如何成功運用那些術語在個案身上嗎?

　　想像其它國家的精神分析發展過程裡,如果愈來愈資
深者的治療師,當然包括我自己在內,是在地精神分析發
展過程的英雄和受益者,會接受什麼樣的人作為診療室裡
的個案?除非是相當自覺地接受一些很困難的個案群,不
然可以預見的是,要能夠付得起費用,且多頻率來接受精
神分析或分析治療的個案,也就是勢必愈來愈侷限在某些
成功留得住的個案群,如前所述,成功會讓未被注意的失
敗產生什麼反應呢?

　　如果我們自省不夠,就容易在這個過程裡累積某種錯
覺,以成功的經驗來假設精神分析或分析治療的技術和態
度,但是成功一定能夠讓我們推論什麼嗎?回到診療室的
實作來說,不斷的阻抗,層層的阻抗才是實情,這有成功
的事嗎?不是故意失敗,但可能是在誤判和錯判裡發現原
來是某種樣子。可能沒多久又發現另有其它的,尤其是那
些困難個案出現在年輕治療師的診療室裡,他們是不是適
合精神分析或分析治療,可能是治療師們常常浮現的疑問。

　　偏偏在經驗有限之下，很困難替自己的困境和失敗，做出定位和描述，或者自覺是缺乏經驗而導致臨床的困局和失敗，以缺乏經驗作為困局的緣由，也可能是一種簡化且過早的推定。無論治療師是多麼缺乏經驗，都可以試著思索困局裡，其實存在著眾多重要的心理訊息。

談話治療裡的想像

　　有很多可以思索的，例如，在診療室裡，分析治療師和個案之間的交談是一種溝通嗎？如果是，是什麼樣的溝通？和診療室外的溝通有什麼異同嗎？是和誰在溝通，在溝通什麼呢？如果溝通裡有意在言外的訊息時，這是什麼樣的溝通呢？何以精神分析取向的技術用語裡，沒有使用這個常用的語詞「溝通」呢？甚至這種溝通是如同拉維在〈想〉裡所提及的那般生動，「他利用我的沈默來隨興發揮，由於他很難令自己滿意，他更加需要被憐憫、欣賞或懲罰，誤以為這樣就可以了解，甚至被愛。施予、要求、獲得，這是移情和退行的表現。……在說出口的話語背後，有一個東西主宰著我和病人之間的互動。剛才透過思想的波動來『襲擊』我的，無非是我參與它的方式。這個東西就是源初關係，它像一頭沒有斑點的豹子，躲在暗處虎視眈眈，不給人妥協的餘地。」（取自Jean-Claude Lavie，《精神分析實作三景：從言語誕生的現實》，賴怡妝中譯，無境文化，頁32-33）

　　除了沒有斑點的豹子張牙舞爪，我先談一些很基本的話語，關於我們常用的語彙的課題。例如，我們平時會用交談、會談、溝通、開會、諮商、輔導等，作為在一般互動或某些正式場合的描述。這些都是以說話作為交換意見，或者達成某種決議作為共同依循的準則，這些語詞各有不同的使用場合，我無法也很困難做出完全精準的定義。我只是想藉由這些不同語詞，和精神分析取向診療室裡的談話治療，觀察有哪些異同作為了解精神分析取向的目的，以及涉及的技術概念。

　　首先需要先回到歷史場景，來看這些用語的使用或不使用。在佛洛伊德之前，無論在宗教、神學、文學、醫療等領域，人的心理學就逐漸被突顯了，並非佛洛伊德才開始談論心理學。在佛洛伊德的時代，精神病的診斷還是百家爭鳴，至於表面看來沒有那麼嚴重的「神經症」（neurosis），這些後來被稱為歇斯底里等「精神官能症」（neurosis）是怎麼來的仍是眾說紛紜。直到尋找病因的年代，由於生物科技的進展神速，產生了生物學取向的一些假設，作為說明藥物在臨床何以有用的生理機制。

　　談話治療的出現，是日常生活和臨床裡可見的現象之一。如何說明談話治療的機制呢？一言可興邦，一言可以喪邦，語言和說話的功用是早被肯定的，例如古希臘的戲劇可以帶來的情緒宣洩和撫慰人心的說法，在目前仍是可以經驗得到的。無論人和人間的交談，或者小說和戲劇，仍存在人類的文明裡，如果這些被預期有某些效果來處理

症狀，何以這些症狀到現在依然存在呢？不只是精神病，也包括精神官能症。

佛洛伊德時代的治療模式，例如，溫泉度假、按摩或水療，在目前是我們日常生活裡休閒或娛樂的一部分，被大家使用的機會是高的，何以當年的精神症狀至今依然存在呢？關於生物基因學尋找的路程，由其它專家來陳述，至於談話治療，從佛洛伊德放棄了催眠式的宣洩和暗示後，往安娜歐（Anna O.）談話治療（talking cure）的方向走。由於佛洛伊德很早就以個人診療室為工作場所，因此到病患家中外診的醫療型式也漸少了，變成了以佛洛伊德的診所為主的工作方式。

治療時間的設限雖然記載的是固定時間，不過，在早期不必然全是如目前所設定的，45或50分鐘為一次治療的時段，但是就算在門診型式，也不太可能是無止盡的時間。當時間模式逐漸定了下來，那麼，每週要來談幾次呢？佛洛伊德起初是幾乎每天工作，也就是最原始的模式可能每天都談話治療。另外依現在的個案經驗來看，也許可回推當初從催眠術裡持續引用來的，想要讓潛意識變成意識，或者另一種說法是要讓記憶的空隙填補起來。

詮釋，或是建構？

至今的發展來看，每當有新的可能性出現，就意味著原本的不足早就存在，只是需要時間過濾再發現這些不足。

這是我再三談論「回到佛洛伊德」的意思，他一輩子雖想要有自己的定論，例如佛洛伊德在《精神分析綱要》（An Outline of Psychoanalysis, 1940）裡，以簡明方式陳述他曾有的貢獻，表示精神分析走到那裡了。他在1938年開始書寫，那時他快要逃離維也納前往倫敦，某種程度地替自己一生努力的成果，針對那些比較明確的心理知識，做個綱要式的整理，直到1940年，他死後才被發表出來。內容呈現了他的概念中被臨床重複經驗過，且覺得是臨床有效的理論，但是也同時呈現了不少不足的地方。關於不足且值得再觀察和發現的領域，他在稍早前就準備書寫了。

例如，在他自知口腔癌已讓他接近西山（他過世於1939年9月），他寫了兩篇大部頭的文章，替精神分析某些備受爭議討論的議題，再度表達他的想法。在《有止盡與無止盡的分析》（Analysis Terminable and Interminable, 1937）裡，回應弟子費倫齊持續存在的疑問，涉及技術課題是否要採取主動，但更涉及整體上精神分析是什麼？佛洛伊德明白表示，就算精神分析擁有強處，並不必然能夠保證接受分析的人，後來就可以百毒不侵，畢竟沒有人可以控制未來。這種說法很平凡，卻是精神分析面對人性的真實。另外，他也在《分析中的建構》（Constructions in Analysis,1937）裡重申老問題，是回到早年的記憶或者記憶涉及的是後來的建構？甚至是重新的再建構？不僅涉及記憶的課題，也涉及了技術的重要課題，詮釋或是建構？這些在其它章節會再進一步處理說明。

　　而佛洛伊德最早期就存在的想法，是關於填補滿記憶的說法。Michael Gribinski在《屋裡的陌生人》提到，從佛洛伊德的德文著作到英譯的過程裡，佛洛伊德在不少地方提及的是「猜測」，只是英譯上被當作是「發現」或「被辨識出來」。他指出佛洛伊德認為「精神分析師之任務是為猜測，或者更正確地說，是要建構出已被遺忘的事。」（在分析中的建構，1937）。他依據佛洛伊德在同篇文章的說法，主張「猜測與建構要不是構成精神分析中兩個時間前後邏輯的任務，要不就是同義詞。……沒有什麼是清楚的，猜測和建構的有效性，不是取決於病人的同意或否決，不論他的『是』或他的『否』，而是取決於是否有隨之而來的不同的論述、言論。」（Michael Gribinski，《現實的困擾》，楊明敏等譯，五南出版，2007，頁140-141）

結語：

　　什麼是回到佛洛伊德？這個課題沒有終點，也難有結語。我在本章的結語，是想要打開更多的可能，無法對於還在發展的精神分析，做出結論式的發言，那不是我個人有能耐做的事，如果有興趣美國精神分析者，對於佛洛伊德以降的發展，提供不同視野來看待精神分析發展，可以閱讀白美正翻譯的《超越佛洛伊德：精神分析的歷史》（心靈工坊，2011）（Stephen A. Mitchell, Margaret J. Black, Freud and Beyond : a history of modern psychoanalytic thought, 1996,Basic Books.）。雖然我個人比較喜歡使用回到佛洛伊德，而不是超越，不過這本書提供一些不錯的刺激，讓我們思索精神分析在不同國度落地生根後所衍生的期待和想像。

畢竟精神分析發展至今，什麼是「佛洛伊德」，已不再只是這個人和他已發表的想法，涉及除了養家糊口之外，對於他何以會花費畢生精力，探索潛意識領域的行徑，大家也感到好奇。對這些好奇的詮釋，不論是自覺或不自覺，都是推動的力道，這種力道本身也許就有超越的意味。

目前這個課題需要搬到台灣，以我們的診療室和社會作為新熔爐，來進行更深度的體會和探索。精神分析在人類文明史僅百年之久，這條潛意識探索之路，仍需要和文學、藝術、歷史、醫學等，有更多想法上的相互激盪，概念的引用及生根的過程，這是未來式，不是此刻坐著想就能想得到的。

我主張回到佛洛伊德，不是我最先如是主張，但是我試著說些不一樣的事，尤其後來他提出「分析的金和暗示的銅」的概念。我回到臨床一個有趣的現象，當我們將技術的焦點放在「分析的金」，也就是以詮釋移情為核心技術，但是分析治療師在診療室裡大部分時間，是在等待和思索或者表達一些想法，我將這些事歸類在「暗示的銅」或「建議的銅」的範圍，相對於詮釋移情的技藝，這是未被好好正視的領域。

我們需要將注意力投注在核心技藝外的領域，就算有

人以「分析的態度」來稱呼這個領域，是指以分析的態度
為背景執行某些核心技藝，但仍需要以「暗示的銅」的角
度做更多描述。值得觀察的是，「分析的態度」裡還有多
少未被注意和被忽略的內容，被包裹在這個語詞裡而缺乏
更多思索，這是至今猶待更多開發的領域。雖然有不少文
章談論它，但當它還是被當作配角或背景來談論時，就意
味著這領域還有很多待開發的地方。

第五堂　失望的胃口吞不下東西，如何招待它？

前言：

　　如果題目加長，可以這麼問：失望的胃口卻吞不下東西，如何招待它？能被滿足嗎？

　　前一堂課強調以臨床的失敗經驗為觀察焦點，我不是以便宜行事的方式說明，所謂失敗是成功之母，而是提出另一種想法，不是期待以成功來複製成功，這容易變成某種催眠形式，而不是精神分析的工作模式。最重要的是，初學者在臨床上隨時遭遇難以消化的挫敗經驗時，是容易過度理想化資深者的成功經驗。

　　一如理想性本身所隱含的破壞力，如果不觀察這些現象，是容易在理想化成功者的互動經驗裡，變得缺乏思考的能力。不過這種現象自然也會呈現在，個案對於分析治療師的期待裡。這些過程註定會是失望過程的處理，或者說會出現以失望為代表的表徵，我們如何看待它呢？

　　本文可說是前一堂課的直接後續，以片斷方式深入思索某些臨床情境，呈現精神分析取向的某些想法。例如，開始治療後常見的現象，個案提及有朋友或家人說他們沒有進步，或者反而變得更糟糕了，如何看待這個臨床現象呢？這個被治療師當作是「失望」的失敗感受，常左右著治療師的處理技術和方向。技藝上，傾向的是如何減少個

案的失望？還是，這種失望是難以觸及的象徵？精神分析取向者對於這種失望和失敗，有多少種想像呢？

1.

通常分析治療師很可能順著個案的說法，真的覺得個案沒有進步，心中暗暗同意個案口中周遭朋友的反應，就是個案沒有進步的證明。如果分析治療師如此想像，那麼，通常的反應是希望能再多做些什麼，或者多說什麼讓個案能夠有進步。

在這種思考脈絡下，當分析治療師想要多做什麼時，是完全以個案口述的故事為主，忽略了個案開始分析治療後，就會牽動診療室外生活脈絡裡其他人的反應，因此當個案開始分析治療後，治療本身就會對外在現實裡的人帶來麻煩和衝擊。更奧妙的是，對個案來說，有時想像上愈理想的方案，就算替個案帶來一些好的利益，但在過程裡卻也會帶來更大的干擾。

2.

常常期待，事情說清楚，答案就來了，然後個案就會依答案去執行，進而改變了問題。這種情況常被期待，只是臨床上更常見的是，前述的困境並非個案意識上故意如此，涉及了理想的答案被形成的過程裡，還有某些不自覺

卻有影響力的元素，隨伴在解決方案旁，讓解決問題的同時也帶來了其它問題。使得好像要解決問題的方案，卻伴隨帶來問題而讓人處於困惑裡。

例如，由於個案的經驗裡，如何做才是好的人生答案，是他和周遭人物互動所產生出來的結果，就算這些答案在日常生活裡常被提到，很普通的答案，但是這些答案放在他和周遭人物的互動脈絡時，卻可能是最困難做到的，最窒礙難行的，這是臨床上需要再說明的現象……

3.

以都會區分析治療個案的經驗來說（我的個案和督導經驗大都來自台北市的「思想起心理治療中心」），個案來求助時，通常具有普通心理學的資訊，也就是，對於某些問題的答案，通常有常見的標準答案。例如，憂鬱是負面想法所導致，就以正向想法來取代負向的答案。這種普遍式的標準答案，是心理學的常識了，但是常識的答案並不保證，個案就會依據答案執行，進而帶來問題的改變。

佛洛伊德在當年曾談過這種現象，這是很重要的證據，顯示人的改變並非如精神分析開始發展時的期待，只要讓潛意識的素材變成意識，然後，問題就可以解決了。除了當事者內在心理過程的因素外，如果我們將個案和周遭人物（我就以「客體」來代表這些周遭人物）的互動，牽涉進來一起加以考量，一個人對於自己的問題形成答案時，就算是習以為常的說法，例如正向想法，好像大家都可以

接受，然後假設大家都會有相同的定義。但是什麼是正向想法，就算有助於個案的解決問題，是否個案會覺得那就是答案？

也另涉及個案內在世界的理想性的影響。我先借用亞富尤在《兒童的分離工作》裡表示「陰鬱不同於哀悼，失落的客體是留在主體的無意識中。結果自我認同了失落的客體；它自己變成了被放棄的影子，成為其中空身份，並成為冷酷超我迫害的目標。」（《當影子成形時》，亞富尤著，林淑芬、黃世明、楊明敏等譯，記憶工程出版，頁18）這是延伸佛洛伊德在《憂鬱與哀悼》裡的說法。

由此推論個人內在理想性可能會變成一種嚴格的要求，不過我需要說明一下，這種理想的嚴格乍看是解決眼前的問題，卻常帶來的新問題，讓嬰孩在發展過程裡，解決問題和製作問題同時存在著。首先，我們要了解任何人出現的問題，和在承受問題的痛苦期間，想像的解決之道，會受那種情境下的痛苦壓力影響。

也就是，如果當初所承受的苦難是巨大且難以想像，但是生之力量的存在下，個案不自覺依當時有的能力想像出來的解決之道，不會只是一般所期待意識認知上覺得有用的答案而已，而會是超現實且假設更理想的答案。也許可以使用夢的形成方式來比喻，如佛洛伊德主張夢的主要動機是，嬰孩式期待（infantile wish）要表達自己，因此會在不同時候，以濃縮和取代交替方式，抓取材料作為象徵來表達自己的欲望。這可想像嬰孩在早年經驗裡，如何運

用當時能力所及的範圍，來處理當時的經驗，但是實情上的確如夢般難解，需要更進一步的分析，才能真正了解這種超現實的說法。

涉及當年困境裡，對於受苦感受強度的影響，甚至可以假設，當年受苦而後來被潛抑的感受，實質影響著後來的人生是否能夠真有解決問題的感受？這會讓被當作正向想法的內容是什麼，以及會被以多少程度的嚴厲性來想像它，變得比預期的複雜，不再是一句正向想法，能夠解決長年累積的困局，尤其是這些困局的來源，它的原始功能是解決當年某些現實和想像的受苦，而被架構出來的答案，這是正向想法這個語詞在當事者的內心脈絡裡，會被如何想像的基礎。除非我們完全不相信潛意識的作用，不然這些心理脈絡不可能不影響著，想要簡易的解決答案時的複雜心理機制。

4.

何以個案在分析治療過程，開始有些改變後，反而周遭人物會出現失望及反彈？甚至更加抱怨，個案的問題不但沒有解決甚至更惡化了？這常是透過個案的話傳達給分析治療師。

這是個案對周遭客體對象的感受嗎？轉述別人的話時，個案自身的感受呢？當個案跟分析治療師這麼說時，個案同意這些客體的感受和意見？我的經驗是當個案告訴我，他的朋友或家人說他愈治療愈糟糕時，不會只是周遭人物

的觀點和感受而已，通常不久就發現個案其實也潛在認同朋友們的觀點，只是先以那是朋友的意見來述說。個案對分析治療師的移情會影響個案如何說出自己的想法，例如，如果潛在地擔心分析治療師會責備他說實話，個案就可能如前述的方式，以別人的話來表達自己的感受，進而影響後續的治療。

個案和周遭者目前的互動狀況，也有源自於個案早年的經驗，是早年就建構起來解決切身受苦問題的答案，這種說明通常不是那麼容易被接受，因為當年的問題可能不在意識裡了，而是以各種變形方式存在著。所謂變形的方式，是指外顯上會出現不同樣貌的問題，卻有潛在共同困境的基礎。

這是精神分析式的觀察和假設。目前的問題是早年某問題的替代術語，是當年問題的再現（representation），這是潛意識運作的過程，一如夢的內容，是需要分析才有機會了解潛在的心理機制。雖然一般人是很難想像和接受，目前所遭遇的問題是如此真實和現實，怎麼可能是如夢那般呢？包括夢中出現失望的心情，是否就是現實上有失望的感受呢？那麼是否能夠想像，當個案說朋友或家人覺得失望時，是誰在失望呢？

5.

再從另一角度來思考關於個案的失望。

外在現實裡，個案和客體間心理動力的相互影響，以

及個案內在心理真實如何受外在動力的影響,進而影響了
診療室裡的反應?尤其是,失望的反應會如何呈現呢?以
及,失望是否另有其它的心理意義?

　　如果個案在述說自己的問題時,如同正在說著夜夢的
內容,也就是,說出來的問題並不必然是最直接受苦的問
題,需要再被分析後才得以了解;目前的問題是當年某些
更受苦問題的再現和替身。這些現實和替身在時代久遠後,
意識上已經和當年的受苦脫勾了,只留下島嶼般的零散記
憶和經驗,很困難直接感受到跟當年問題有直接相關,更
不易感受到不同現象的相關性。

　　例如,何以個案開始治療後,周遭者可能會反彈,或
覺得個案愈做治療卻愈糟糕?這顯現的是何以現有問題稍
解決後,個案和周遭的客體並不會覺得滿意?精神分析的
假設是,對某些個案來說,目前的問題是古老問題的再現
或替身,這個假設如果成立的話,就算目前的問題解決了,
早年的感受仍存在著而不覺得已解決了問題。

　　這是個案本身的問題,個案將目前的困局歸咎於,生
命早年重要客體對他們的傷害,不論這些重要客體如今是
否仍存活著,個案覺得原來的問題始終存在著。當個案開
始分析治療後,可能挑起當年的某些記憶,如果重要客體
還存在的話,讓重要客體間接被迫著要和個案一起回顧以
前的經驗。個案可能不會直接在重要客體面前再抱怨他們,
或者有些人則會更加不滿重要客體。

　　而且個案在行動上,可能不自覺地呈現當年的受創經

驗，甚至可能反過來變成加害人，來回應對待重要的客體，如父母。因此除了家人直接或間接地覺得，個案的抱怨仍一直存在著，甚至長大後的個案反而變成了攻擊者，對待當年使他受苦的父母。

這些現象意味著有某種感受經驗被記憶著，不自覺地讓個案一直處於有某個問題還在，還沒有解決，就算解決了一些眼前的問題，但仍有問題無法解決的感受總是占上風，而失望就是占上風的位置……

6.

關於分析治療過程裡，個案是否滿意的問題，通常是很多內外在因素的整體反應。但是有症狀的個案，尤其生命早年心理創傷的個案群，常在後來的人生裡也累積很多挫折和不滿。對於分析治療師最大的挑戰則是，只要分析治療啟動後，個案會不自覺地將以前至今的挫折和失望，很快地投射在分析治療師身上，使得對於是否繼續治療下去，常變成治療裡談論的重要課題。

這種現象的內心戲碼可以如此說：「佛洛依德認為，當孩子被迫放棄所愛客體時，仍然弱小的自我試圖模仿客體以讓本我來愛。於是這樣從自我中分化出來的超我既是『伊底帕斯情結的子嗣』，也是無意識『最強大的本我驅力展現』」(Freud 1923, 1926b, 1933, 1938, Sandler 1960)。而在最後的作品之一，《精神分析引論》當中，佛洛依德說：「只要自我與超我完全和諧地合作，我們很難區分兩

者的表現；但若它們之中有張力或失和時，就會讓它們非常顯眼。良心的譴責所造成的折磨完全對應於孩子對失去愛的恐懼，這個恐懼被道德機制所取代。另一方面，如果自我能夠成功地抗拒做超我不容之事的誘惑，便會有自信心的提升以及自尊的強化，如同得到珍貴的贈予。 (Freud 1938) 」（周仁宇，《Taiwanese Oedipus：The Dynamics between Creativity and the Superego》，發表於2017.05.04-06於台灣舉行，國際精神分析學會2017「亞洲伊底帕斯」研討會的Main Lecture。）

　　優美卻殘酷的描述，其中涉及的動力也常是分析治療過程困局的所在，最常挑起分析治療師想要展現治療能力，想要說服個案，分析治療師並不是個案所說的那麼不夠力。分析治療師在這種情況下，若不自覺或缺乏想像其中隱含的複雜心理歷史，則很容易就只想藉由說理，或直指個案最受苦的問題，來展現分析治療師的夠力。但是這種夠力感常被個案解讀為攻擊，反而讓治療關係陷在更緊繃的狀態。

　　這些描述雖然並非針對某個特定人，也可能讓某些人覺得被誤解，覺得他們的真正問題並不是我說的樣子，而認為是來自於分析治療師太被動，不夠溫暖，不給一些意見等等。這些描述並非說誰對誰錯，或者個案不應該這樣子。我是試圖描述潛意識不自覺的投射，這並非一般認為的故意如此，只是需要一些語言來描述這種複雜情緒和感受。

如此才有思考的空間，有了新的思考的空間才有機會，再重新看分析治療師和個案在眼前正發生的現象可能是怎麼回事？不然，若無法了解這些複雜面，就很容易變得以為都是分析治療師不夠力，才會讓分析治療無法有進展。若無法從這角度來想像的話，很容易讓分析治療師為了要留住個案，或者不想讓個案覺得分析治療師是無能的，不夠溫暖的人，而變成只是一種表演，短暫地讓個案滿意，反而實質上是放棄冷靜看清楚怎麼回事？眼前所發生分析治療師和個案間的困局，和個案的早年經驗之間有什麼關聯？這不是說分析治療師一定是站在對的一方，而是顯示人和人之間的了解，不是大家期待的那般容易。

7.

個案在分析治療過程裡出現的不滿意，如果只是意識上的思考，就會被想像成既然不滿意，那就做些或說些什麼，來讓對方滿意，作法上就變成不滿意和滿意之間的二分法。就算不滿意度有數字等級程度之別，這是意識上計算過的數字等級分類，但是人和人之間的相處，個案和分析治療師之間的互動，如果經過精心計算後，而在關係上採取某種互動方式，這會如何決定人和人間的親密程度？

如果人和人間只有意識層次的互動，主張這決定了人類的行為和情感，那麼前述的計算將是決定人類行為和情感的唯一變數？因此只是找出意識上的答案來加以計算，就可以決定人和人間的關係親密嗎？其實跟日常生活不全

相同，在診療室裡的經驗更不必然那樣，佛洛伊德在一百
年前就發現，強調潛意識的影響力更遠大於意識的計算。

　　也許無法說所有事情都如此，如果仔細觀察個案求助
分析治療的過程，是容易發現個案行動上流露出隱微的不
滿意，但是被問及是否不滿意，個案卻常是回應，他對分
析治療本身或對分析治療師並沒有任何期待。這是什麼意
思呢？何以常見個案以沒有期待來回應滿意或不滿意呢？
也就是，個案的態度和行動呈現對分析治療師的不滿意，
意識卻是以沒有抱持期待來回應，但是沒有期待怎麼會有
行動上流露出不滿意？或者個案間接說，家人或朋友抱怨
他來治療但他並沒有改變，甚至愈治療愈不好呢，因此導
致個案會潛在不滿意或失望的期待哪裡去了？那是什麼期
待呢？何以連被自己意識到有期待的感受都被潛抑了？

8.

　　人和人之間，有可能沒有相互期待嗎？尤其是來到診
療室尋求分析治療的個案，對分析治療師沒有任何期待
嗎？就算擦身而過的路人甲，也可能會期待對方走過就
好，不要隨便做出什麼舉動來影響你。雖然這種期待可能
已經不被放在心上了。

　　不過，有趣的是在診療室裡常觀察到，個案已經在態
度和行動上漸漸出現失望的反應，如果分析治療師直接問
個案，是否感到失望？個案可能不覺得有失望，再問時，
個案會說他們對分析治療師沒有抱持期待。

　　通常再過一陣子後，個案覺得自己真的是有失望的感覺時，他們才會說出「原本」有些什麼期待？但是個案隔了一陣子後所說的那些期待，真的是先前流露不自覺的失望時背後的期待嗎？

　　對於精神分析取向者來說，傾向假設後來說出的期待，是後來的情境下所浮現的期待，而稍早前不自覺的失望可能另有其它難以言喻，或難以察覺的期待，或者是很受苦的期待。

　　依意識的現實原則，會認為個案後來所說的期待，在分析治療過程裡並沒有被分析治療師的作為所滿足，以為這樣子就可以解釋個案的失望了。就精神分析的態度來說，傾向假設先前未被察覺的失望，背後是難以說出口的緣由，或者是早就被遺忘卻仍深深影響著個案的期待。我們可以假設，那些期待可能起源於生命早期的創傷和挫折，後來變成了潛在的受苦經驗而難以被察覺。其它取向者也許不必然同意這種假設，不過這是精神分析取向工作的重要主張。

9.

　　生命早年的期待遭遇挫折後，那些期待被潛抑成為意識上未被記得，卻會不自覺地影響個體的經驗，有哪些生命經驗會變成被潛抑的記憶呢？如果那些記憶一直處於不自覺的狀態，它們有可能被滿足嗎？更挑戰的想法是，如果那些記憶浮現變成意識後，當年受苦經驗下所激發出來的期待，經過時日能夠被後來的作為和言語滿足嗎？

以什麼方式得到滿足？例如，期待已不在人世的雙親的愛，如果我們假設他需要再得到某種愛，後來得到的愛能夠取代或填滿心中原先的期待嗎？意識層次上，一般是常假設，愛可以取代恨，因此就很容易主張當年的失望被說出口後，後來接收到的滿足可以填滿當年的失望。

不過，從潛意識角度來說，愛和恨是兩件事，不是誰能取代誰。一如當年的失望就是當年的失望，後來的滿足是後來的滿足，也是兩件事。後來的滿足可能在某些時候佔據著心境，讓人以為當年的失望就消失了。依據臨床經驗來說，這不全然是實情，當年的失望可能會以不同變形出現，不易馬上被我們察覺。

那些失望仍然存在，如果後來的某些滿足，可以讓一個人在仍有當年的失望，但心中對於失望的感受以及和他人的互動已經有所改變，意味著後來的某些滿足，讓當年的失望不再如以前那般作怪了。這是怎麼回事呢？

也許可以假設，後來的滿足以某種方式，讓原本的失望在「量」的程度有些改變，這是值得再觀察的課題。不過我在這裡想要表達的是，後來的滿足不必然就能取代早年的失望，因為如果這麼相信，會錯過了解失望是多麼複雜的心理事件。

10.

個案在分析治療一陣子後，分析治療師覺得個案仍重複抱怨相同的人和事的問題，不只個案提及的那些外人沒

有改變而已，也意味著個案可能間接在抱怨分析治療師沒有幫上忙，使他仍陷在相同問題裡。對於分析治療師沒幫上忙的抱怨，個案在起初都不易察覺到，自己對分析治療師會有這種抱怨。

熟悉精神分析者很容易說，這就是移情，個案將早年生命經驗不自覺地挪移到分析治療師身上。不過，這種說法看似很清楚，卻隱含不少需要再深思的內容。例如，針對失望的感受來說，什麼是失望？會以什麼樣貌出現？並不是一般想像的那麼單純，有些個案在原先的滿意裡，後來才發覺竟是由眾多失望所建構出來的滿意。

這種說法有些聳動，將人和人之間的善惡是非都混在一起，難道，人和人之間沒有單純的滿意或單純的失望？精神分析的假設的確不是如此單純，這種假設並非要推翻人性感受的某些單純，只是精神分析的想像模式，就是主張生的本能和死亡本能如何交替糾纏。佛洛伊德在晚年說，人生所以璀璨，是生的本能和死亡本能的相互交織。這麼說，到底是殘忍？是浪漫詩意？或者這句話本身就是兩者的混合？

這種假設讓「失望」的樣貌變得多樣化，包括，失望的內容，失望的對象，或者常常連失望的主詞，真的是說話者自己在失望嗎？這些都可能會有其它變數，例如大家可能聽過的話，他失望他的父親所失望的，這種情況下誰是失望的主詞呢？

11.

　　除了失望的主詞和受詞多變外，「失望」這個動詞裡可能隱藏著滿足，或其它的感受。

　　所謂失望的主詞，是指誰有失望的感受？如果某些人承受或內化了其他人的欲望後，他的欲望是別人的，或者說是不自覺地在完成別人的欲望？因此失望的主詞雖是他本人，卻更是來自別人。至於失望的受詞，是指主詞者對什麼人或事感到失望？

　　臨床常見的是，失望的內容是多變的，會在不同情境下，對於某些人或事感到失望，但隨著情境的改變又有些改變。對某些人來說（或者所有人都如此），失望的感受卻是常存的，好像永遠在某處，有些個案甚至對任何事都抱持著失望。有些在起初會有短暫的收穫感，也常出現對於分析治療師的失望。失望的前奏曲是多變的，某些時候針對某項事物，但隔一陣子就不自覺地改變了，不論先前令他失望的事是否有所調整。

　　這種失望的呈現方式，包括心裡始終覺得這世界「沒有任何人可以幫上我的忙」。他們求助於分析治療師，但是有需要求助於他人，跟心中覺得沒有人可以幫上忙，兩者常是同時不自覺地存在的。有時我甚至會想，他們口中的「沒有人」是什麼意思？是指能夠幫上忙的都不是人？或者「沒有人」是指某種人，某種難以說清楚的人？他們想求助他人的期待仍是存在的，只是常被解讀為是要低頭求助於人，是否這裡的「人」不是一般的說法，是他們心

中相信有人之外的某種存在，可以幫上他們的忙？是否這是人性上需求宗教，或者需求於人之外的緣由？

12.

　　如果要更了解「失望」，先不急於將它和愛恨等同起來，不過它們的確常會糾纏在一起。我是想要拆解它們，這樣子，我們才會再細想「什麼是失望」。

　　首先常見的是，以為失望的解決之道，就是要變得沒有失望，因此當個案浮現對分析治療師的失望，不論是直接或間接表達，明顯或隱微的方式，分析治療師如果無法嘗試想想，人的失望是什麼？就很容易變成要讓個案「不要有失望」的感覺，然後分析治療師在技術上就變成施展知識理論的說服，表達分析治療師對於個案的問題是有所了解而且有理論基礎。但是想藉理論和經驗的說服技術，希望個案因此不會出現失望的感受，臨床上如此單純嗎？

　　這條處理路線是常見的方式，只是以期待個案沒有失望或不要失望作為處理策略，在臨床上常有它的困難之處，畢竟這是古老催眠術的基本策略，以某項想法來取代原本受苦的想法，以此來趕走原本的受苦。也就是，屬於佛洛伊德主張的「暗示的銅」的範疇。

　　這些作法在某些個案是有些功能，常見的是短暫的功能，很快又轉型成其它問題。就算處置後再出現的後續問題，是否被當作是原本問題的延續？或者被當作不同的新問題？這種不同定義的結果，影響著對於原本治療策略的

定位。

臨床上發現個案的失望感受，如果是以「不要失望」
為目標時，反而容易遭遇困局。可能的解釋的之一是，失
望是一項古老的人性，不可能以「不要有失望」作為人性
處理的目標，這是不可能的任務，但這意味著，分析治療
師要保持「冷酷」，對於個案的失望，視而不見嗎？

13.

我不認為分析治療師對個案的失望要視而不見，我的
說法是要探索，對於個案的失望所呈現的多樣性，需要保
持著敏感度和隨時要處理的態度。

至於什麼是處理的態度呢？以精神分析來說，有所謂
「分析的態度」（analytic attitude）。這是重要的基礎，在
個案感到失望的課題上，分析治療師的分析態度如何有助
於我們想像。失望的感受出現在分析治療過程裡，分析治
療師有哪些思考空間來探索失望呢？

畢竟，如果只以簡化的想法，「不要有失望」為目標
時，可以看得到的，分析治療師或者個案會不允許失望的
存在，這會帶來什麼結果呢？亞富尤的說法也許更悲觀卻
真實無比，「其實人永遠無法修復過去，但可以努力對這
些令主體無以名之、無法再現的過去賦予意義。讓精神事
件重新具有意義，是使分離成為可思考（pensable）和可再
現（representable）的前提，也宛如成為主體的專屬創造，
如此一來，思考重新獲取了過去在分離中所遭遇的，那如

謎般的未知。」（尚-克勞德・亞富尤，《當影子成形時》，記憶工程出版，2007，頁20）

　　如果失望是不被喜歡的少數聲音，當大多數聲音都要消滅少數聲音時，也就是不太願意思索。失望作為精神事件時，是屬於少數聲音衝撞著大多數的想法，如果情勢只是帶來更大的代價，這微弱的失望聲音就會潛伏下來，以私下流傳的方式存在著，但仍以各種方式隱微運作著。直到有一天，這些微弱被打壓的聲音，以某種方式重新聚集起來，成為一股反動力量，進而改變了起初是主流的聲音，因為在心理反應上，主流聲音常是不要有失望。

　　人的改變是需要時間的，不是像「翻書」那樣，翻過另一頁就是新頁。如果期待如同翻開下一頁，人生就馬上有全新改變，這種期待放在人際脈絡裡，其實是一種「翻臉」，大家知道「翻臉」是什麼意思吧？因為未能如預期的有所改變，失望以翻臉的形式呈現出來。但是可不要誤解，以為我要讓人一直維持著失望……

14.

　　嘗試對人的「失望」感受推衍一些概念。

　　某種失望在運用著另一種失望，是什麼意思呢？這句話有些拗口，卻是我意圖要開展的一個命題：是否「失望」有很多替身？尤其是有些人的失望，是無窮盡的一輩子，一生只在失望裡打轉。期待著不要再有失望，但因為是期待「不要有失望」，這個期待畢竟是過大的野心，讓只要

有失望的影子出現，就足以推翻曾有的一些些滿意。

　　如果失望的對立面是「不失望」，人性上是否巧妙的設計，讓「滿意」並不完全等於「不失望」，這讓很多滿意的獲得仍不足以撼動失望，只因爲滿意並無法趕走失望。這可不是言詞之辯耍嘴皮子而已，是嘗試描述很多人一直在尋求各式的滿足和滿意，但滿足和滿意卻始終不足以讓他們對自己或別人不再失望，偏偏在起初，一般助人者常是想依求助訊息而出手幫忙，但助人者很快就覺得無法再讓他們滿足或滿意，因此不自覺地逐漸疏離他們，不自覺地遠離了個案的失望感受，讓個案在原有的失望上再加上現有的失望。

　　值得好好再觀察，我們習慣用語裡的「失望」，到底它有多少用法？它有多少替身？或者它包含太多東西了，甚至失望反而變成其它失望的掩飾者，一層又一層，如果失望像個卵子有一層一層的包裹，就算讓愉快的精子滿意地鑽進卵子結合後，生產出來的下一代仍是另一種失望？

　　這是描述某些臨床常見的現象，不是我刻意要傳遞某種人生觀，我說的不是人生觀，而是某種常見的人性現象。我試著以這些語言來描繪它們，讓我們在避免自己失望或不要讓別人失望時，我們所做的何以可能是走錯路，而再衍生出另一層失望？

15.

　　個案說對某人很失望，但是隨著分析治療的進行，浮現這個失望時是針對另一個人。

　　如何說明這種臨床常見的現象？對於精神分析者來說，只要稍有耐心稍等待一下，不是以一問一答的方式回應個案的需求，這是等待時間的流動，再觀察原本的問題會如何演變。前述的失望現象倒不是少見，但是這種現象是怎麼回事，要怎麼說明呢？

　　針對不同對象或不同事務，出現了都被以「失望」來命名的現象，它們是相同的嗎？或者它實在包括太多內容了，「失望」只是一個共同的出口？是否因此當我們宣稱，要讓別人不會感到失望時，根本就是不可能的事？不過，我必須說明何以我重複探索「失望」這個字眼呢？因為在分析治療的起初，當個案流露著失望時，分析治療師如果無法想像失望的多樣性，就很容易以為只要讓個案滿意了，個案的失望就不會再出現，然後個案就可以在滿意的心情裡，持續在分析治療裡再探索自己的困局。

　　這些失望容易被其它事項的滿意而取代嗎？也許要再想的是，個案的失望果真有此嚴重的威力嗎？意思是說，這種現象其實不全然符合臨床現象，佛洛伊德早就說過，個案獲得滿足後，就不會再往前探索更受苦的領域，更接近真正問題的領域。

　　另外，失望會讓分析治療師覺得是一種威脅。呈現在診療室裡的是，個案是否會持續來治療變成了籌碼，甚至

是威脅，以不再來分析治療作為威脅的某種方式，這才是
重要的課題。何以「失望」會變成某種威脅呢？這裡頭還
有其它故事嗎？

16.

　　那些深沈不被自覺的失望感能夠被滿足嗎？就像是面
對看不見的敵人，我們能夠滿足這些看不見的敵人嗎？也
許很困難，或者有人相信是可以的，不論如何，我先提出
可能很困難的角度來想像分析治療的過程。

　　這涉及一個重要假設，既然不自覺的失望是看不見的
敵人，難道它們沒有機會被看見嗎？更大的難題是，失望
以什麼樣貌被看見呢？我們其實只能看見它的替身，例如
有人因此顯得不高興，或者喪氣的模樣，甚至是以很高興
的樣子出現。

　　我們滿足了替身的需求，能滿足原本的失望本身嗎？
只要依著常識就可以想像，不必然如此，就像滿足了國王
派遣出來的使者，不必然會讓國王感到滿意。

　　這系列文章要談的「失望」，是指潛意識裡的感受，
如果這些感受是來自生命早期，例如，對於乳房老是遲到，
或對於自己沒有陽具，或覺得自己的陽具被割掉而失去了
某東西，或覺得父母的一方並沒有站在他這邊。這些都有
可能是眼前表面失望的原始起源，只是這是源遠流長的結
果，在分析治療過程裡，很難一下子就可以看穿起源在什
麼地方。

　　理論上，這些因素都會導致失望感，只是有人面對失望是動彈不得，有人是拼命做事情，因此難以只就表面的展現，來確定個案的失望是什麼？以什麼樣子出現？我們需要再問的是，如何在不自覺的人性反應裡，去經驗個案的失望是什麼呢？依精神分析的論述，這需要一個「退化」的過程，讓當年的某些經驗，由於一些退化的舉動，而讓分析治療師窺見不自覺的失望心理。這是重要的假設，呼應佛洛伊德所說的，生命早期的真正記憶，並不在個案所說的故事裡，而是不自覺地展現在他們的行動裡。這些行動以隱微或明顯方式，呈現在分析治療過程，展現在對分析治療師的態度裡。

　　臨床上，這些行動顯得不太合乎個案目前年紀和經驗，而被感受成個案的「退化」行為，最常被說的是，怎麼像小孩子一樣……

17.

　　當我們覺得個案的某些行為很幼稚，不可思議，像小孩那般時，這些行動影響了個案對於自己和別人的感受，例如，前述的「失望」作為一種感受的多樣性。臨床上個案可能還有更多不同的語詞來呈現這些感受，本文就以「失望」作為臨床的引子來思索這些現象。這些後續行動可能是佛洛伊德所說的「生命早年真正記憶的展現」，不過這種說法可能太過於簡化了，因為也可能只是平常方式的作為，起初不被覺得有特殊意義，久而久之卻發現這些平

常的行為，早就潛藏著個案早年記憶的某些痕跡。

　　這是精神分析取向觀察個案退化的過程，「退化」不是全然負面的，雖然也可能惹來治療時的厭煩感，但也可能是使分析治療師覺得愉快的退化行動。對於精神分析取向來說，藉由個案在移情裡出現的退化現象，才有機會呈現深度心理的素材，讓心理學要觀察和處理的材料，不再只是被說出來的故事而已。

　　這是假設被說出來的故事是以成人式語言重新整理過的素材，不論是自覺或不自覺的整理，以成人式語言談論當年的記憶。其實，並不是一般人預期的「回憶」，是更像一種「翻譯」，翻譯陌生國度的另一種語言。需要如此主張，才有機會讓我們不會只陷在個案口頭說出的故事，卻忽略了其它影響個案深遠的心理事件，尤其是不自覺對待自己和別人的方式裡，所深深埋藏的早年記憶。理論上，假設人生後續的行動是更貼近當年的童稚記憶，而不必然是後來習得的語言所描述的內容。這是我會想說，「腳下就是人最想要抵達的地方」，只是這句話如果缺乏潛意識的探索，就可能被誤解為不想改變，或被個案覺得分析治療師在責備他們。

　　並非口頭說出來的故事是沒有價值的，故事只是故事，需要分析治療師解讀或者再翻譯過，而不是將故事當作是「歷史事實」。個案刻意造假的故事是另一件事，這裡所談的不是刻意造假，而是記憶不自覺扭曲或修改。例如，個案在描述和別人互動時，說自己是怎麼樣的人，但是分

析治療師親身和個案互動的經驗，卻覺得個案的故事裡描述的自己，和行動出來被分析治療師感受到的，兩種資訊間是有落差的。並不是單純地質疑個案有這種落差，而是對這些落差訊息展開思索，構成了「精神分析取向心理治療」過程裡很重要的材料。

結語：

（經由在週六下午「精神分析取向心理治療」進階班，課堂上討論這篇文章後，我改寫了這篇後語。）

本文所提出的「失望」，是指個案和分析治療師不自覺的失望感，在事後才察覺它的存在。我以某女個案被社工轉介來治療為例，她小時候被父母虐待，她很小的時候就想像著以後要有一個完全屬於自己的家。她要做個完全不同於父母的人，她要比他們做得更好，更愛自己的小孩。她為了脫離父母而早婚，很快就有了小孩，卻對一歲或更小的嬰孩生氣，因為嬰孩竟然不懂她的心意，她努力做個好媽媽，她無法察覺自己有多麼深沈的失望，以前是作為別人子女的失望，後來是對於幼兒無法配合她的理想而感到失望。在這種不自覺的失望下，她很容易出現以愛為名而責罵幼兒。她心中卻堅信，那是為了幼兒好，是為了讓幼兒可以早些學到人生裡重要的東西，以後才能夠過得更好。

我這樣描述也許不少人會覺得，她的舉動根本就是一

種虐待，不是愛。不過，她要理解這種差異絕不是容易的事。我甚至主張，作為「精神分析取向心理治療師」要勇於假設，在分析治療生命早年深受創傷的個案時，他們的行動和態度是會逼得分析治療師和個案都存在難以自覺的失望。但是分析治療師可能進行乍看符合精神分析技藝的詮釋，想要藉由詮釋讓個案可以不再對分析治療感到失望，可以因為分析治療師的詮釋而有所了解後，不再對分析治療師感到失望。這是否像是被逼得以詮釋來進行攻擊呢？雖然分析治療師主張這是能讓個案有所突破的技藝，但是「突破」是不是攻擊呢？我假設在這種關係張力下，是種攻擊，但是一定不能攻擊嗎？

　　可以用另一種比喻，來想像這種攻擊的隱微奧秘，就像被逼到牆角時，只是為了要呼口氣而出手推開對方，這種身體動作就構成了我所形容的攻擊。如果可以用這個圖像來比喻分析治療師，在關係處於高張力時使用看似符合技藝的詮釋，可能會變成很隱微的攻擊。雖然如前所述，很可能感覺是為了突破僵局，但「突破」和「攻擊」這兩個字眼，在這種情境下會有多少重疊的地方呢？

　　我們作為分析治療師要敢於這麼假設，只是這是指心理真實上的假設，雖然這種假設可能讓其他人覺得，是不是這樣子就可以成為怪罪分析治療師的理由？我們無法阻擋其他人怪罪分析治療師，尤其是來自個案的怪罪，但是我們也有需要讓其他人知道，這只是我們工作時的心理假設，作為多方猜測潛意識的方式，而不是作為怪罪的緣由。

分析治療師無法保證不會說錯話，或說得不夠貼切，但對
嚴謹的分析治療師來說，這不是意識上故意的行為，而是
對於潛意識的必要假設，有了這些假設，人和人之間對於
潛意識素材的推論，才有機會呈現出來成為思考和消化的
材料。

第六堂　以「朵拉」為例的想像
從暗示到詮釋的光譜距離

前言：

　　佛洛伊德在《朵拉》案例報告裡，提出了兩個夢的解析，除了要說明或證明他在《夢的解析》裡的論述，是有臨床個案經驗為基礎，不是只有他個人的夢和夢想。另外，他以兩個夢來說明精神分析對夢和症狀的事後解讀，作為想像和推論我們認識個案內心世界的方式，而不是只從個案的說話內容作為想像的基礎。

　　個案來分析治療是要什麼的課題，已經是重要的思索方向，不再只是給個案我們要給予的東西。當分析治療師自問個案要什麼時，也涉及分析治療師的角色是什麼，兼談分析治療師是照顧個案或個案只是期待被分析治療師了解，而不要分析治療師給的東西？但什麼是被分析治療師了解？佛洛伊德在《朵拉》案例所描述的少女情懷，至今看來仍相當生動，且是某些個案的共通內在心理。但佛洛伊德在當年對朵拉所說的那些話語，是他已經了解朵拉嗎？如果是了解，為什麼朵拉不買單呢？不過，不要簡化成佛洛伊德的技術不成熟或技術錯誤的命題，這種失敗裡就隱含了複雜心理力量的變化萬千。我主張想像、假設和描述這些失敗經驗，就是在累積精神分析取向的人性知識。

1.

　　當佛洛伊德在診療室裡打滾一輩子後，說女人的心理是黑暗大陸，這是什麼意思呢？他也說不知道女人要從精神分析裡要什麼？我們細讀佛洛伊德在《朵拉》案例報告裡，對於少女情境的描述，宛如一篇精彩的小說。這篇文章至今仍是值得參考的想法，尤其是佛洛伊德對於嬰孩式性學的立論，如何在青春期再現於朵拉的行為裡，佛洛伊德如何以偵探故事般的手法，從細節裡建構出朵拉少女的深刻描繪。

　　「朵拉是佛洛伊德證明其夢理論的一個重要案例。在這個案例裡，佛洛伊德要讀者看見什麼叫作夢的解析做到極致（synthesis：夢裡的所有素材都得到充分的瞭解；每一個元素都有了病人的聯想，且聯想到再也沒想不出來其它的東西——像數學裡做因式分解一樣，分解到最小數字，再也不能再分解了。）然而，朵拉一例雖然是夢的解析做到極致的成功典範，卻是治療徹底失敗的案例。」（樊雪梅，《佛洛伊德也會說錯話：精神分析英倫隨筆》，心靈工坊出版，2013，頁120）

　　何以佛洛伊德會失敗呢？

　　如果以小說的型式來閱讀《朵拉》，或者當作是朵拉的個案報告，對於當事者來說，會引發的效應是不同的。一來，涉及意識和潛意識的課題；二來，閱讀者或說故事者在心理上，和受苦難以啟口的故事間，有多少的距離呢？佛洛伊德在晚年短文描述的「分裂機制」（splitting），呈

現的是在故事本身和個體感受之間，隔出了多遠的距離？
就技術來說，距離愈遠的狀況，要將它們拉在一起是愈困
難，愈會讓當事者排斥。不然，不會在心理上造成如此的
遠距。

　　佛洛伊德發表《朵拉》案例時，他著重的是從催眠術
帶過來的技藝，讓潛意識變成意識，加上他以新手手法描
述的心理機制——潛抑機制（repression），是很容易被理
解成，若要填補早年記憶的空缺，就是要讓被潛抑的故事
記憶出現並填補那些記憶的空缺。但個案偏偏就是因爲阻
抗，而無法記憶起那些島狀記憶之間的細節，這就要由精
神分析師來補充填滿，約略來說，這是佛洛伊德在精神分
析發展初期的作法。

　　就精神分析的發展來說，技術上要逐漸發展出獨特且
不同於催眠術的技藝，但是在起初，佛洛伊德是相對地偏
重，對於外顯事件的不同解讀內容，例如，「嬰孩式性
學」（infantile sexuality）被當作是後設心理學的主要內
容，讓精神分析在論述事情時有了獨特的觀點。回到朵拉
來說，這些獨特論點不再只是單純地，如何讓潛意識變成
意識的型式而已，而是涉及心理故事的實質內容了。

　　就算已有後設心理學的主張下，任何臨床個案不是一
篇被寫好的文字故事，任由精神分析理論的分析、切割和
解剖，他們是活生生的人，在臨床上會出現閃避、迂迴、
轉進，而撤退到遙遠不可知的心理領域，就算我們依著理
論做猜測，但是離他們仍可能是遙遠的，比陌生人還要陌

生。在《朵拉》案例裡，讓我們見證了，至今所遭遇的困局，在佛洛伊德的年代就已經出現了。

整體而言，並沒有因為精神分析理論被更多人閱讀後，這種補充記憶的困局就減少了。可以比對的是，當我們運用精神分析理論，來談論某部電影或小說，以及將某個精神分析概念，例如「閹割情結」，說給某個當事者時，所帶來的後續回應是很不同的。要了解和想像這些不同的現象，再細讀《朵拉》是可以有些收獲。朵拉在診療室裡雖然不明說，但是內心是不停歇的波濤，這些波濤的首要任務是，將佛洛伊德想要塞給她的話推回到岸上，讓佛洛伊德精彩的分析和話語，變成沙灘上被曬乾的雜物。

2.

佛洛伊德的精神分析，在臨床還走得下去的重要因素之一，是他不停留在朵拉說出來的故事裡，他假設了夢在精神分析的可用性。《朵拉》案例在技術細節上，雖然留下不少值得爭議的地方，在大方向上可說是留存有催眠術的暗示技藝，但也同時開出了新的可能性。對於夢在臨床運用和思索的重要起步，我再花些篇幅說明這些主張。

如果要觀察個案故事如小說般，說著好像是別人的故事，以及被分析治療師指出，某些內在心理是個案的深層心理，這可是兩件事，很不同的兩件事。我們可以在朵拉的反應裡來思索這個命題，可以簡化成佛洛伊德主張的另一個概念——阻抗。不過我們值得在這個歷史案例多花些

篇幅，談談「阻抗」這個易引起爭議的概念何以會發生？

顯現在《朵拉》裡的兩個夢，是佛洛伊德要開展「對潛意識工作」，或者說是「在潛意識裡工作的思索」。雖然看來是失敗，後來也確認是失敗，因為朵拉在晚年時，再出現於紐約，再去了佛洛伊德學生的診療室時，證實了是失敗的人生。

後來的精神分析者也發現，佛洛伊德在當年，不只忽略了對於朵拉的移情觀察和處理（他在出版《朵拉》的說明裡承認這種情形），他也未著重朵拉的某些邊緣型人格特質，只著重精神官能症狀的分析處理。關於這點，「自從佛洛伊德（Freud 1905b）回顧他對朵拉（Dora）未成功的治療後，精神分析師向來十分熟悉，如果在治療早期要讓治療進行下去，辨識和解釋移情關係非常重要。治療師在治療嚴重的患者，有時候必須在最初幾個治療會談中，就針對這個問題討論。克恩伯格（Kernberg 1975）受到克萊因在治療早期就詮釋移情的影響，強調在治療邊緣性患者時，這種技巧特別重要。」（楊添圍、周仁宇譯，《人我之間：客體關係理論與實務》，心靈工坊，2013，頁274。原著：N. G. Hamilton, Self and Others : Object Relations Theory in Practice, Jason Aronson, 1990）

這課題至今依然重要，至於如何詮釋和討論，如何做才不是過於直接或過早地深度詮釋負面移情，這個議題的困難度頗高，目前仍有不少意見的存在。

3.

　　還有另一個很重要值得思考的課題。

　　如果我們相信潛意識是不自覺的，而移情是屬於潛意識運作的內容，我們只能在外顯上看見或聽見它的替身或再現，因此當我們說，需要詮釋移情時，是什麼意思呢？以佛洛伊德分析朵拉為例來想，當朵拉對佛洛伊德有性和攻擊的移情，同時或交錯存在，當佛洛伊德詮釋說，朵拉的一些反應和故事裡隱含有性的意義，只針對朵拉在她的故事裡的心理意義，並未針對其中也有針對佛洛伊德的移情做出處理。

　　如果佛洛伊德當年指出，朵拉的言談或動作裡，例如，她不斷地打開關閉皮包，除了對K先生有性的想像，同時也包含對佛洛伊德的性想像，我們說這是從朵拉的素材裡做出移情的詮釋。如果佛洛伊德針對朵拉的素材，有隱含朵拉對K先生的性想像和性期待，也可以說是一種詮釋，只是這種詮釋是針對故事裡的人物，提出潛在的心理假設，在目前的技術概念上，這不屬於針對移情做詮釋的範疇。

　　在診療室裡，個案對分析治療師的移情，是屬於不自覺的狀態，對分析治療師來說也是如此，是分析治療師基於訓練和理論經驗，主張個案的素材裡有未說出口的移情成份。處在這種對雙方都是潛意識領域裡的材料，當我們說要針對移情做詮釋，這是可能的事嗎？畢竟，我們不知道一層又一層的移情裡，真正的內容是什麼啊？不然怎麼說是潛意識的材料呢？

　　雖然現在有更多深度心理學理念和經驗，如果浮現出來的故事或症狀，都是心理癥結的替身，是否我們只是詮釋替身背後的可能性？目前最核心的論述是涉及嬰兒式的性和攻擊，但是如果只有這兩種假設，是否我們使用的招式，就只是把所有事情都指向性和攻擊就好了？那麼，我們全然站在洞悉一切的位置嗎？這種洞悉一切的感受和期待，是一種誤導？畢竟，作為精神分析取向者，如果只能猜測移情是什麼，這種猜測的價值和定位是什麼呢？

　　以下的描述貼近我的經驗，「作為一名精神分析取向的治療者，在診療室之內和之外，你一定也經常陷入思考的迷霧，在霧中既想要探尋舞台正在上演哪段移情，回頭也還要留意自己內在的那片舞台是否也開始沾染星火。而作為一名被治療者時，你除了想要知道關於自己的困頓，忽然之間，你也還對治療者的一切好奇起來。」（李詠慧，推薦序「精神分析的二、三事」，取自蔡榮裕著，《精神分析能動創傷幾根寒毛？》，無境文化，2017，頁15）

4.

　　移情本身是有可能被言語觸及的嗎？或者我們能做的是什麼？我們一直在做的是什麼？我們是始終處在個案投射出來的移情裡，而我們也隨時充滿了對個案的反移情。不論如何，我也主張對移情做詮釋的說法，不論這項技術本身在目前是否足以解決問題，它仍是精神技藝的主軸核心。但是是否有更貼近的說詞呢？當我們始終處在移情和

反移情的情境，在精神分析技藝的條件下產生的特殊氛圍，包含及醞釀著某些素材的容器裡，我們以分析治療師之名說了一些話，被叫作詮釋。

其實，無法針對難以捉摸的移情本身，做出我們期待對核心命題的詮釋，因此比較接近的說詞是，我們處在移情裡說話做詮釋，但是我們卻永遠只能猜測移情是什麼。語言和說話，只能觸及移情的周邊，因此我們的說話和詮釋，更像是拆解了一些周邊設備，因而逼得身處其中（我們也身處其中）的移情，只好再做出回應，而移情的回應通常是，再度派出其它趕赴前線的兵卒或其它訊息。

因此我們所做的詮釋，更像是逼迫潛在的移情要有所回應。如果是這種主張，那就意味著，我們的詮釋本質上如同其它精神分析師曾說過的，詮釋是有攻擊的意味。依著這個假設再往前想像，如果移情混雜著性和攻擊，是深不可見的生的本能和死亡本能的存在，我們的詮釋可以觸及它們嗎？或者我們可以說的是，造成個案改變的因子不必然要觸及到這兩種本能的層次，只要動搖了本能周邊的替身，就足以造成個案的某些改變了。臨床上是可能如此，不過本文並非要討論療效和詮釋的關係，而是針對當我們談技術時，是針對個案的移情做詮釋，這是什麼意思呢？

另外，除了前述的，當我們說身處不自覺的移情和反移情的情境裡，移情和反移情都是不自覺的潛意識材料，當我們腦海浮現關於個案是怎麼回事的想法時，這是什麼意思呢？是指個案就是我們想像的那樣嗎？

　　我再重複自問，是否比較能說的是，我們是身處移情和反移情裡，我們的工作是說些假設上跟移情有關的話語，但也深知我們無法直接說及移情本身，我們需要說一些話作為溝通和交流，表達我們對於當刻的了解和假設。那只是我們有一些話想說，而且在那時候，分析治療師覺得有助於個案，可以讓個案多想想一些事，或者能夠因為多知道一些事，然後可以更自由地表達更多想法。

　　這些作法被叫作是詮釋，例如朵拉在會談過程，頻頻地開關皮包，意味著朵拉的性的不安？這是佛洛伊德在案例報告裡的說法，這種詮釋並未指向佛洛伊德在朵拉心中的位置，佛洛伊德後來覺得，分析朵拉的失敗是在於他未能注意到移情的處理。這個說法是指，如果再連結朵拉潛在對於性的不安，是和佛洛伊德的存在有關，這個說法被當作是針對移情所做出的詮釋。

5.

　　再仔細推想，當不被自覺的移情被察覺時，是已經事後了，因此當分析治療師說出移情的詮釋時，先前的情境已經過去了，可能已經是在另種移情裡，因此分析治療師說出的詮釋是什麼知識呢？是一般以為的，對個案的了解嗎？拉維的說法，「分析師卻必須憑自己的聆聽來創造他所要掌握的對象，他重視的不是字眼本身的意義，而是他推測出的、這些字眼所要瞄準的目標。……因此，臨床的描述尤其是分析的個案報告，很難根據事實獲得其他分析師

的贊同，但是其它分析師也不能據以否認該治療的實作效力。……儘管每個分析師對於移情中起作用的元素都有自己的感受和見解，但他也不能強迫別的分析師要和他一樣。」

（精神分析實作之我見，《從言語誕生的現實》，Jean-Claude Lavie，賴怡妝譯，頁99）

我們可以說，是分析治療師和個案處在某種移情和反移情裡，然後分析治療師覺得個案目前的故事和態度裡，可以找到語言來描述某種移情，然後分析治療師試圖說出來。其實，分析治療師是一直處在某種移情裡，因此如果說分析治療師的工作，就是在移情裡說些話，指出個案所說故事和態度背後的可能意義。分析治療師說那些話的目的，可能不必然如原本期待的，指出此時此地的移情，是為了有機會使個案更自由地想像，進而更自由地說出其它想法和記憶。

如何區分這種期待和催眠術的暗示的差別呢？一如佛洛伊德在《朵拉》案例裡的說話方式，其實是更接近催眠術的暗示，以現在的說法是——建議。他是想要說服朵拉，要朵拉知道，她的不自覺動作的潛在意義。例如，不自主地開開關關皮包，是有性的意義。不過，佛洛伊德當年處理朵拉時的技術，與其說是精神分析的技藝，不如說更接近他早年想放棄的催眠技術，只是沒有經過例行催眠術的制式動作，而是直接跳進了以建議來取代朵拉原本所想的故事。

6.

在佛洛伊德發展精神分析的那個時代，十九世紀末，仍是按摩、電療、水療、催眠術盛行，尤其是催眠術在當時以讓個案能夠宣洩情緒（hypnotic catharsis）及給予暗示（hypnotic suggestion）來取代個案原先的問題和想法，不是以聆聽個案的話語作為治療的主要技術。

但是要聽個案說話會聽到什麼呢？分析治療師會傾向希望聽到什麼呢？佛洛伊德幾乎已經確立主要理論走向了，這是以性學相關的論點作為了解症狀背後的潛在緣由。

因此在《朵拉》第一部分的臨床圖像裡，如偵探小說般一步一步揭露，少女朵拉在父母、K先生和K太太之間複雜的情感，以及其中所隱含的性課題。佛洛伊德除了猜想外，也提及他會直接詢問朵拉故事裡的某些情節，並由朵拉的口中直接得到一些能證實故事發生的背景。

這是佛洛伊德發展精神分析初期的技術，仍有不少成份是傾向催眠術的暗示技術。佛洛伊德並沒有對朵拉施行傳統的催眠技術，但是他轉來轉去對故事說著各種猜測，尤其是朵拉故事裡隱藏的性意涵。以現在的技術角度來看佛洛伊德在朵拉案例的處理，仍是隱含著要個案接受他的建議或暗示的意味。（註：這三段取自2016.05.04我在台大外文系大學部黃宗慧教授策劃，精神分析課程裡的一堂課，談論《朵拉》）

佛洛伊德在發展精神分析的初期，他對朵拉的描述是很有創意的想像和假設。《朵拉》出版的部分原因，是為

了要洗刷他被批評《夢的解析》裡對於夢的分析，跟臨床實作沒有關聯，他因此以朵拉這個案例，來呈現他的夢理論具有臨床實用性。不過，當然不只如此，佛洛伊德對於朵拉的潛意識裡，她對於K先生和K太太的性想像，如何細緻地經由生活細節呈現出來，透過佛洛伊德做出種種連結，開展了人類文明史裡，想像表面事情裡不自覺的深層意義。（可參考＜創傷經驗裡「沒有名字的恐懼」是什麼？＞，蔡榮裕著，《精神分析能動創傷根寒毛？》，無境文化出版，頁204-226）

　　當佛洛伊德直接對朵拉說出，她的故事隱含著對於K先生的愛意時，就內容來說，是相當有創意而且看見了前人忽略的可能性。相對於精神分析取向的技藝來說，這些作法是塞了某些知識給朵拉，像是要教育朵拉的模式。因此在《朵拉》案例裡，佛洛伊德的技術和現今的主要技藝——詮釋，是有距離的。佛洛伊德所提出的論點本身很有創意，但是重點在於佛洛伊德的善意和教育，並沒有被朵拉所接受。

　　在當年，佛洛伊德並沒有處理這些潛在的敵意，雖然佛洛伊德在分析朵拉的第二個夢時，他覺得那個夢是朵拉呈現的敵意，但是在他1900年書寫《朵拉》案例時，他起初仍沒有意識到，需要把這種潛在敵意當作需要處理的課題。他將這篇論文擱置了四年後，1905年正式出版時的註記裡，他說在處理朵拉時忽略了移情的處理。

　　當時，什麼是精神分析？對佛洛伊德來說，仍是發展

精神分析的初期，相關的技術仍還很粗糙，或者說不是粗糙，而是內容和想像上有創意，針對性和死的多種外顯方式的觀察，只是在技術上仍是催眠式的暗示，以某種想法來取代原先受苦的想法和經驗。

7.

　　要區分精神分析取向的治療和認知治療的差別，除了認知治療本身擁有來自催眠術傳統的暗示（suggestion）變形成建議（suggestion）外，我們無法百分百說精神分析取向的「詮釋」技術背後，分析治療師沒有期待個案能夠從詮釋裡有所收穫。分析治療師的期待，是可能讓詮釋在功能上變成建議，這是可能發生的，如果分析治療師抱著這種期待的話。

　　這不是對或錯的命題，也不全然是精神分析取向該不該如此的兩極化推論。需要再回頭來省思，精神分析取向的核心價值和目的是什麼？如果依照傳統精神分析，如佛洛伊德所說的，儘管分析，不必替個案做出統整。他主張分析的功能如切斷化學鍵後，分子會主動尋找其它可結合的內容。但是在臨床實務上，不少個案難以只依循這種傳統的分析態度和方式，需要考慮個案由於嚴重的精神病理（例如邊緣型或自戀型個案），在分析治療過程是否需要支持，需要某些建議作為撐杜，讓個案在面對某些心理真實時不至於全面潰敗，而有能夠再往前走下去的基礎。儘管有這些需要，精神分析取向者需要考慮什麼，讓治療維

持在精神分析取向呢？

　　以某例子作爲思考的起點。例如，在分析治療過程裡，當分析治療師說了詮釋，個案卻不同意治療師的分析，我們如何看待這瞬間的場景呢？通常會發現有些人想要以各種方式再說清楚自己的論點，以爲是沒說清楚內容，或覺得是已清楚內容只是個案不願接受，因此再說明想要說服個案接受治療師的論點。

　　但是，人在面對超過他能負荷的心理受苦時，能夠被說服接受受苦的其它意義嗎？

　　不過，這種場景卻忽略了一個重要的臨床現象，當分析治療師說了詮釋時，多多少少是覺得自己對個案有些了解，甚至預期個案會接受，分析治療師才會在當時說出那些詮釋。但是當個案沒聽進分析治療師的詮釋時，尤其個案的回應是分析治療師「預料之外」時，分析治療師卻可能忽略了，在這時候，其實反映著治療師就是不了解個案，不然怎麼會訝異個案的回應是意料之外呢？因此，當分析治療師再以自己是了解個案的態度，要再說服個案時，就讓雙方的狀態有所對峙了。

　　這現象可以區別分析治療師具有多少「分析的態度」。雖然很難以「量」來計算，因爲就潛意識來說是沒有計量的，有了解就是有了解，沒有就是沒有，但是如果分析治療師仍堅持自己已說出的想法是對的，只因個案在阻抗，這就出現了常被垢病的現象，好像分析治療師什麼都知道（雖然個案也常期待分析治療師能夠無所不知），實情卻

是分析治療師在那瞬間並不了解個案。但是，不了解並不是問題，對於精神分析來說，「不了解」是治療想像和建構想像的起點，當這麼做時，也許我們可以說，分析治療師具有精神分析的分析態度，雖然這是變動不定的過程。

結語：

　　我不是要推翻「詮釋」在精神分析取向裡的地位，也不是要貶抑「暗示的銅」，以及它目前轉身變成「建議的銅」後所包含的複雜內容。當佛洛伊德起初放掉催眠術，後來想到要擴大運用精神分析於更多的個案群時，再度想把當年放棄的催眠術拉回來，我相信並不是只因為催眠術方便可得，而是他的日常工作經驗，也深深體會到不是放不放棄催眠式暗示的問題，而是變形式的催眠術無所不在。拉回來視野和技術裡，再以精神分析的經驗來觀察和運用，也許是一條可行的路。下一堂會進一步談論這個課題。

　　本文以朵拉為例，略描述佛洛伊德在技術的意識上，想要詮釋朵拉的潛意識，作法上仍充滿了催眠術的暗示方式。雖是佛洛伊德在百年前發生的事，不過，這種方式仍是不少人對於精神分析技藝的認識，甚至以為直到目前，精神分析的臨床仍是如此。由於《朵拉》案例裡，佛洛伊德是強調以夢作為素材，伸張他對於夢的了解和想像，是可以運用於臨床案例。

　　因此我也稍談一下夢這件事，《夢的解析》雖不是本

文的重點，但值得說的是，藉由比昂（Bion）等對於精神病（psychoses）個案進行每週多次的精神分析觀察，這些個案平時不易有夢的表達，但是當他們開始談論夢時，臨床上可以觀察到個案已經有某些改變了。這些改變早就默默地進行著，但是在說夢的同時被看見了有些改變。

　　從這個觀察來推論，有些精神分析師就順著提出一個有趣的想法，如果比昂的觀察是有效的，那麼是否人在形成夢的過程裡，就隱含著有不自覺的瘉療因子在夢形成的過程裡？因此提議重新解讀佛洛伊德的《夢的解析》，作爲探索瘉療因子到底是什麼？精神分析及其它心理治療模式，要明確且精準說那是什麼，至今仍有長路得走。

第七堂　是驅魔或感恩？
回到暗示與建議

前言：

　　精神分析和「精神分析取向心理治療」之間的關係是什麼？在台灣，這是發展中的命題，值得想想。真正的答案也許在一百年後，這是開坑笑的說法或有些真實呢？我的想法是這樣，佛洛伊德發展精神分析前，他的工作是當時的催眠術、按摩、泡溫泉、旅遊、放鬆等治療技藝，百年來，這些技藝依然以各種變形方式存在，以台灣為例，是我們日常生活的一部分了。不可否認的，這些早年的治療處方已成日常生活裡的一環，但精神官能症狀仍是無所不在。

　　有什麼值得我們再思索人性是什麼嗎？我們認識的當代各種心理治療模式，有什麼切入點值得回頭看？精神官能症狀仍持續在人類生活裡，這是人類的不文明結果？或某些問題和症狀的存在是文明的成果？如果只是視症狀如魔，要驅魔，一如當年有些人看待安娜歐（Anna O.）的症狀，並以催眠術處理安娜歐的症狀，這是驅魔或治療的概念呢？當佛洛伊德後來為了擴大精神分析的運用時，提出的「分析的金」和「暗示的銅」，部分地回到催眠術時期的經驗，隱含著當年如同驅魔般的經驗，也帶有對當年經驗懷

抱著感恩的意味，這是什麼意思呢？本文嘗試點出一些現象，作為以後思索的開始，也兼談後續的精神分析技藝，和這些課題間的相互影響。

1.

　　這個主題涉及十九世紀末，佛洛伊德年輕時代的醫療模式和歷史脈絡。本文只擷取那個時代脈絡裡，佛洛伊德曾經在文章裡描述過的某些片段。我從安娜歐（Anna O.）這個有名案例著手，她的生平資訊，在網路世界不會太困難查詢。本文從佛洛伊德全集「英文標準版」（Standard Edition）的第一和第二冊裡，瞭解他在發展精神分析前的醫療方式，這兩冊是重要的史料，大都是當年催眠術的運用經驗和反思。

　　這兩冊不能說是當年催眠術的全部面貌，但經由佛洛伊德的文字，活化了那些歷史現實。佛洛伊德晚年發現精神官能症對於人的廣泛影響，因此思考精神分析的擴大運用時，他再度將他年輕時放棄的催眠術召喚回來。但是他畢竟已在精神分析的路上發展有成，因此他很謹慎的建構了另一套模式：「分析的金和暗示的銅」。

　　不過，對於這句話的解讀和作法，不同的精神分析取向者可能有不同的方式，有人偏重「分析的金」的古典精神分析基礎，有人可能相對的以「暗示的銅」為焦點。這

構成了談論「精神分析取向心理治療」（分析治療）時的差異。我主張是要讓分析治療更接近精神分析的金，這是我和同儕們在松德院區「思想起心理治療中心」，作為共同推動的資深心理治療督導，以及在臺灣精神分析學會的「精神分析取向心理治療委員會」副主委的任務裡，推動「精神分析取向心理治療」時，我主張要接近已有豐富歷史經驗和文獻的精神分析，而不是較靠近暗示的銅這端。

　　我必須說，這是主觀的個人決定，如果以分析的金在一端，而暗示的銅在另一端，臨床千變萬化的治療情境裡，大部分時候是在兩端點之間游移，畢竟只要啓動分析治療，就需要依個案的狀況而有些調整，無法只實踐自己的想像而已。有些分析治療師可能傾向以暗示變成建議作為工作焦點，但就算是使用了精神分析的術語，如果焦點在意識層次工作，我認為會逐漸失去精神分析豐厚的歷史經驗。

　　這是我的主張，很主觀的選擇，同時，我也主張要區分「精神分析取向心理治療」和「精神動力取向心理治療」（psycho-dynamic psychothcrapy）。對精神分析來說，包括三個層次。一是，地層論的（topographic）區分意識、前意識和潛意識的工作，尤其是著重潛意識的工作。二是，精神動力論的（psychodynamic）談論不同生活因子的相互影響和消長，如果只著重精神動力論，可能忽略了潛意識領域。三是，經濟論的（economic）主張潛意識運作的原則是「享樂原則」，而不是意識層次以「現實原則」，作為

判斷和決定的基礎。因此要談論「精神分析取向心理治療」時，我主張仍是同時著重這三種基礎。

2.

因爲歷史發展的因緣，精神分析的古典經驗和理論仍是主體，也就是精神分析師仍是精神分析的主體，這是誰也搶不走的文明資產，畢竟就是在歷史脈絡和傳承裡，依著古典架構累積經驗和思索臨床的事實。從臨床經驗來說，不論是遭遇質疑，是否屬於科學？是否有更好更快的療效等命題的挑戰，精神分析取向者當然不要忽視這些挑戰者的不同聲音，這是反思自己的重要動力，只是我主張仍要堅定站在接近精神分析這端，這種歷史發展的因緣，加上有國際精神分析學會系統化的推展。

相對於精神分析，並非表示分析治療就是比較低下的工作，或是無法對精神分析和心理治療有所貢獻。以前會常聽到心理治療者自輕的聲音，不過我主張這是不必要的，且不是以臨床事實爲基礎的態度。我假設接受分析治療和精神分析的個案群，會使它們潛在的分野自然逐漸浮現。也就是，會在不同的個案群，尤其是困難保持能夠每週會談多次的個案群，如果累積更多分析治療的經驗描述，是能夠有豐厚的文獻累積起來，成爲這個世紀的文明資產。

只是分析治療的文字目前仍不夠多，這是時間的因素，我指的時間也是另一個百年，這些需要時間累積，並不是說拼得多厲害，寫得多厲害，就會馬上有成果。屆時，精

神分析和分析治療兩者間，會如何互動地存在，其實很難預測。不過，會有很長的時間需要以精神分析爲基礎，也就是「分析的金」爲基礎，並在臨床經驗裡觀察「暗示的銅」變成「建議的銅」後，以後會出現什麼樣的經驗？我認爲這需要臨床經驗和淬鍊，不是空想式建立某種模式的成果，這些想法不只是拼氣魄說大話，而是必須踏實的臨床訓練，以及回到歷史因緣的角度，來看我如此主張的背後基礎。

　　我的看法是，這不能只怪精神分析是個壓抑者，讓分析治療處於附屬的地位。如果曾經是如此，現在已經是值得再重新思索了，畢竟從佛洛伊德明確提出「分析的金」和「暗示的銅」後，就替分析治療開了一條大馬路了。他思索精神分析運用至更廣大群眾的課題時，只能再回到他年輕時一度是醫療主軸的催眠術的暗示。

　　這是佛洛伊德的「退化」？是無奈？或他早年放棄的催眠術，仍有某些值得參考的地方？但是參考只是參考，並不是完全地移植過來，也許這可能是未來精神分析和分析治療之間的命運。不過必須說明的是，兩者如何定義自己仍有很大的主觀性，也因此讓兩者可以維持有活力的相互影響。一如未來思索分析治療，是在分析的金和暗示的銅的概念下交互觀察臨床事實，來尋找更多的語言描述。唯有藉由更多語言和文字的描述，才會讓目前主觀的（或有臨床客觀觀察爲基礎）分類裡有更多踏實的基礎，作爲後人再來分類的歷史材料。

3.

　　以上是我在本章的思考骨架，我先回到佛洛伊德在暗示的銅的時代，以安娜歐為例添些血肉，稍微談談歷史，補充前述觀點的知識背景。

　　佛洛伊德英文標準版的第二冊：《歇斯底里的研究》（Studies on Hysteria, 1893-1895），是他和當時已有相當名氣的醫師布魯爾（Breuer）合作書寫的內容。第二章是案例史，有五個案例，第一個案例是安娜歐。這是布魯爾的個案，安娜歐喜歡詩和藝術，常持尖銳且批判的態度，布魯爾認為因為這些特質，讓安娜歐是一位難以被催眠的人。他只能藉由爭論而影響她，無法只以保證（assertions）的方式讓她被影響，而且就算她在生病期間，對於貧窮和生病的人也會伸出她的援手，但是她的性相關的意識卻明顯地低度發展。

　　「當然還有他（布魯爾）正在實驗的新治療法（安娜‧歐稱之為Talking cure）所帶來的興奮與刺激；直到安娜‧歐告訴他，她已經懷了他的小孩，並宣告：『布魯爾醫師的寶寶就要誕生了！』……安娜‧歐當然並沒有懷孕，但她相信她真的已經懷孕。……當更多史料出土後，這段公案得以澄清。其實當布魯爾與安娜‧歐還在治療中時，布魯爾太太就已經懷孕了，安娜‧歐從頭到尾都知道這每天來看她的醫師有個太太，且這個醫師娘已懷了孕。就在布魯爾喜獲新生兒時，安娜‧歐向他宣告自己也身懷六甲。」（樊雪梅，《佛洛伊德也會說錯話：精神分析英倫隨筆》，心

靈工坊，2013，頁137）

　　安娜歐是在父親過世後逐漸出現症狀，那是在1881年四月左右，她的父親生病後就由她協助照顧。父親過世後，她出現了嚴重咳嗽，身體右半側癱瘓，有視力聽力和說話的障礙，有時候出現人格的改變，以及幻覺等。她被診斷爲歇斯底里，佛洛伊德假設她的症狀跟她對父親的身體疾病和過世有關聯。布魯爾以催眠治療她，但症狀有起伏，她甚至一度想要結束自己的生命來脫離受苦。

　　安娜歐在治療過程中，就算是布魯爾進行催眠時也不容易說話，她曾談過，她正在經歷的過程是「談話治療」（talking cure，佛洛伊德在德文書寫的文章裡，是直接使用這兩個英文字）她甚至玩笑地說，好像是清煙囪（chimney-sweeping，佛洛伊德也是使用英文字來記述）。這兩個詞後來被運用於描述精神分析，也可說這是「自由聯想」技術的先驅說法，雖然如果仔細探究它們並不必然相互等同，不過以說話爲主的治療模式，因此在成形的途中。

　　由於安娜歐常常生氣，不肯說話，甚至偶會在中途突然意識發生改變，如同幻覺般的跑離開，或者要爬上樹等等。如果有人抓住她，她會很快停下來，接上之前的談話話題，但她不知道剛剛發生了什麼事。在當年由於理解有限，這些症狀也可以說像是惡魔附身的現象，能做的是如同驅魔般的技藝。布魯爾表示，爲了要讓安娜歐開口說話，在技術上他總是採取催促、請求或重複催眠的型式。但是她總是不願意說話，除非在催眠狀態下讓她觸摸到布魯爾

的手，確認他的存在後，她才願多說一些話。

　　熟悉佛洛伊德早期的學生費倫齊（S. Ferenczi）的技藝者，應早就知道相對於佛洛伊德的被動，對於個案退化至如同小孩的狀態時，費倫齊建議要採取主動技術（active technique），包括握手、擁抱等。對於費倫齊的技術，佛洛伊德始終抱持著相當謹慎的距離，未成爲精神分析取向主流技術的一環，有興趣者可參考費倫齊、蘭克（Otto Rank）合著的《精神分析的發展》（The Development of Psycho-Analysis）（吳阿瑾譯，2005，遠流出版）。不過，費倫齊提出了這些重大且有歧異的技術意見，他和佛洛伊德的關係仍是合作的，並未如榮格、阿德勒等人因爲理念的巨大差異而決裂。

　　當佛洛伊德後來爲了擴大運用精神分析於更多個案群時，他提出分析的金和暗示的銅，所謂暗示的銅，在歷史上曾發生過哪些痕跡？如前提過，在佛洛伊德英文標準版的第一和第二冊裡，有更多關於他對於催眠術的詮釋和案例說明。

4.

　　佛洛伊德提出架構後，除了說明希望仍是以精神分析爲基礎，對於他在多年的遠離後要再運用的催眠術，是針對其中的什麼？他並未有更多的指示，不過沒有充份說明的地方，也許反映著和當時人們有某些共通的想法，卻留給我們更大的空間來想像和猜測了。

　　至於是否分析就只是分析，而不管治療呢？佛洛伊德曾說過，只管分析，不必幫個案整合，但是後來談論精神分析的運用時，再提出分析的金和暗示的銅，是否古典型式就只做分析嗎？臨床上依個案而定，也就是如果古典分析技術，是指只管分析，不管整合。但是隨著更多元個案群被帶進精神分析取向診療室裡，依我的經驗不論是每週多次躺椅式的分析，或是每週一至二次面對面形式來說，被帶進來診療室的個案不再只是精神官能症為主的個案群，而是更多自戀型和邊緣型的個案。

　　針對這些自戀型或邊緣型個案群，為了維持治療架構的穩定，除了只管分析之外，很難不涉及其它的技藝。回頭來看，只管分析（也就是詮釋）不管整合，是一種很理想的說法，涉及精神分析是什麼的想像。當我們再細讀安娜歐之後，佛洛伊德的其它案例報告，就算他有這種理想，但是實情上仍有不少對於自創技術規距的冒犯。我重複在其它文章提過，我並不認為只以佛洛伊德也違規來談，而是假設佛洛伊德的違規技術，正也反映著人性的可能性，因此觀察那些可能性在目前如何呈現在診療室裡就會更有意義。不是簡化地只以他有技術犯規要修改，況且那也可能反映著個案群引發分析治療師出現某些反應，一如克萊因（M. Klein）使用投射型認同（projective identification）所表達的意象。

　　另，佛洛伊德在技術上曾呈現的一些問題，可以參考楊明敏著《克萊恩觀點下的男性特質：以佛洛伊德的個案

「鼠人」為例》（2001，五南文化出版），以及樊雪梅的
《佛洛伊德也會說錯話：精神分析英倫隨筆》（2013，心
靈工坊出版）。我在這本書裡的主要軸心想法，是將只管
分析的分析，針對移情做詮釋。試想分析治療師和個案在
診療室裡的時間，除了詮釋之外，其它說話或是無言的互
動，都不重要嗎？何以佔據更多時間的互動，竟不被當作
是重要的視野？可以引進更多的想法來觀察和想像，有什
麼事潛在地發生在治療者和個案之間？

　　核心技術外，具有比預期還重要的因子在作用，甚至
是左右著移情的詮釋能否發揮溝通功能的重要基礎。也就
是說，除了分析之外的其它互動都是背景，但也會是重要
的背景。我主張目前被當作背景的潛在互動，是座落在「分
析的金」之外的「暗示的銅」的範圍。或者以精神分析的
角度來說，全部都是在分析的金的範疇也是可能的思考，
差別只在於是從精神分析出發或從分析治療的角度著手。

　　例如，我相信就算克萊因堅持移情詮釋為主要技術，
尤其是對負面移情，但不可能在分析小孩的整個時段裡，
她沒有做出其它反應和呈現某種態度。只是這些不被當作
是焦點，不被納在主要核心技術來討論，但這就不重要嗎？
當後續追隨者或反對者，只在核心的詮釋技術上打轉和爭
議，我主張這可能反而失焦了，因為在實作過程不可能沒
有呈現焦點之外其它技術和態度，這些被當作額外的因子
勢必會影響和個案建立關係的基礎。

　　仍值得思索的是，佛洛伊德替精神分析立下了完美的

技術期待後，他再拉回催眠式的宣洩和暗示，這是危險的
舉動？或是替被他拋棄的技術，回頭給予感恩式的禮讚？
雖然他還是帶著謹慎的態度，避免精神分析爲了廣泛運用，
而變成只是回到當年的催眠術。

5.

　　畢竟理想的定義，分析師如同鏡子，或分析師爲了解
個案而需要沒有欲望，沒有記憶，這是臨床的實情嗎？也
許不同於催眠安娜歐的方式，早已在佛洛伊德心頭裡萌生
了，這種新的模式該是完全不同於催眠式的宣洩和暗示。
他後來理解更多診療室裡的實情，就是移情和反移情的交
織，這個過程是發現，但更重要的是，讓更多的猜測能在
這個領域裡發展出來。

　　到目前，問題在於我們有多少信心說，診療室裡的實
情是移情和反移情的交織，而且兩者是潛意識的流動，都
需要不停的猜測，而不是我們已經掌握了生命的實情，以
爲只要幾句話作爲示意，人生的問題就得到了解答。這讓
我們面臨了難題，一般大眾在完美期待下可能誤解了我們，
或者幾乎無法了解我們所說的方式。這些疑問的想像和處
理，影響著我們作爲精神分析取向者的視野。

　　這些發展只適用於古典分析，對於分析治療呢？當要
把暗示或它的種種變形技藝，再拉回到心理治療的視野裡，
如果用這點作爲精神分析和分析治療的分野，是讓兩者難
以合作交流？或者有了這些人爲的區隔後，仍能在各自的

經驗下相互豐富？

這需要回到診療室的實作裡，通常是個案自覺有什麼問題或症狀，因此期待要來改善或改變，讓那些問題和症狀不見。分析治療師因此表面上是被期待，作為已經擁有了知識寶典的人，可以指導他們的人生，然後個案將那些指導當作禮物帶回家使用。

只是如果心智空間仍然狹窄，只能侷限於原本的困局裡，禮物是否能夠帶得進家門？是否變成了某種負擔？只有分析治療師需要思索這些問題？精神分析師需要想這些嗎？

畢竟，精神分析和分析治療的工作範疇，都有著類似的問題作為起頭，個案的過去記憶和目前問題，而人並非全然只以說出來的故事，來記得生命早年的經驗。一來，小時候的語言能力仍有侷限，因此以成人式的語言要來說出生命早年的經驗，不是一般以為的只是依著記憶回頭「說明或描述」，其實說著早年故事時更像是在「翻譯」當時的經驗。翻譯出來的話語和原本的內容之間，始終是可能存有落差的，因此人們在長大後，常是以不自覺的行動來記憶早年經驗。

換成另一種說法是，生命早年的經驗是反映在後來不自覺出現的行動裡，並不是以成人語言方式記憶的經驗裡。但是這些不自覺的行動，會表現在他們後來所面對的對象身上，構成了移情的基礎。這些行動的記憶是零碎片斷的訊息，因此在臨床上無法直接理解那些行動化的潛在真正

意義，是需要重複的觀察、猜測和建構來達成某種理解。我相信精神分析的故事會走到這場面，可能超乎佛洛伊德當年說動布魯爾合作書寫安娜歐時能夠想到的。

　　雖然個案說出來的故事本身，可能並非生命最早年的真正記憶，但是在臨床過程裡，故事並非毫無意義，分析治療師「建構」個案的潛在深度心理學時，仍需要一些現實材料為基礎，這些材料包括來自幾個方向，例如，個案所說的故事、個案在非語言上的行動、分析治療師常用的後設心理學理論，也包括分析治療師事後意識感受到的情緒以及潛意識的反移情。

　　這些材料不可避免的都帶有主觀的成份，但這是無法避免的特質，如果精神分析和分析治療堅持要探索不自覺且主觀的人類心理，這些是分析治療師建構個案心理世界的基礎。

6.

　　在分析治療的過程裡，個案在外在環境和內在心理之間的游移，對於精神分析的發展，以及對分析治療師的影響都構成了重要的素材，例如：「布魯爾被安娜‧歐的告白嚇壞了，許久許久不願意再談起這段往事。是佛洛伊德，因為深切地知道這段實驗性心理治療的重要性，一再催逼布魯爾好好善用所做的詳細治療紀錄。《歇斯底里研究》（Studies on Hysteria）於一八九五年出版了，但布魯爾和佛洛伊德再也沒有看彼此一眼......布魯爾被安娜‧歐的『移

情愛』完全地打敗，從來沒有從情緒上的震驚裡復元；他不想再提這件令他痛苦的往事，書寫並沒能治癒他的創傷。佛洛伊德則從這段『別人慘痛的教訓』展開他『精神分析之父』的偉大旅程。」（樊雪梅，《佛洛伊德也會說錯話：精神分析英倫隨筆》，心靈工坊，2013，頁137-138）

時間總是不留情地往前走，至於後來克萊因及後續者，以及溫尼科特對於外在環境的論述也納進精神分析裡，不是要跳進1940年代的紛爭餘緒裡，做出只能兩者擇一的邏輯。如何在不同的後設心理學論點裡找到出路，不是採取和事佬手段而已，而是這兩者之間有寬廣的路可以思索。一如回頭看著布魯爾描述安娜歐的文字紀錄，不再只是他是否成功或失敗的評論而已，而是他走過的路裡，他的反應和思索其實仍存在於當代的治療情境，雖然我們有了佛洛伊德的假設和臆測，作為我們往前走的參考點。

安娜歐這個案例的存在，讓我們有機會看見一尊紀念碑，除了心理學處理的技術外，還有人性恩怨情仇的糾纏，至今依然如雕像猶在人心中，影響著每個人。我說的不是安娜歐作為雕像如紀念碑，而是那些屬於我們心理的一部分。

回到臨床情境裡來思索，不再只是視症狀如魔，要驅魔，而是回頭看著這尊雕像是如何值得被感恩，如何成就了佛洛伊德。不是只有表面的幫助而已，我無法確定當佛洛伊德後來提出「分析的金」和「暗示的銅」的模式時，安娜歐這案例的經驗對他有多少的影響力？但是從他發表

的個案報告來說，我們是可以合理推論安娜歐可能是個重
要的推力。

安娜歐的本名是 Bertha Pappenheim (1859–1936)，是女
性主義運動者，也是奧地利「猶太女性聯盟」（Jüdischer
Frauenbund (League of Jewish Women)）的創立者。不論當
年布魯爾催眠她的過程細節，安娜歐後來的實質成就，有
人說是人世間第一位社會工作者，顯示的是心理處置的結
局是超過預期的。雖然佛洛伊德的精神分析經驗讓他有了
更多的猜測和理解，但也不是完全回到當年的催眠術。

7.

最後，我回到一個基本的臨床課題，作為再往前思索
的臨床想像，不論是精神分析或分析治療。

就從某個常見的案例來說明，什麼是：「人了解另一
個人」？（這是修改過身份和某些關鍵故事的例子）

當某個案來分析治療時，最常重複出現的是問分析治
療師，是否他要把年老的父親接來一起住？但是他問了幾
次後，才說他早就把父親接來一起住了。後來，他陸續提
及了不少和父親相處的故事，小時候，父親對他暴力相待，
他在高中就離家不想再回去了。近來，他則是常跟老闆激
烈爭吵，後來老闆將他革職了。

本文要討論的重點限縮在，相互了解是指什麼？（當
然也可以用來想像，我們如何了解安娜歐？）

因為個案後來重複說明，雖然分析治療師並沒有質疑

他，他重複說他已經「了解」當年父親何以會那樣子對待他和弟妹們了。加上他覺得父親年紀大了，母親也早就離家了，他覺得父親很可憐，這是他將父親接來一起住的理由。但是相處並不順利，父親年老無法再對他暴力了，但仍然不時苛責他，爲什麼不出去找個工作？

他和父親碰面就會吵架，他有些後悔接父親來同住。分析治療師回頭想來，才知他來分析治療前，就將父親接來一起住了，但是在分析治療的前一個月，個案是以猶豫還未決定的態度，談論是否要接父親來一起住。

這是怎麼回事呢？何以他覺得已經「了解」父親目前和以前的困難，因此採取動作接父親來住了，但在分析治療過程裡仍是疑問方式，是否要接父親來一起住呢？只因爲目前的衝突嗎？他這種「了解」是什麼樣的「了解」呢？簡化的說法可能是這樣，他目前語詞上的「了解」父親，在背後是一股嚴厲要求自己，如同當年父親的嚴厲要求他（這種嚴厲或者叫做「超我」），是這種嚴厲逼著自己硬將父親接來一起住。這是我們的推論，是潛意識的運作，但是如果我們對他指出這種假設後，就馬上可以被個案意識化並被思考嗎？臨床上沒這麼單純。

「認同攻擊者」，這句話很容易被歸納出來，像做出某種診斷，但這不是容易解決的課題，需要漫長時間，一步一步看清眼前的細節，因爲這些認同早就化成日常生活裡的枝枝節節了，尤其是此時此地，他和分析治療師互動困境的一一解決，再從看清眼前而逐步累積出有效的經驗，

　　來統整地看待自己的人生。但是一般都跳過這些過程，很快就假設自己已經知道了，然後就會解決了。

　　一如這案例，在被老板革職後，反而以為自己「了解」父親的辛苦了而採取行動，但結果卻仍掉進困局。而且他要很長很長的時間，才會「了解」自己不去找工作，雖有各種看來合理的現實理由，但是有一個理由可能難以被想像，甚至被拒絕：他是為了折騰（折磨、虐待、或攻擊）父親。分析治療的的過程，當然不是逼迫或說服個案，接受這種可能性，然後問題就平順了。

　　這個故事不是只能談論這些，也許你會納悶這案例和安娜歐有什麼關係？這是我的建構，佛洛伊德當初假設安娜歐的症狀和生病，是和她照顧父親，以及後來父親過世有關連。我是在這些假設上建構了這個案例，不是說安娜歐的父親一定是如同這案例裡父親的暴力相向，我建構的是心理想像，我舉出的這案例並未呈現性和性別的課題，而偏重對於攻擊者的認同所帶來的複雜困局。這個攻擊者反過來在安娜歐內心裡攻擊著她，使她飽受痛苦。一如我們在布魯爾的案例報告裡是看得見，安娜歐如何折磨和虐待布魯爾，卻要在被催眠時握著布魯爾的手才肯說話。

結語：

　　本文的最後，我舉出一個案例報告的片斷，是要呈現分析治療過程的某種實情，我們的腦海可能出現其它案例

的片斷，這些被聯想到的片斷是有它的當刻心理意義。不是個案一定如同聯想的樣子，而是作為我們比對和思索的開始。我主張這也會是精神分析取向的技藝裡，一項自然存在卻可能被忽略的現象。這些聯想不自覺地影響著我們，我在此是藉由談論安娜歐，來呈現這個臨床現象，也許可以被歸類在「反移情」如何成為了解個案的工具吧？

　　我重複在本書其它章節裡表達，以佛洛伊德後來提出的「分析的金」和「暗示的銅」為基礎，建構本書裡談論「精神分析取向心理治療」的藍圖。雖然談論的是技術課題，但是精神分析取向的技術課題，不可能不是來自治療情境的脈絡為基礎。如何解讀診療室實作裡所出現的現象，也深受理論的影響，由於這本書的書寫是先有初稿，然後在臺灣精神分析學會週六「精神分析取向心理治療進階班」的技術主題下授課，我唸文稿並接受學員提問和討論，讓我有機會能夠回頭做些修改或者增添，讓這本書的文字不只是坐在研究室裡想出來的，而是來自於診療室和督導，以及授課討論的綜合結果。

　　我發現針對本書的課題，在臨床教學上值得提出來說明的是，關於「分析的金」和「暗示的銅」如何共同存在？畢竟從佛洛伊德以降早就呈現了這是不同的事，但是當要將兩者納在一起思索，並作為診療室裡實作的共同方針，在思考上有優先順序的金或銅的價值，但是臨床上和困難個案群的工作已經是常態，某些個案群不再只能以古典精神分析技藝作為唯一技術，但是如何加進「暗示的銅」？

加進「暗示的銅」後，仍是精神分析，或者只稱「精神分析取向心理治療」？或者不論是何者，更重要的是能夠讓「分析的金」和「暗示（或建議）的銅」發揮共同的合成效應，讓個案更自由地談論自己，和詮釋自己的過去和未來。不過仍可能因為分析治療師或個案理想化嚴屬超我的影響，而會貶抑「暗示的銅」的必要性。

我提出一個不是容易做到的概念，來想像「分析的金」和「暗示的銅」之間的關係。這個概念是源自佛禪宗，「空不礙有，有不礙空」，在佛禪宗裡，「有宗」認為人是有什麼的，而「空宗」認為人什麼都沒有的，為這長期爭議而有了空不礙有，有不礙空的說法。我從心理治療史看「分析的金」和「暗示的銅」，如果會有爭議和互斥，我主張這個互不妨礙的觀點也許值得參考，雖然這不是容易真的做到，要做得到比說出來是遠遠的困難。甚至，這概念也可以運用在處理比昂（Bion）提出「沒有記憶和沒有欲望」這個參考指標時，其中呈現的有和沒有之間，同時共存的緊張狀態。

【2017/05/20課後補記】

不論從深度或表淺來詮釋，這些命題多多少少是針對克萊因對於負向移情的詮釋而來，但在比昂和John Steiner的技術都有修改了，也許幅度和說法有所不同，但不可否認，後來克萊恩學派者的修改是存在的。

不同學派或個人為了自主，對於核心概念和技術提出

不同的想法，因此愈核心的概念和技術的爭議和差異就會愈來愈大，這是難免的發展過程。因為大家看著相同的地方，要說不一樣的論點才是屬於自己的，結果自然就會愈來愈有爭議。

不過，這些爭議如果只是點對點式的，例如，深度詮釋或表面詮釋這些爭議，都各有複雜的論述在背景裡，因此只談深或淺，會變得好像就是衝突的。這種衝突是有自立門派或是做自己的自主性，但是我的假設是，一個論述平台的建構需要有更多的注意力，接著就會有更多的解讀和詮釋跟著來。

從attention and interpretation（注意力和詮釋）的表面字義來推論，在進行核心技術「詮釋」時，分析治療師做了那些自覺和不自覺的準備，這些事前準備可以被說成維持分析態度，或者建立關係，或者交流互動，或台語的「勃撟」，或自我心理學描述要讓自我能承受詮釋的過程，或教育等等。

但是這塊領域相對少被注意，偏偏這是整個會談裡佔最多時間的事，只是被忽略後，好像那不是重要的內容。這也是我假設，克萊因做詮釋負面移情前，勢必和個案有其它的互動，但是那些細節不被注意或書寫，變成好像什麼都沒有，只剩下重要的核心詮釋技術。這帶來了至今仍存在的技術上的紛擾，或者不必然是紛擾，而是某種必然的爭議。如果我們改變視野後，也許有更多經驗和描繪不被注意的互動領域，描繪並累積更多文字後，才會讓核心

技術詮釋的施行細節，有可能帶來翻轉的觀點。

　　例如，除了在診療室的實作過程裡，分析治療師和個案之間互動的多樣性外，仍有不少因子會影響著詮釋後，個案的想像和回應。例如，診療室的擺設風格，以及分析治療師的穿著、髮型、說話方式等品味課題，以及分析治療師在平時的文章，和是否有其它的頭銜等因子。

　　至於詮釋，是否要如文學創作般，說出口都有不同的創意說法，例如，我愛你、我恨你，在文學有千百種說法，分析治療師的詮釋是否要如此呢？或者只要重複某些精準的語法和語句就好了？

第八堂　臨床案例
思索診療室外的某些「行動化」

前言：

　　也許，只是要不要打一通電話的問題，就算被歸類為「行動化」（acting out），但仍需要一些脈絡和假設作為基礎，這樣才不會只以要或不要做，或者能不能做，這種二選一的方式來思索臨床過程，因為重點在於，事先能夠想想或者事後能夠想想。

　　以臨床案例談談在診療時間外電話的課題，本文想探索診療室外的事情的影響，選擇以電話這件事作為討論的焦點。例如，分析治療師可能會很想知道「精神分析取向心理治療」模式，如何看待在每次分析治療之間，有時出現的電話？要如何處理？分析治療師能不能夠打電話或回電給個案呢？

　　我這裡所談的打電話，並不是那些明顯地要讓診療室裡的分析治療，變成診療室外做分析治療的那種電話，而是分析治療過程裡由於個案的心理投射，而出現某些電話的事件。不過，雖然只是電話課題，我還是以臨床的過程作為基礎，不是只描述是否打電話的片斷，而是想讓是否打電話這件事沈浸在過程的細節裡。

　　並以這課題再談「分析的金」和「暗示的銅」，尤其

是「暗示的銅」和當今其它心理治療模式的關係，讓我們在核心的詮釋移情的技藝外，有機會再仔細觀察和想想，核心技術外的其它行動隱含的多重意義。

行動化的現象

　　當我們談論分析治療的技術時，例如，某些被當作是分析治療師「行動化」的行為，是否能夠從這些探索和討論裡，留下一些值得注意的臨床跡象，也是引進上一章提及的「空不礙有，有不礙空」的概念，在實踐以「分析的金」和「暗示的銅」的作法時的另一個參考點。如果仔細觀察分析治療的過程，不可能只做詮釋這件事，一定還做了很多其它的事，只是這些佔據分析治療過程大部分時間的內容，要如何被看待？是做詮釋時和先前的所有互動，構成了完整的流程，因此兩者是互不妨礙的，只是概念上有所不同。

　　如果只強調分析的詮釋，那麼，其它的行為都要被當作「行動化」，變成了那是不對的行為而相互妨礙？實情要如此嗎？雖然這並不是表示，對於這些行動，我們就很快認為理所當然可以這麼做。這不是我的想法，但是不能做是什麼意思？是一定不能做，或者在有需要做之間，有多少心理空間可以思索？我主張這種心理空間的創造是很重要的，並且有機會藉這些經驗來思索比昂的「沒有欲望

和沒有記憶」的分析態度，或者思索溫尼科特的「過渡客體」和「過渡空間」的概念，作為這個心理空間的平台。

我以某案例分析治療期間，某一通電話，分析治療師是不是需要撥打給個案為例。

例如，某男個案（不是只針對某個特定個案，是在診療室裡不同個案都曾出現的現象，個人資訊已被刪除或調動），對著女性治療師說，他記得自己從小就覺得自己的陽具是多餘的，他不想要陽具，但是對於自己是否要當女人，他也覺得不是很確定。他是在終於找到財源，要進行變性手術前，開始覺得很不安，又覺得無法說清楚這種不安是怎麼回事？

他的疑惑好像近鄉情怯，但又不是那麼確定，個案表示他一直將自己的想法當作是秘密，絕不可以告訴任何人，尤其是父母。後來開始下決心想要接受手術時，覺得需要父母的協助，但是他難以開口已經二十多年了，要在此刻說出來是多麼困難的事。不過，他還是克服了恐懼告訴父母，他說這一輩子絕不會忘記，他跟父母說出自己想要手術陽具的事時，父母的瞬間反應。

還好，他父母還是接受了，他現在知道「接受」這兩個字有多重的可能性，很難百分百一定如何。但是卻在他跟父母說出後，他反而覺得更不安，他就在這種納悶裡來尋求分析治療。接受分析治療之前，他對於要進行陽具手術的心意是堅定的，因為他覺得父母都已經同意了，雖然母親的同意是「你再想想看」的說法，隨著預定手術時間

的接近，他覺得更不安，無法用父母接受了來減少不安。原以為只要父母接受了，他就可以輕鬆地面對未來人生，不過情況好像不全然如此。

　　他強調，跟父母說後並沒有預期的比較輕鬆，曾短暫浮現的想法是，手術後會不會也是不安呢？他對於自己所做的，和預期的反應有所不同，而感到困擾，在分析治療的過程裡，這個疑惑很快就被他擺在一旁，直到後來他才再談到這個擔心。但是當分析治療師再追問時，他顯得很生氣，表示分析治療師根本不了解他。

是無所不能的神或只是門神

　　分析治療師困惑個案為什麼生氣？何以個案不想讓分析治療師追問呢？是怕分析治療師如果繼續問，會讓他接觸不想觸及的感受嗎？因此他說分析治療師不了解他，是指不了解什麼呢？不了解他的故事，或者不了解他想要將故事繼續埋在深處？或者如某些個案在這種情況下會提出想被催眠，想要故事被說出來，但在自己沒有清晰意識下說出來？在接近手術時，某些擔心浮現出來，接近意識了，是他困擾的緣由？因此他來尋求治療，是為了讓那些擔心和受苦，能夠流露出來被了解？或是為了要治療師幫他將那些擔心和受苦，再壓回去如以前不被意識到的領域呢？

　　分析治療師的難題是，就算有了這些假設，這兩種現象是相互矛盾的，在不自覺的潛意識裡同時存在，但在意

識層次卻是相互矛盾，讓分析治療師覺得只能在兩者擇一的困局裡。有趣的是，分析治療師常見的反應是，當個案說治療師不了解他們時，是傾向解讀個案要他們勇敢地往早年的受苦闖進去，以為個案既然來尋求治療了，當然是要分析治療師了解那些故事。不過，這常常是分析治療師的反移情所導致的反應，以為個案對分析治療師的失望，是由於分析治療師沒有給意見，或者是不幫助個案更勇敢快速闖進受苦的故事裡。但實情是如此嗎？

　　很有可能的是，個案是期待分析治療師幫他鎮住那些受苦，能夠像神那般，常是以無所不知的神的方式，來理解這裡所說的神，卻忽略了這個神可能是我們文化裡的門神，是要門神擋住內心裡受苦的記憶，記憶擾動而開始如泡泡般要出現了。只是他卻不想讓他猶豫的想法浮現，出現干擾他的決心，要進手術房了，因此這時是要分析治療師當門神，負責幫他圍堵那些受苦記憶。畢竟，佛洛伊德以「阻抗」來形容，但是需要更多闡述這個術語，才不至變成是在責怪個案對於受苦經驗的閃避。

　　我以另一個比喻來想像前述的現象。如果我們想像，個案感受到有一個很重大的秘密需要固守時，他的生活是困在如同茂密黑暗的大樹森林裡，就算和他人有互動，大都是固守著自己的秘密，甚至常是為了怕自己會因為和他人有了情感互動，而洩露最深沈的秘密，自己有了一根從小就不喜歡的陰莖。為了不讓這根陰莖被知道，使得生活其它領域是沙漠，生活上的沙漠，這片人生的沙漠會在變性手術

後就變好嗎？

　　這是另一個重要主題，這個問題在青春期時變得更加困難，因為那根被他當作是多餘的陰莖，除了尿尿外，在很小年紀時會偷偷玩弄它而有快感，後來變得感覺更強烈。他甚至在第一次手淫後，驚訝地發現這根他不喜歡的陰莖，竟然帶給他如此強烈的快感，竟然比小時候偷偷玩時還強烈千百倍。這種強烈的感覺讓他覺得，就算陰莖沒有硬挺起來時，他還是覺得陰莖很大，更需要花氣力來遮掩陰莖的存在。他不想讓別人知道他有陰莖，雖然他知道連陌生人看他的外型，一定就知道他是有陰莖的人。因為如此，需要掩護陰莖的感覺就更強烈，讓他將大部分力氣花在這方面。他掩護陰莖不被別人知道，剩餘力氣才放在工作心思上，生活變得如同沙漠般的荒原。

　　至於男性的性特質發展過程，如何透過分析治療師的在場，再現佛洛伊德談到「鼠人」在童年時自慰的記憶，曾以「你是燈、你是毛巾、你是盤子」咒罵父親？佛洛伊德說那時候「鼠人」「他不懂得骯髒的字眼」，我引用以下的註解來說明，回憶和後來實際情況間的差異，「兒童時期性行為的回憶，是經過漫長時間的重塑，大約到青春期左右才逐漸定型，這種回憶就類似國家重塑自己的歷史，或者像歷史學者以現在的觀照，來書寫過去的歷史。換言之，自己的回憶不一定是對的，常將自體愛（autoerotic love）扭曲為對客體愛（object love）。而母親的否定，有可能是她對小孩性問題的檢禁（censorship）使然；另一可

能是，鼠人的行為不過是一般的調皮搗蛋，而對處罰反應過度罷了，後一種可能的探究，在精神分析的理論與實際情形之間仍有一道鴻溝，弗洛依德自我期許，這方向是未來應該努力以赴的目標。」（楊明敏，《克萊恩觀點下的男性特質——以弗洛依德個案「鼠人」為例》，頁65，2001，五南文化）

分析治療師的中立是什麼

　　記憶有前述引文裡描述的困局，佛洛伊德後來在《有止盡與無止盡的分析》裡提及，真正的記憶不在口說的故事裡，而是在於當事者的行動裡。這是指不自覺的行動，是個案生活的實質行動的整體結果，呈現出生活如一大片沙漠地帶，是行動上未賦予關注的結果。因為真正問題在於，手術前在生活上的防衛過度，原本只是為了封鎖他的陰莖的存在，後來卻是生活上變得大部分事項和人際都是沙漠閉塞。手術後就能改善原本沙漠般的生活嗎？

　　如果建議他走出森林，但森林外就是沙漠的生活型態，因此建議他走出來，意味著是走進沙漠，陽光很強烈，沒有地方可以躲藏。個案會如何感受這種建議呢？雖然他可能重複呈現著要走出黑森林。至於使用森林和沙漠比喻個案的生活狀況，是談論個案以前的生活經驗嗎？是否個案目前的生活也是如此，或他會將森林和沙漠並存的情境，呈現在治療關係裡？需要進一步說明「此時此地」（here-

and-now）的某些想法。

這是精神分析實務的重要基礎，但什麼才是「此時此地」的觀察呢？如果個案談論了他來分析治療的路程遭遇的問題，例如，他說公車上隔壁乘客一路上都在講電話，根本無視於其他人的存在。他說那人的說話內容，就是秀他是多麼厲害，多麼有辦法，可以幫忙電話另一端的人處理困難的事。

當個案來到診療室時，談論公車上的遭遇也算是「彼時彼地」（then-and-there）的事了。那麼如何從個案所說的內容，來說什麼是此時此地呢？如同我在《精神分析能動創傷幾根寒毛？》的「說以前的故事，是說以前，還是談現在？」裡所呈現的臨床片斷現象。（頁46-50，2017，無境文化出版）

以潛意識的內容來說，此時此地是一種推論和假設，由個案所談論的內容和臨床實境裡非言語的交流，加上分析治療師的直覺和理論，綜合而成某種臆測。一般人會以為這是歸納眾多信息而形成的臆測，歸納法只是認識人事物的一種方式，有時是分析治療師的某種直覺反應，不必然是個案當刻潛意識正在流動的內容。

最表面的說法可以推論，個案覺得分析治療師以前的某些說法太自以為是，並且太干擾了（如同上述的公車乘客），讓個案很不安煩躁。這是從個案所談的內容，將受詞和主詞更替置換，變成分析治療師和個案之間的對比，但這只是最表面的詮釋。

還有其它可能性，是以診療室當刻裡分析治療師的自由聯想爲基礎，而得出的臆測，從意識層次來看是很跳躍式的，要經過一些時間才會了解另有潛在的歸納法邏輯，但不是意識上一步一步推敲式的歸納法。

另一個和行動化的概念很密切的是中立的概念，中立的概念不是佛洛伊德直接提出來的說詞，是後續者依據佛洛伊德的主張，在經驗上覺得中立的概念可以說明精神分析師的態度，因此這語詞仍常被引用。相對的，「行動化」被當作是需要審慎處理的問題，以維持中立的位置。

關於中立，分析治療師的中立是什麼？其實仍有不少爭議和困難，佛洛伊德並沒有提及中立，他談的更是節制分析師的欲望，尤其是要節制想要治癒個案的欲望。他也提過精神分析師要如同鏡子，忠實反映個案的心境，後續的其他人才漸浮現中立的字眼。

中立並非冷漠

不過，更困難的不在於界定中立是什麼，而在於在分析治療的過程裡，是在什麼情況下分析治療師會浮現念頭提醒自己要中立？或想告訴個案說分析治療師在某個時刻需要維持中立？

常見的場景之一是，當個案談論問題佔據了大部分會談時間，分析治療師想說些話，卻覺得找不到空檔介入的無奈和無力感；或者覺得個案排斥分析治療師的介入，甚

至分析治療師被當作是不需要存在的對象。那麼，這時候治療師心中的中立是什麼？治療師隱含多少想要還擊，或者想要放棄，或者比這些還複雜的感受？這讓治療師原先以為自己的靜默聆聽，不再是原先想像的中立，而是隱含其它的心理要素，例如前述的被動攻擊。

　　這些是在潛意識進行的材料，只能在會談後察覺這些情況，察覺後分析治療師如何消化和想像這種情況，才是分析治療持續進行的重點。並不是分析治療師有了那些感覺或反移情就是錯的，這不是倫理學的對錯命題，而是臨床常見的流程，也是分析治療過程不可避免的，但不是要以對或錯來排除其它思考，如此反而變成只是對或錯的倫理決定，忽略了思考其中隱含的其它心理意義。

　　臨床實境比目前所談還要複雜，術語的實踐需要回到診療室實境裡，依著移情和反移情的脈絡，來想像和做臨床判斷。例如，分析治療師邀請個案談某話題，但不是強迫個案一定得談那話題，或者有時分析治療師想要多了解，為了看更清楚某現象，也可能是為了不要變成冷漠，畢竟中立並非冷漠，只是在臨床實境的脈絡裡，兩者卻可能只是一線之隔。這是我何以表示不是定義這語詞的問題，而是得同時觀察臨床實境的脈絡來做出推論。

　　當個案開始說不知道來分析治療的意義時，他在猶豫是否真的要手術陽具的時候，雖然手術時程已排定，他也沒有採取行動去取消手術，但他覺得來分析治療只像是對著鏡子說話，聽不到分析治療師真正的意見。分析治療師

覺得個案是在轉移他對手術後的不安，當分析治療師提出，這種可能性讓個案在診療室裡也很不安，個案沈默未再多做說明。但該次會談後，個案卻開始說想要請假，後來，連續兩次沒連絡就缺席分析治療。分析治療師是否需要打電話給個案？打電話要做什麼？只是邀請個案持續來？如何做才讓邀請就只是邀請，而不是電話裡要個案選擇要或不要繼續的決定？所謂邀請是指談什麼？只是告知個案下次會談再細談這過程的感受？若個案說不來，則是邀請來面談時再討論結案？

這些話題以疑問形式呈現，意味著這些是需要進一步想的課題，只是何以不能在電話多談呢？這麼做是否中立？是否有違分析的態度？這是依照定義做到底的嗎？

還有其他細節，如要等多久後再打電話呢？是否有私人執業和機構裡的不同？這些是值得討論的課題，雖然在精神分析論文裡不太會是核心課題。我在松德院區「思想起心理治療中心」的多年經驗裡，有不同個案群作為比對，我的主張是在私人執業和機構執行分析治療時，兩者之間分析治療師是可能有不同的態度。首先在私人執業不必然能夠維持太困難的個案群，尤其是個案需要付費，而這是分析治療師生活的基礎，因此對於那些常行動化而缺席的個案群，很難在私人執業的診療室裡持續下去。這涉及了很主觀的決定，例如，在個案缺席後如何處理？在缺席幾次後，分析治療師會打電話向個案了解狀況呢？

這是很主觀的決定，是指就算回到移情和反移情作為

基礎，的確會涉及外在現實課題的影響。在「思想起心理治療中心」，我們是預設處理那些難以維持工作架構，需要更大的容忍和等待後可以好好工作的個案群，通常被歸類在邊緣型或自戀型個案，並以佛洛伊德所提及的，精神分析運用於更廣大群眾或窮人的心理治療，我們以健保的架構作為執行的方式。

詮釋是一種連結

由於機構裡所設定的心理治療目的有所不同，尤其是那些無法在私人執業場所進行心理治療的個案，需要提供高品質的分析治療，而且來自心理治療本身的健保費是很低價的。對於困難維持治療架構的個案群，我們主觀決定採取更大的包容，更長時間的等待個案的缺席。這不是分析治療師偷懶不工作，而是這些困難的個案群需要更多的忍受，才有機會逐漸穩定下來。

這是這些困難個案的精神病理的結果，對於他們來說，很困難信任最親近的家人，也很困難信任分析治療師，就算意識上想接受治療師的幫忙，但潛在的行動上卻是處處難以信任治療師，甚至因為移情的緣故，將早年的創傷經驗傾倒在分析治療師身上，既想求助治療師，同時充滿了不信任和怒意，讓缺席的情況常常出現，尤其是在治療初期。或者分析治療過程裡，遭遇某些早年受苦的記憶和經驗時，更常見個案會突然缺席，雖然在缺席前的該次會談

時，分析治療師覺得會談進行得還不錯。

這些說明還無法詳盡私人執業和在機構裡進行分析治療的差異，只是藉著這些簡短說明，來呈現就算只是一通電話的課題，在整體上是有它的複雜性值得思索。因為重點不在於，是不是要打電話這個二分法的命題，而是這會反映著分析治療師的潛在心思，和個案在行動化裡潛在的心理情結。

當個案再回來分析治療後，個案談論缺席和治療師打電話給他的意義，尤其在前述生活狀態和心理感受上，這通電話最強烈的反應可能是，治療師像個闖入者，也像個努力想要幫助他的人，要將他從茂盛暗黑的森林裡拉出來，走到充滿陽光的沙漠地帶。這會遭遇什麼樣的反抗呢？這個比喻有些兩極化，大部分的個案在不同時候，心理感受上可能不是在兩端點上，而是處在中間的某個位置。但也就是這樣，才讓一通電話不再只是要不要撥打而已，是需要在兩極化中間的某個位置上，推想如果要撥打這通電話前，有哪些想像和推論作為判斷的基礎。

技術方面，我比較不傾向在個案再來時，一開始就直接問個案為什麼前幾次沒有來？這種「為什麼」式的詢問，是可以得到一些答案，但本質上那是意識上的答案。如果想要有機會了解潛在的心理因素，需要讓個案先說他想說的，我們再由個案的談話內容作為基礎，來推敲個案先前缺席的可能緣由。雖然意識上你可能覺得奇怪，怎麼由個案目前所說的故事，來推想先前的缺席呢？不過就潛意識

來說，不必然是這種時間順序，可能前後對調或缺乏這種時間感。而且詮釋的技術並不是問爲什麼，而是由個案所說的材料裡，臆測和推論背後的心理意義。作法上是先聽個案說，再從個案所談的內容連結個案缺席的關聯性。

　　也就是，詮釋是一種連結（linking），是種創造和消化，是分析治療師的工作，但是能達到什麼程度呢？是否談論先前的行動化，如治療師撥打電話的這個舉動，事後談談這些感受後，分析治療就再度回到先前的中立狀態？這麼想可能有些天眞，畢竟分析治療的流程裡動力是千變萬化。是否事後再談論先前的行動化，就是處理了個案缺席時，治療師撥打電話的所有意義，然後就是已經回到了治療的中立？理論上是如此假設，但實質上仍得回到實作裡個案的反應來觀察。

　　後來再談論先前的缺席時，就不再是電話當刻了，那時候的時間已經過去了，事後再討論的方式，是嘗試以語言消化正在進行中的複雜心理感受。有些論者是如此描述，例如，肯柏格（Otto Kernberg）談論處理邊緣型個案的過程，常需要處理診療室外的事件，事後再談論診療室外的行動，是讓治療回到中立的方式。我主張這是一種方式，甚至可能是重要的方式，但是否就是能回到中立？不必然如此，只是因爲說話是精神分析的核心價值，因此事後的討論被當作是重要的事。

　　還有技術課題需要再思索，如何談在診療室外曾有的事件，例如一通電話。通常初學者被告知要和個案談論時，

在下一次會談時，如前所述，可能在一開始會談就直接問
個案何以沒有來？以及對於治療師的電話聯繫有什麼想法？
這種直接問的方式是言語化的過程，只是個案在這種情形
下的回答是意識上的想法。就精神分析取向者來說，工作
的領域是潛意識，也就是，在事後再談時，個案的缺席和
治療師的電話，兩者對個案的潛在意義已經交織一起了。

那麼，這種直接詢問的方式，所得到的答案是有不同
的意義。因為在事後談論時，就此時此地來說，不再只是
單純的那通電話的課題，也不再只是個案先前缺席的理由，
而是兩者的心理意義已經發生相互交織作用了。因此，個
案的答案很難只是其中之一而已。

需要回到當刻會談的脈絡

就算是談論以前的故事，仍是維持在對於此時此地的
觀察和推測。在先前章節裡曾數度談過的，對於精神分析
取向者來說，診療室裡此時此地的移情和反移情，才是重
要的材料。在診療室外所發生過的事，都是屬於以前的故
事了，因此當我們想要了解診療室外事件的潛在意義時，
一般常見的是直接問對方當時是如何想的，只是這個答案
是否就是當時的呢？不必然一定如此，而是可能受到治療
當刻狀態（移情和反移情）因素的影響。

談論行動化時，若以「中立」作為對照，容易被解讀
成是有一個標準答案，而行動化是不該出現的。如果回到
另一個概念，分析治療師在治療裡出現的反移情（counter-

transference），以反移情的概念來事後觀察，分析治療師的行動化是無所不在的，包括沈默和說話，都是行動化的一環。需要回到這個概念，才不會讓我們只以兩極化的對或錯來看待行動化，因此這個命題是：何謂分析治療師的「反移情」是了解個案內心世界的工具呢？

精神分析的概念史裡，「反移情」是了解個案內心世界的工具，這個概念並不是很早就浮現。反移情其實不是和個案的「移情」相反的意思，是一種相對的（counter-）意義而不是相反。我在很久前曾一度翻譯為「反轉移關係」，不過不論中譯「反移情」或「反轉移關係」都有它的不足，因為佛洛伊德原本是將個案的移情定義為，個案未解決的伊底帕斯情結投射到分析師身上，潛意識地將分析師當作生命早年三角情結裡的父母。反移情是指分析師的伊底帕斯情結未完全解決，因而不自覺地吸納了個案的移情，將個案當作三角情結裡的某一方，因此並沒有相反的意義。

移情的主題在精神分析史裡很早就浮現了。例如，早在佛洛伊德於《朵拉》的出版後記裡就承認，他處理朵拉是失敗的，原因之一是他忽略了朵拉對他的移情，尤其是朵拉將報復父母和K先生的對象轉到佛洛伊德。

反移情的概念，在精神分析史的早年，是假設分析師受訓過程曾被個人分析，處理自己的生活經驗，然後對個案可以減少或沒有反移情。起初，很少談論反移情的文章，直到1970年代後，反移情相關的論文才逐漸多了起來。

「佛洛伊德早就說過，臨床工作者若想以自己的潛意識作為個案潛意識的接收器，他必須讓自己的心理狀態達到一個高度，也就是他不能在意識中容忍自己抗拒任何潛意識所覺知到的。……佛洛伊德又說了，個人分析終究是不完整的，即使結案之後持續自我分析，也必須安然接受自我了解的有限與不足。既然沒有人可以完全被淨化，那麼有淨化者這回事嗎？……佛洛伊德有做了一個這樣的結論，臨床工作對於個案的幫助，僅止於他自己的衝突和阻抗所許可的部分。然而知道了這樣的限度就夠了嗎？」（林玉華，推薦序「試讀躺椅上的書」，取自蔡榮裕著，《精神分析能動創傷幾根寒毛？》，頁12，2017，無境文化）

至今仍常見，有人認為分析治療師出現反移情就是錯誤的，其實這是以嚴厲的「超我」看待幾乎難以避免的反移情。目前大家逐漸了解，反移情可能是分析治療師吸納了個案的複雜投射，因此分析治療師的反移情裡隱含著個案不自覺的內心世界。但是反移情是潛意識的，不是分析治療師感覺是什麼就是什麼，例如，不是分析治療師有生氣的感覺，就表示個案是在投射生氣，畢竟生氣是治療師當時意識上的感覺，實務而言是表面的情緒底下，還有其它不自覺的內容需要進一步探索。

結語：

對於診療室外的行動化，我提議在會談時是先讓個案

談他想要談的事，但是分析治療師可能記掛著診療室外的事件，好像違反了比昂所說的「沒有記憶與沒有欲望」，但我談論的是治療實情，而比昂的說法是種理想。讓兩者在這時交會，這是分析治療師的工作。當分析治療師如此想，讓個案目前所談的事和診療室外曾發生的事，透過治療師賦予注意力，並放在心中感受和思索，對精神分析取向者來說，是如何從這種此時此地的經驗裡，等待被消化過的想法和猜測浮現？

分析治療師透過個案描述在診療室外的事件，並依當場的其它跡象假設在此刻此地的意義並做成詮釋，這不是詮釋的內容是對或錯，而是當時某種意義的猜測。因此不是期待個案回應，是或不是，詮釋的目的是讓個案有機會更自由地想像和表達更多其它材料。因此可以說，不是百分百要知道個案在診療室外，發生某事時的想法和潛在意義，而是這些診療室外事件的潛在心理意義，仍是回到診療室此時此刻來探索。

有人可能質疑，怎麼使用後來出現的想法，來說明以前發生的事件意義呢？這種質疑如果是針對意識上的答案，那是成立的，但是如果要在潛意識工作，例如，如何理解小時候的某個經驗呢？我們有可能真正再回到當年的經驗和記憶嗎？這常被當作是可能，但反而是需要被疑問的事。但是事後的想像和感受，卻是讓當年事件能夠有不同意義，而在目前被思考新的可能性，這是人可以改變，也就是有療癒的重要基礎。

　　就算是診療室外的事，仍有可能以此刻正談到的其它事件間，讓兩者產生了流動和交織的意義，有機會在舊事件裡發現新意義。至於，後來覺得的新意義，是否是事件發生當時的意義，就很難完全確定了。

　　這涉及施展分析治療技術時，假設是發生了什麼事而帶來改變，這是由於知道記憶裡當年的真相？或是目前對於當年事件有了不同想法和感受呢？不過這不是以硬塞進想法和感受，例如，不要負向想法，要正向想法就可以完全解決的，需要在內心世界裡對於事件有了消化和重新找出意義的過程。

【2017/06/03課後補記】

　　原本想著是否要將以下的想法嵌進本文，後來決定記錄下來，作為本章在上課說明時帶來的額外收獲。

　　如果將行動化的定義，擴大到分析治療師在診療室內和外的任何舉動，包括做出假設上最符合理論的詮釋都是某種行動化，是否會變成太負面的觀點了？這是不錯的問題。我主張仍保留行動化的概念，這是精神分析取向對於治療師的期待，例如，佛洛伊德提出來的如同鏡子，比昂（Bion）提出來的「沒有記憶和沒有欲望」等等。這是高度理想化的期待，雖然絕對不是容易做到的境界。但是這些概念的存在，才能讓精神分析取向的理想得以維持和持續，重點不在於將治療師的任何作為視為行動化是不妥的，而是如果以嚴屬的超我態度看待行動化的概念才是問題。

　　因為保留行動化的概念，才有機會讓精神分析師和分析治療師思索行動的意義。這是以自我（ego）來觀察和協調自己的行動，但是如果只以嚴屬超我來看行動化，只以分裂（Splitting）機制的兩極化角度來決定對或錯、該或不該做什麼，這樣子好像有在思考「要或不要」什麼，但是只有兩極化的二選一的決定並不是真正的思考，反而會失去了從治療師的任何行動裡，回頭思索其中的心理學意義，以及這種意義和個案的內在心理關聯的機會。

　　在本文是以佛洛伊德的第二地層學（topography），自我、原我和超我的向度，來談論行動化的課題。不過，在上課過程裡回應學員的問題時，讓我再次引進原本沒有想到的角度，例如，以克萊因和後續者潤飾過的投射型認同（projective identification）的說法，治療師和個案的互動過程，除了故事本身和其它意識層次的了解外，我相信治療師和個案之間的互動，仍大部分是潛意識層次相互投射和相互認同的過程。

　　尤其是面對某些常不自覺使用分裂機制的個案，如同佛洛伊德所說，是在行動裡呈現他們的早年記憶，尤其是創傷記憶，這些行動會讓治療師不自覺地被說服。例如，覺得個案很脆弱，因此要謹慎措辭說話，如果治療師因此不自覺地小心起來，就算是符合理論的自我節制的態度，但是治療師需要了解的是，他這時的謹慎是源於個案的行動所投射出來的感受，治療師是接收到了，並且實踐出了謹慎的模樣。

　　也就是，兩人間完成了投射型認同的循環，這種說法是有些簡化了，不過卻也是反映了診療室裡的互動片斷。我這些說明是要呈現，從潛意識的向度來說，治療師會覺得是對的時候，而驅動自己要說些什麼，就是投射型認同達成運作的瞬間。是否治療師覺得這種時候需要說出符合理論技巧？如果這命題是可能的，那麼值得思索的是，這種時候的行動本身是最缺乏思考的行動。雖然在這種時候治療師可能是說著很符合精神分析論述的詮釋，但細看互動的脈絡是可能如前述因投射型認同引來的移情和反移情情況。

　　這些情況若是可能的，那麼保留行動化的概念，我們才會保持著觀察前述的情況，讓我們能夠在這個過程裡保持著觀察和思索，而不是只以超我的角度做著價值判斷，反而錯失了機會了解行動化的潛在意義。這在臨床過程是無時不在，可能會讓初學者覺得很忙亂，無法一一了解。不過針對這現象，我的想法如佛洛伊德在夢處理技術修正時所表示，不必然要針對一個夢花很多次時間來思索，過了就過了，重要的問題不會一次就消失了，會重複出現，讓我們有機會每次處理一點點吧。

第九堂　哥白尼‧達爾文‧佛洛伊德
關於自戀的想像和技藝

前言：

　　「自戀」這個詞被廣泛使用，不同的精神分析者對自戀有不同見解，帶來很不同的處理技藝，這在精神分析史上是相當豐富熱鬧的概念。最簡單的說法是，愛自己和愛別人是相衝突的嗎？精神分析的語言是自體愛（self-love）和客體愛（object-love），兩者是什麼樣的關係呢？或進一步來說，幫自己和幫別人是相衝突的嗎？這些討論在歷史上，構成了不同精神分析學派的現象，不論當事者是否同意有建構學派的意圖，但是這多元現象是存在的。本文除了談論某些重要理論者對於自戀的部分觀點，希望在一般人以自戀作為罵人的語詞外，也呈現精神分析對於自戀的深思，並說明不是以成人式語言作為記憶的自戀，如何成為精神分析實作和理論的焦點？

知識惹來的麻煩

　　有一天，如果你起床時，聽到廣播說地球只是一顆小星星繞著太陽打轉，你會如何聽這句話？這是人話，或是

鬼話？講這句話的人是不是要被火刑呢？或至少要關他好幾天，直到他後悔說了這件奇怪的想法。妖言惑眾會讓我們腳下這顆地球，變得不太穩定，會不會這樣？

其實沒有人知道，但是一個叫做哥白尼的人，偏偏要這麼說，這可是會惹來大禍。也許我們會看輕當時想要哥白尼住嘴的人，但事情這麼單純嗎？這種事何以發生呢？只因為科學知識是否足夠科學的課題嗎？如果只是這麼想，可能太簡化人性了，事情比這點還要複雜些。至少我到現在還是這麼想，如果相信科學知識就足以解決人的很多問題，那麼何以當時有人想要哥白尼閉嘴呢？為什麼他不能說些不一樣的想法呢？

後來大家逐漸接受，地球只是繞著太陽打轉的星球，這麼說好像地球只是小弟圍著大哥身旁，奉承大哥討生活過日子，總是不容易啊。大家不見得喜歡做大哥的小弟啊，也許後來還發生了另一些事，一位搭船在世界各地流浪的漢子，如果流浪就只是流浪，寫些流浪文學，像西班牙那位喜歡向風車宣戰的傢伙，那笑笑有些感觸就好了，偏偏這位叫做達爾文的流浪者，喜歡四處比較動物或植物，是否鳥就是鳥，麻雀就是麻雀？

不同地方的麻雀是有所不同，他在相互比較後說出了不可思議的想法，「人有可能來自猴子」。這可是太大的玩笑吧？這是無法找到直接的科學證據的說法，也許永遠都不可能有直接證據，只能有間接的證據來做推論。達爾文說得太認真了，不願說自己只是開開玩笑。這可是會惹

上大麻煩的事，是不是該把他送到某個地方關起來呢？是
有人認真這麼討論吧？經過曲折的過程，他的推論被接受
了，人們開始展現寬宏大量。但是人們為什麼會相信呢？
這說法不可能有直接證據，是永遠無法親眼看見的說法，
但後來還是被接受了。

　　也許還有人不甘願，不過，不甘願也許轉移到別的地
方了。或者在等待有人會說大話變成一座火山，讓不滿再
度傾洩出來？但我憑什麼如此假設呢？

　　其實我是根據臨床問題和症狀來說，有些個案就算解
決了某些問題，依然會讓周遭的人擔心，說不出口的擔心，
但那擔心是不是詛咒？在不同地方再度进出問題呢？這是
期待，或是詛咒呢？或是對於自己和別人的共通感受，有
些問題外顯上是有所不同，但是只要相處久了，會覺得被
叫做內心深處的那個地方，有雷同之處在作怪。

　　那是什麼呢？有這種地方嗎？有誰知道呢？有誰看得
到呢？就像關於來世或者前生都不可見，但是自稱通靈者
可以看見，人們有不同程度的相信或不相信，但是說到有
鬼，不相信有鬼而硬要別人相信沒有鬼的人，反而變得有
些奇怪，也許他是堅持科學的可見、可聽、可聞。

佛洛伊德對自戀的看法

　　後來，還是來了一位找人麻煩的人，他叫佛洛伊德。
他從精神官能症和其它精神疾病患者的經驗裡，累積出一

個想法，那就是決定人的行爲和感受的，並不是大家期待
的，是意識上經過現實計算後的決定，而是不自覺、不知
道的、說不出口的力量左右著人的主要決定。

　　佛洛伊德是說出了人的常識，或是危言聳聽呢？或兩
者都有？既說出了常識，但他把常識說得太危言聳聽了。
還好的是，除了納粹黨只燒了他的書，沒有把他丟進火堆
裡，他還略帶幽默地說，這已是人類文明的進步了。因爲
在更早以前，做了和他類似事情的人可能是被綁起來火刑
呢。那時候納粹黨人只是燒他的書就滿意了，這是黑色幽
默，他在有力朋友們的協助下逃離，成爲流落英國倫敦的
難民，因爲結果比佛洛伊德所說的更加殘酷。

　　佛洛伊德當時如果沒有創造了精神分析理論和實作，
也許他就不會有名氣到動員不少政治有力人士幫助他逃難。
但是他被納粹黨人燒掉的書僅是象徵式，雖然當時的人性
災難已成歷史上大家戒慎的了，不過佛洛伊德的言論和書
早就流傳到他方了。但是他的說法就被接受了嗎？就算潛
意識和伊底帕斯情結等字眼，已是日常生活裡不可或缺的
說法，總是在某些情況下，人們會用得上這些術語，但是
他在意的還更深刻些，他說他和哥白尼及達爾文三人都遭
遇了類似的人性困局，這是怎麼回事？隔了那麼長年代的
人之間，犯了什麼天條嗎？他說，他們三人都冒犯了人的
自戀，不是來自人以外的天條，而是來自於人自己。

　　佛洛伊德這麼說是什麼意思呢？他只是想開口罵人嗎？
他發展精神分析是爲了要幫助人，讓人看清楚自己，何以

他要說人有自戀呢？由於自戀，讓人們無法接受地球是圍繞太陽打轉的星球，無法接受人是從猴子演化而來，也無法接受人不是依著自己意識的決定過日子，竟有自己不自覺的因子在做決定。他的意思是說，人有一種叫做「自戀」的元素會出來阻擋這種說法。

佛洛伊德在《論自戀：引言》（On Narcissism：An Introduction,1914）裡，想要以文字來說出語言很難抵達的地方，因為有個叫做「自戀」的，會起身反抗著冒犯作為一個人的想法。人從猴子演化而來，久久之後，人們接受了，那麼，被叫做「自戀」的元素就已經不一樣了嗎？

至於人們現在聽到「自戀」這字眼，大都是在罵人。自戀這字眼有自己的歷史和命運，在人世間打轉著。我先談較被注意的精神分析者的說法，讓大家進一步了解其中的複雜性，尤其是當大家意圖要以自己的方式，接觸很難說清楚又感到它存在的領域。

後來，克萊因提出了自戀的觀點，「佛洛伊德以降陸續衍生的精神分析各學派，儘管對於心智世界的理解眾說紛紜，但伊底帕斯情結作為心靈衝突的主要來源，在古典精神分析各學派中，卻仍是個不爭的事實。……克萊因學派的追隨者，比盎（Bion）甚至將之與『學習』以及『知識之獲得』作連結。他認為伊底帕斯好奇與妒忌，使小孩因為想介入父母親的關係，而感到極度焦慮。這焦慮使小孩，由於害怕知道事實真相，而無法尋求真知識。」（林玉華譯者序，《伊底帕斯情結新解——臨床實例》，Roland

Britton etc., The Oedipus Complex Today : Clinical Implications, 1989, Karnac books.，頁4，2003，五南文化）這也是我理解的克萊因的自戀理論核心，偏重破壞和死亡況味的概念，以及衍生出人對於事實真相的害怕。

自戀的多重論點

　　寇哈特也提出了自戀的理論，「Kohut一個非常關鍵的看法是自戀與客體愛（object love）有分開的發展路徑，不消說，自戀是人與生俱來的，但在臨床與訓練的過程中，也許因為利他主義的影響，自戀被放在一個病理性的、原始的位置上，分析師不知不覺地在無意識中要將病人從自戀導向客體愛，殊不知那中間的引誘是自戀的能量錯位了，舉例來說，是助人情結甚或擴大到菩薩情結。倒也不是說利他是錯的，在自戀能量的熟成蛻變（transformations）過程中，得以感受到被愛的客體對自我的助益以及重要性，對自我的需求的認識得以在每個不同的自體客體關係中被知覺到，因此自我的慾望有了被看見的位置，也才能對客體所提供的生出感情與感恩，此時的「利他」方有真誠的基礎。換言之，自戀就是自戀，他的成熟與創意可以是很高峰的（涵蓋光亮與黑暗），從那兒出發去發現一個人的可蛻變性。」（林俐伶的私人通信意見）這對於精神分析是什麼，以及要達成自身設定的目標技術，有值得再深入思索的地方。

關於「自戀」這詞在國際精神分析界裡，所帶來的歧異思索和定義，可參考李俊毅譯，劉佳昌校閱，《佛洛伊德的「論自戀：一篇導論」（Freud's,On Narcissism：An Introduction）》（五南出版，2009）。這本書的出版是以國際精神分析學會爲名，談論當代佛洛伊德的書目之一，由Joseph Sandler, Ethel S. Person, Peter Foangy等合編。編輯者邀請了不同國度的精神分析師談論佛洛伊德的《論自戀：引言》，這是一篇不易解讀的文章，或者可以說有很多不同的解讀，後續者的詮釋呈現了不同學派的部分論點，例如拉丁美洲的觀點，英國克萊因學派，美國自體心理學，美國客體關係等等。

在這些理論描繪後，回到臨床例子來想想這些命題。例如，三個月後，某男個案對於女治療師，漸漸以很隱晦方式表達，他來分析治療是爲了和分析治療師談情說愛。他一直想要約治療師出去散步，甚至想要擁抱治療師。個案只是口頭表達，行動上並不會讓治療師處於擔心的狀態，只覺得個案是要說出想法的成份高一些，雖然不是百分百認爲個案不會這麼做。

後來有一次，個案說在家裡是多麼想念治療師時，他說到一個夢，在夢裡他和治療師在街頭散步，但是突然地，他和治療師都變成了穿著厚重的登山服。

個案的說法裡突然跳過了重要的景象，兩人從散步街頭的休閒服，變成穿上登山服。更衣過程被跳過去了，在談論想擁抱治療師時，卻反而穿上厚重的登山服。何以更

衣過程被跳過了呢？

　　簡略的說法是，這是超我和原我妥協的結果，這個夢讓原我和超我都各自獲得部分滿足，因為它們都有自己的欲望一定要被滿足，也許這是自戀的再現。面對真相的困局，例如換衣服需要脫光現有的，才能再穿上新的衣服，這個裸體的過程，在公園裡如何發生呢？被跳過的鏡頭裡，何以裸體鏡頭被省略掉了？或者夢中有出現，只是個案要說夢時，卻很輕易地跳過了，好像不需要有更衣過程。

　　個案口頭說要抱治療師，就是性的移情嗎？或只是表面現象，還另有其它更難以啓齒的內容呢？但是還有什麼比性還要更困難說的呢，破壞的本能？

　　就現象來看，這是有客體對象的愛戀，在臨床上仍容易被說成個案很自戀，可能是指個案愛戀的對象不喜歡他，只是個案一頭熱的喜愛，但就算是這樣子，個案還是有愛戀的對象啊，例如他的治療師。何以容易被形容為很自戀呢？這是自戀這語詞被使用的多樣化嗎？或另隱含某些道理呢？佛洛伊德提過「原發自戀」（primary narcissism），意味著是有生以來就自然存在的自戀，人自然地將所有的性能量「力比多」（libido），完全投資在自我的原初狀態。這不是後來和現實遭遇後，將原本外放的能量收回來自身才產生的「次發自戀」（second narcissism）。那麼當前述個案被視為很自戀的時候，是指哪一個層次呢？

事後勾勒早年的經驗

　　英國獨立學派的麥克巴林（Michael Balint）從客體關係出發，倒是提出了不同的論點。巴林提出以客體為出發點的原始關係狀態，他稱為「原發愛戀」（primary love）來取代「原發自戀」，也就是主體無法辨識到，最原始客體的存在以及主體對那客體的欲望。理論上，透過診療室裡的移情關係，這些欲望和關係會再現出來。巴林更主張，相對於原發愛戀，其它的各式自戀都是次發的。

　　因此是否如同這案例，雖然對治療師的移情有愛戀的對象，但卻是如同原發愛戀般，應該是說比各式自戀還要更退行的愛戀關係。換另種說法是，個案所愛戀的好像是眼前的對象，卻同時隱含著對最原初客體對象的愛戀，但那是無法被意識到的客體對象，他只意識到眼前的愛戀對象，但這種移情愛戀，分析治療師可能會覺得個案好像另有所愛的對象。

　　針對這個抽象的推論，我們再來看看亞富尤（Jean-Claude Arfouilloux）對於溫尼科特在《崩潰的畏懼（Fear of breakdown, 1975）》裡提到的「原始苦痛」的再現方式，也許有不同的感受和想像。「溫尼考特（Winnicott）講過『原始苦痛』（agonie primitive）的特性，這個詞是指無法思考的焦慮經驗，被防衛組織覆蓋著。然而，無法思考並不表示這種苦惱從未發生。恰恰相反地，倘若幼童所需環境有所不足，就會產生這些焦慮，但它無法被經驗為焦慮或苦痛，因為它未及於我們經驗和記憶的領域。對溫尼考特而言，重要之處在於指出：在移情框架中當下感受的，

對防衛系統崩潰的恐懼，事實上是早在記憶無法留住，也沒有詞語以供了解時，就已有的產物。這恐懼在心靈上遺留下一個宛如禁區（zone morte死亡地帶）的窟窿，而分析在事後（après-coup）勾勒這窟窿的輪廓；這無名焦慮，這種彷彿是害怕一種來自外界的災難，最後會在移情中賦予意義。」（Jean-Claude Arfouilloux，「在成人身上的悲傷兒童」，出自《當影子成形時：兒童分離與憂鬱三論》，林淑芬、黃世明、楊明敏中譯，記憶工程，2007）

我主張溫尼科特的原始苦痛，貼近巴林的原始愛戀的概念，只是兩者從不同角度描述這個相同的心理現象。如果從這主張出發，我們才能更貼近體會和感受，何以這個案所投射的愛情，竟是如此苦澀難以吞下，卻又始終在那裡，如同一直自燃且能量源源不絕的愛戀。這種說法並不是否認個案目前的愛戀，也摻有成人式的愛戀元素。對於眼前具體治療師的愛戀，會變得難以處理和消化並帶來後續問題，是源之於更早期的愛戀和失落的苦痛。

那些是難以找到語言表達，能夠被表達是由於投射早年的再現，於目前成人式愛戀的客體，也許這可以部分說明，何以個案明明說得很清楚，是愛戀眼前的分析治療師，卻被明顯感受為個案很自戀。一般人在感覺對象是這樣時，並不必然會想到這些理論，而傾向以自戀來表示分析治療師並不愛對方，只是個案一廂情願的意思。

自戀概念的出現為分水嶺

　　對於崩潰的畏懼，是診療室裡常出現的情景，這是和人的自戀緊密相連的處境。我先引述一段文章，再談談有些案例想藉手術，改變自己的一生和性別者的困局，並藉此稍談關於態度的技術課題。

　　「綜言之，弗洛依德晚年的主張，替以驅力爲模式的精神分析另闢蹊徑，將精神分析置於客體關係的模式中（object relational matrix），此舉可稱爲典範的轉換（paradigm shift），而這轉換又可以自戀概念的出現爲分水嶺。

　　在正統精神分析與客體關係理論之間，克萊恩可謂是承先啓後。克萊恩將伊底帕斯時期往前挪移、強調攻擊性，改變了正統精神分析中，認爲小女孩和小男孩在閹割焦慮、陰莖嫉羨之前，是相同的傳統看法。她認爲無論是男孩或女孩，在伊底帕斯前期，和母親有著緊密的附著。小男孩嫉妒母親能吸引父親和誕生小弟弟、妹妹的能力，而有子宮嫉羨（womb envy）的情結。對於使他溫飽，有時又不能適時而來的乳房，既愛又恨。在幻想中，他對母親的身體展開了攻擊。」（楊明敏，《克萊恩觀點下的男性特質》，頁121，五南出版，2002）

　　在這種心理假設的情境，我試著來推想，一位小男孩以很複雜的方式，感受到自己的陽具不是他想要的，偏偏這根陽具卻不停地干擾他，這是難以言說或無法說出口的情境。由這些個案的經驗來推想，他們可能在生命很早期的時候就發現，需要對自己的陽具展開攻擊，以後要將陽

具怯除後，他的一生才會有所改變。就深度心理學的假設來說，就算有生物學的基礎，也有他的想像，一如生命早年自我理想（ego ideal）遭遇挫折後，衍生出來以遠大理想來替代，眼前發生卻無法馬上解決的問題。

　　某些想要藉由手術生殖器，來改變一生的個案，臨床上極少談及很小的時候對於自己進行的私密傷害，或只是隱微或象徵式的傷害，然後在想法裡逐漸以符合現實的策略，例如以後要賺錢來施行手術，割除自己的陽具，這是他自己的決定，難以跟別人說的事。包括不可能對父母說，因此有些人就只能埋頭努力工作，所有收入就只有一個目標，存放起來作為未來手術的費用。因此鮮少和其他人互動，為了必須要保守這個秘密。

　　相對於畏懼被閹割，這是更令人畏懼的想像嗎？害怕被閹割時，是否同時存在著以後要主動找人來閹割自己呢？這是一種被閹割的感受嗎？值得回到診療室裡觀察這些現象，要去掉自己的生殖器，這件事絕不能流露出去，是否情緒早就如溫尼科特所說，崩潰而且更難以說出的畏懼，卻又畏懼崩潰的發生呢？

　　這些仍是疑問，這方面的知識依然有限，我談論這些是針對技術上的想像，在傳統以詮釋移情為主要技術的前提下，在其它時間診療室裡發生了什麼事，分析治療師需要做什麼呢？面對這些個案群如此深徹的受苦，只能自己暗暗想像和解決問題，分析治療師面對這些個案時，態度上要如何呢？

　　「分析的態度」能夠代表詮釋移情時的態度，但是執行詮釋之前所做的任何鋪陳，不論是以沈默或說話，是屬於什麼態度呢？以分析的態度能夠說明清楚嗎？雖然在古典精神分析裡，什麼是分析的態度，也是分歧多樣的觀點。

主動的技藝

　　以想要變性的個案為例，當個案手術前和後，以現實的營生為理由，對於是否要持續分析治療提出了疑問。也就在某時刻裡，個案將要工作賺錢的困境指向分析治療，分析治療變成個案要往前努力的妨礙，覺得分析治療影響著他，讓他無法好好有專職工作。因為需要撥時間來分析治療，也許熟悉精神分析的人早就了解，這時仍得以傳統的分析態度來面對個案，但什麼是分析的態度呢？

　　這種投射裡隱含著只是覺得治療師妨礙他嗎？比較法國精神分析師葛林（A. Green）在「死亡母親」裡所描述的個案，小時候原本過得不錯，但是照顧者突然憂鬱而無法照顧個案。葛林提報這案例，如前文曾提過的，是要對古典精神分析技術的態度提出修改，他認為如果個案在心中把分析治療師當作如死掉的母親時，個案也難以從分析治療裡獲益。葛林提議在這種時刻，相較於古典詮釋技術，分析師要有「主動」的態度。

　　葛林在文中略說主動的技藝，這是相對於他心目中的古典分析技術，而提出的主動技術。我相信，不同精神分

析者對於「主動」是什麼意思，要做什麼，或者主動的界限在什麼地方，仍是很有爭議的課題。至今我相信不少精神分析者是觀察到，除了對於移情做詮釋外，在臨床實作時，還有很多其它的事發生在治療師和個案之間。

一如反移情是精神分析者覺得重要的課題，但直到1970年代，才逐漸有愈來愈多論文公開討論反移情的課題。我相信目前的精神分析論述裡，也出現一個有趣的現象，對於核心技術的詮釋移情外，在診療室實作的過程，是否還有更多未被提及，被當作是非核心的技術時刻，並未被仔細公開描述？可能是自我理想化而將那些非核心技術，當作是行動化而貶抑其所隱含的臨床訊息，但其中或許藏著重要卻還被忽略的訊息？

也許克萊因就是未多談她的核心技術外的狀態，她有豐富的描繪針對負面移情做深度詮釋會產生效用的部分。但會有效用是否因為她在詮釋前，做了很多的鋪陳，只是未被當作是核心技術，而被忽略或者只當作是反移情、是需要被修正的地方，未能假設這裡頭隱含著重要的心智機制。這只是我的假設，這命題仍是開放式的。

當前述個案想再度退回自己的世界，也可以說回到自戀的世界裡，因而對於分析治療持續提出了疑問，或者覺得分析治療害他無法正常上下班。其實，這可能是相當深沈的心理——對於崩潰的畏懼，尤其是隨著治療的進行，那些原本難言或者說不出口，甚至至今都還不知是什麼，卻始終影響著他。他難以想像，外在世界如果知道他的秘

密後，到底會如何對待他？他能夠承受這種被他人知道嗎？

　　對於分析治療師來說，我試著在「分析的態度」外，提出一種常用語「邀請的態度」。不是「分析的態度」不好，分析的態度仍是重要的基本參考點，有這參考點才知道後來出現的語彙離基礎有多遠了，但需要再以另一個語詞，來說明如同葛林所說的技術上的修改。我試著提出來的是，分析治療師在診療室裡，也需要持續的邀請態度。在此提出的邀請的態度，和分析的態度是相對互有補充的意味，不是相互排斥變成只能二擇一的困局。

　　相對於分析的態度，治療師採取邀請的態度是一種行動化。我並未將這種作法，當作是理所當然，而是在「分析的金」和「暗示的銅」的概念下，當作是暗示的銅的內容來觀察。一如葛林主張，當分析師被個案當作是死亡母親時，分析師需要改採主動的態度。我再提出邀請的態度，是嘗試呼應這個說法，但仍需要在臨床上有更多的觀察和描繪。

邀請的態度是什麼

　　邀請的態度是什麼？和傳統的分析的態度有何不同？就深度心理學來說，邀請的態度包含什麼內容和態度呢？我的具體比喻是，邀請的態度就像是伸出手，等對方來握手，這是一種主動，但也只是伸著手等待對方回應。這是相對於我假設，分析的態度並非以伸出手的比喻為其重點，

嚴格來說，就算伸出手只是比喻心理的某種動作和態度，也是一種動作化，仍需要想像何以針對某些個案，需要採取伸出手邀請的態度？雖然這個比喻在臨床實作上，如何做，仍有很寬廣的想像和議論空間。

例如，某些想要變性者，在生命早年對於自己的生殖器的異樣感，覺得那是多餘的，所帶來的驚恐和畏懼，我假設是心理上相當巨大的創傷經驗。這是從目前有限經驗所做的推論，可以聽見他們在日常生活上，層層阻隔自己和他人的親密互動。我提出這種邀請的態度的背景，是對於個案的深層畏懼的體會，這不是容易的事，涉及他們的「自我的理想」（ego ideal）的完美期待，預設人生只要處理了生殖器的問題後，就可以過著完全不一樣的日子了。

這種完美期待卻是深埋著被別人知道的恐懼，而建構出層層堡壘，阻隔其他人在堡壘外，卻是意味著日日夜夜，只有他們想排除的器官和他們共處著。如果那多餘的器官，是敵人，反而在自己建構的堡壘裡，必須和敵人日日夜夜相處。這種敵人不會親自出手傷害他，但是只要敵人存在就佐證著，他們的人生就這樣被毀掉了。想像著直到他們能夠解決敵人，但是和敵人日日夜夜相處後，就算敵人被拿掉了，他們有辦法和不是敵人的空位相處嗎？或者敵人的影子仍留在空位上，這才是生命的難題。

尤其在手術留下疤痕後，原始的完美期待反而是不可能了，疤痕的存在，依然顯現著曾經不夠完美，時時刻刻反映著存在的悲慘。如果加上手術的副作用，或者功能可

能不如預期，以及依然無法和周遭人相處，原本預期的人生可以變好卻並不必然發生。

　　這過程是有了自己意志的決定，但是仍無法決定從小時候就存在且持續深刻影響著他，對生活和人際關係的畏懼，對於崩潰的畏懼，以及為了不讓自己崩潰，而建構出來的人生如堡壘式的處境，其他人都只能在堡壘外。就分析治療的技藝來說，如何邀請而不是侵犯？比喻上是如何避免只站在門口對話，以知識硬要說在臥室裡的秘密，以此當作是執行精神分析的標準技術「詮釋」嗎？

結語：

　　如何孤獨地處理對於人的自戀的打擊，那些都是殘酷的，尤其是孤獨地面對這些困局而走出來，或者仍處在這種困局裡，但外顯上可以應付外在世界的需求，可以生活，可以工作，但就是有很微細的孤獨感，使他們和其他人持續有著封閉式堡壘般的距離。

　　除了執行傳統的核心技術，對移情的詮譯，還能做些什麼？這是需要依個案的狀況而思索的課題。這是分析態度能涵蓋的說明？或者需要其它語言，例如「邀請的態度」，更能聚焦在處理高度困難，涉及深層自戀的情況？因為這種自戀是長期和敵人相處在一起的處境，如果他們真的崩潰了，那麼周遭的敵人就成為勝利者了。

　　但是當個案來到診療室開始分析治療後，面對個案呈

現著往前走的困局時，例如個案以要工作爲理由而無法繼續治療時，技術上如何做呢？何以是採取「邀請的態度」，而不是原先古典理論的「分析的態度」呢？我們如何不是將「邀請的態度」當作一定是錯的，但也不是如同其它學派可能視之爲理所當然，這需要更細緻的觀察和描繪，需要和「分析的態度」在臨床實作過程，交替觀察和思索對於個案的影響，因爲最重要的觀察重點是，任何處置的目的之一是個案是否能夠更自由地表達自己。

【2017/06/10課後補記】

在課堂裡和學員討論後，形成了幾個有趣論點，值得先略記下來待其它文章再細論。

首先，分析治療師在形成詮釋的過程，隱含了哪些因子是背景因素？這些因素雖然很少被當作焦點，但它們就不重要嗎？例如，由於個案群的不同，加上文化背景因素，以及有心想發展精神分析理論者要呈現自己的特色時，總是需要強調和他人的不同處。以上因素的總合讓我們在閱讀不同理論者的概念時，常不容易找出他們之間的共同立足點，雖然都是泛稱精神分析的概念。

以「自戀」這個重要語詞來說，在佛洛伊德之後，某些論者對於自戀，特別強調且幾乎是理論的核心，例如英國後克萊因學派的自戀論點，強調它的破壞力，也就是以死亡本能作爲焦點。美國的自體心理學對於自戀的論點，強調它的活力部分，需要的是「同理的共頻」（empathic attunement），較接近從生的本能出發。在技術上，克萊因學派者強調對於移情的詮釋，尤其是針對負面移情；自體心理學相對不是那麼強調詮釋。

對於自戀這語詞所帶來的重大差異，如何讓學習者有個基礎平台，來溝通兩者間的差異。例如，回到佛洛伊德在《有止盡和無止盡的分析》裡描述的，生命的璀璨是由於生的本能和死的本能相互交纏，因此我們作為精神分析取向的後進，如何在這種交織裡，讓自戀的不同論點有可以溝通的概念平台作為基礎，這是值得再細思的課題。

另一個課堂上論及的重要課題。分析治療師在診療室裡形成某個詮釋時，如果以自我是奴僕，而超我、原我和外在現實都是主人，而且這三位主人都嚴屬要求自己的欲望要被滿足。自我大都是屬於潛意識層面的運作，是以「享樂原則」作為服侍這三位主人的潛在原則，並不是以「現實原則」作為服務的依據。

這個現象跟本章主題有關的部分是，回顧當年克萊因學派對於溫尼科特的某些負面評論，尤其是溫尼科特對於外在現實環境的描繪和注重，某種程度被當作背離了精神分析對內在心理世界的焦點。不過一如克萊因當初在和安娜佛洛伊德的論戰裡，要把自己的概念和技藝放進佛洛伊德的論點裡，尤其是針對死亡本能的傳承。再進一步思索佛洛伊德提及的，自我的三位主人裡，外在現實也是深刻影響自我的角色。如果缺乏從精神分析經驗描繪和了解外在現實，等於是放棄了進一步認識三位主人之一的機會，

對臨床和後設心理學都是重大的缺憾和不足。細想我們在形成某個詮釋的過程裡，是不可能放棄思考和判斷外在現實的影響。

至於涉及潛在的文化、美學和倫理學等因子，也許都可以被歸類在外在現實的條件裡。最簡單的說法是，不同國度的精神分析，對於移情詮釋的說法為何有不小的差異呢？除了精神分析的不同學派取向外，不同國度的文化、社會、藝術、宗教等外在環境因子的影響，是否比我們已知或願意知道的還有更大影響？只是這些影響因子以隱微方式散居在過程裡，影響著某個時候形成某個詮釋的背後因子。

這篇補記的概念將被納進我的下一本，關於分析治療的初談和評估的書，如果詮釋移情仍是精神分析的主要技術，那麼當我們和個案初談時，這些背後因子的多方考量是值得參考的重點。

例如，某個案談論道教廟宇的經驗，以及另一位個案談著基督教的想法，如果內容都是帶有對於分析治療師未能即時幫上他的忙，而另求其它方式的協助，但是描述時是圍繞著宗教的課題，並未直接表達對於分析治療師的不滿意，只說對於其他人的協助覺得很有感受。那麼，我們在形成詮釋，關於個案隱含對於分析治療師的不滿意時，我們的話語措詞和態度上，除了精神分析相關的語言外，是否不同宗教的內容也會影響著詮釋的說法？也就是，是否要刻意不帶著宗教或美學的語詞呢？雖然並非要變成討

論宗教，或者如同在宗教場合裡的說法。

　　基於各地的差異，我是主張這種差異是不能視而不見的。2017年5月4日-6日國際精神分析學會主辦，臺灣精神分析學會承辦，在台北晶華酒店舉行的亞太區學術研討會的歡迎餐會時，國際學會理事長提及，在精神分析發展的早期，精神分析的確深深影響各國在文化藝術的發展，但是隨著精神分析愈來愈擴展，可以看見的是，精神分析和不同國度的文化有交流，使得精神分析也受不同文化的影響。

　　不過，這不是說要放棄以精神分析來看外在環境因子，改以各種文化因子來說明深度心理學。我們需要觀察和思索這些外在環境因素的影響，因爲在不同國度間精神分析的樣貌有所不同，這已是可見的事實了。正視這種現實並實質上觀察和思索，文化和精神分析之間如何交流，我相信也是讓精神分析能夠在地化，並且有新的可能性的重要原因。

第十堂　三位精神分析師主張的技藝
從歷史裡修改影子

前言：

　　在精神分析界的眾聲喧嘩裡，比昂(Bion)、溫尼科特(Winnicott)、葛林(A. Green)對於精神分析理論都有重要的貢獻，我在其它章節常提到他們的想法。本文再次說明「精神分析」和「分析治療（精神分析取向心理治療）」的區分，並以這三位精神分析師的觀點思索運用的場域。

　　他們的想法仍持續發揮著重要影響力，不過我無意採取全面回顧式的方式，而是針對他們的某篇重要文章著手。他們的重要文章當然不可能只有一篇，另外，其它精神分析論點並非就不重要。例如自體心理學的寇哈特（Kohut），在台灣有張凱理、林明雄、許豪沖、劉慧卿、劉時寧等全力發展和書寫文字，是值得後續觀察影響力的論點。

　　以比昂、溫尼科特和葛林三位作為專章，是想呈現他們對於精神分析技術所帶來的後續影響。比昂在克萊因（Klein）對負向移情的詮釋為主軸的技術上，加進了其它的思考，雖然只是「思考的理論」卻也間接地修改了前者的技術。溫尼科特作為小兒科醫師起家的精神分析師，雖然後來漢娜西格（H. Segal）稍帶嘲弄的說法，表示溫尼科

特只想做好媽媽，而不會詮釋。不過在面對個案群的不同，尤其是邊緣型或自戀型個案，古典式的只是詮釋分析，並不必然是有效的主張，甚至可能在某些個案的初期帶來反效果。

我主張「精神分析取向心理治療」和精神分析相同，仍是以詮釋為主要技藝，這是高度文明的語言工具，如本書的其它章節所談論，包括佛洛伊德的「分析的金」和「暗示的銅」的主張，都表示精神分析的技術，除了詮釋，還有其它的要一起思索。甚至如葛林的經驗，他不斷思索著類似的臨床困局，他在「死亡母親」這篇重要且影響深遠的文章，舉個案為例談論的主題，也是精神分析技術除了詮釋外，需要思考增修的課題。

精神分析和分析治療的差異

精神分析的經驗運用於分析治療（精神分析取向心理治療）時，就涉及了分析治療師（精神分析取向心理治療師）如何回應由精神分析師的臨床經驗，所建構出來的經驗知識體系？要採取什麼態度來互動？

延續前面章節的論點，進一步建構一個工作模式，說明前述的問題。例如，人為的界定精神分析和分析治療的差異；如果精神分析是指，以分析個案的潛意識動機和意義為核心價值，也就是以詮釋為主要技術，而且是長期每

週多次躺椅型式的分析，可能是無止盡地探索，讓被分析成為生活的一部分。這是佛洛伊德以降形成後設心理學的經驗基礎，可說是文明的重要資產，也是分析治療的重要參考點。

由於精神分析的形式，自然會限制了個案群，這也是佛洛伊德在「精神分析取向治療的進展路徑」（Lines of advance in psycho-analytic therapy, 1919），提及要運用精神分析於更廣大個案群的用意。他提出了「分析的金」和「暗示的銅」的模式，但是他並未再在這篇文章裡細談相關想法，讓我們有更大想像的空間來談論，精神分析運用於分析治療時值得思索的內容。

我們以精神分析和分析治療的共同經驗為基礎，並依這些臨床實作經驗來界定，分析治療是有設定某些目標：面對面的型式（不排除躺椅式）、每週的治療頻率是一至三次（這只是目前的實作經驗而不是規定）。尤其是在機構裡處理的困難個案群，是一般常說的自戀型或邊緣型個案，很難維持和他人的互動架構。雖然這些個案也常見於個人精神分析工作室，如果我們以個案維持治療結構的困難度作為觀察點，也會區分出有相同診斷但還是很不同的個案群。

對於分析治療來說，回到佛洛伊德在「精神分析取向治療的進展路徑」裡所說明的，就算為了擴展個案群的運用，將暗示拉進治療結構裡，他提議仍要以精神分析為基礎。值得以臨床個案為主，來思索佛洛伊德的想法如何落

實到分析治療裡，如果精神分析的技術是指，以詮釋個案
移情的內在動機和意義為主，也就是，佛洛伊德所說的，
儘管分析，不必替個案總結綜合。

分析治療的核心價值

　　相對於精神分析，在分析治療裡，個案可能會期待要
有目標，要有建議，只是既然是分析治療，而不是其它形
式的心理治療，自然不會是如認知治療或問題解決導向，
以個案說出來的問題為唯一核心，而是會採用精神分析的
基礎，來想像這些問題和目標。可以這麼說，設定分析治
療的目標是一個過程，當我們說這個過程仍以精神分析為
基礎是指什麼呢？

　　我的想法是，仍回到思索被說出來的問題的潛在意義，
雖然不見得很快做出詮釋，但是分析治療師的內心運作模
式，仍思索著內在意義，不是一下子就以為我們了解個案，
就馬上要給個案答案和建議了。在這個過程裡，建構出一
個具體目標，而這個具體目標可能隨著分析治療的進行而
有所改變，甚至個案後來可能覺得，不需要那些暫時的目
標，而想要廣泛地探索自身的狀況，變得跟精神分析的過
程有些類似。

　　這是從精神分析和分析治療，不同的處理模式下的思
考，但是臨床上需要回到個案的狀態才是核心所在，精神
分析和分析治療是為了人而存在，兩者的區隔是為了要了

解自身的強處和不足的地方。只是就精神分析史來說，什麼個案才適合精神分析，也是不斷變動中的對象，精神分析和分析治療能夠保持著活絡，而不是現在就定型化了。

不然，佛洛伊德當年也不必提出，精神分析運用至更廣大群眾的課題了。是否需要治療？目標是什麼？目標如何形成？都得回到個案的精神病理學為基礎，只是如何達成並確立某個目標，是個思索的過程。依我的主張，就在和個案一起合作的思索過程裡，讓分析治療更接近精神分析的態度和技術，而不是過於假設已經清楚問題的緣由，而很快做出目標的決定，若這麼做，是比較接近暗示或認知治療的模式。

關於分析治療的模式，如果以線軸來比喻，一端是「分析的金」，只管分析詮釋不管整合個案的問題。另一端是「暗示的銅」，以暗示和建議作為處理的方式。至於在分析治療的過程裡，某個時刻會在這條線軸的哪個地方，其實是需要依個案的精神病理，以及當時移情和反移情的脈絡來採取位置。我主張分析治療的經驗累積，就是在這些猜測和做判斷的過程裡累積經驗，這些經驗和精神分析的經驗略有所不同，這種不同不是何種比較厲害，而是兩種有重疊但又有所不同的模式相依相成。

不過，在督導分析治療的經驗裡，常遇見的現象是，治療師會覺得自己的作為，常違背精神分析的原則，例如中立原則，或如鏡子般的狀態，或如比昂所說的「沒有記憶和沒有欲望」的境界，因而覺得自己所做的分析治療是

有問題的，或者覺得是低下的，這常是認同個案投射出來的破壞而產生的感受。這涉及了「分析的金」的模式裡，精神分析的經驗是參考點，或被當作是法定的硬規則？雖然大家都知道參考點就只是參考點。

　　但不可否認的，在分析治療的過程裡，「暗示的銅」想要做點什麼以及「分析的金」要多想一想，但是要想多少才是多想呢？一如比昂有一書名叫做「想二次」（Second Thought），但是我們的用語是「三思」的意思。在要多想的過程裡，總是隨時隱含著挫折和潛在不滿，例如，個案和分析治療師可能會浮現一些想法，到底要等多久，想多少，才是實踐「分析的金」呢？也就是，張力是時時刻刻存在的，這不是對或不對，而是要實踐分析治療的過程裡值得觀察和細論的課題。

一面鏡子的說法

　　精神分析者如同鏡子，畢竟，仍不是銅或玻璃的鏡子，不然，個案只要在家裡看著鏡子說話就好了啊？

　　也許可以這麼說，佛洛伊德和後續的追隨者並不是完全如鏡子般，沒有說話、沒有反應、沒有咳嗽、或者不小心挪動坐姿讓椅子弄出吵雜聲等，一面鏡子不會做這些事。那麼問題就來了，佛洛伊德描述精神分析師的某種狀態或境界，引用鏡子的比喻，是找精神分析師（psychoanalyst）的麻煩嗎？也讓後來的分析治療師（psychoanalytic psychotherapist ）更陷在難題裡。類似的比喻是「心如明鏡」，不過，精神分析師和分析治療師的存在，並不是全然為了可以做公正的判決，精神分析取向不需要做什麼判決，而是某種反映的方式，期待技藝能夠如實反映個案的潛意識狀態。

他在世的時候，討論個案時，精神分析師是否有背離鏡子模式？例如強調要主動技術的費倫齊（Ferenczi），也許還有佛洛伊德做最後定奪者，仲裁出什麼是不屬於鏡子模式？但是佛洛伊德在世時，是否就累積足夠的案例，能夠讓追隨者有一致的了解，來判別在診療室裡做什麼或不做什麼，是符合鏡子模式嗎？

依後來的發展來看，不是那麼樂觀，不是那麼容易有共識。畢竟，當時追隨他的人也有他們自己的主張，而後世追隨者也仍然無百分百的共識，因此有不同的詮釋和觀點，這是精神分析一開始發展就會帶來的問題，要使用文字和比喻描述難以言明的領域，必然會遭遇的處境，或者關於鏡子模式就算有共識，後來發現需要新的比喻來說明相同現象。後世的追隨者並不必然滿意目前已有的比喻，仍不斷地想要有不同比喻來描述類似現象，以不同比喻來強調更需要注意的內容。

後來有些心理學家發展出鏡映（mirroring）模式，來說明嬰兒和母親間的相互影響。那麼，比昂何必再另創新詞：「沒有記憶和沒有欲望」，讓當代人困惑到底他在說什麼？這是精神分析師做得到的境界嗎？我的假設是，如

同有人說精神分析是不可能的任務，比昂所提出的理想模式，也是某種不可能的任務，但是讓精神分析更有前瞻和未來的想像？對於精神分析運用於分析治療會是如何呢？這些想像是站在歷史的基礎上，探索比昂的論述「沒有欲望和沒有記憶」，需要從佛洛伊德的鏡子說談起的緣故。

從現實的侷限開始工作

　　當我們覺得個案說的故事很零散，讓我們難以了解，甚至覺得那些故事片片斷斷，不知道他們要說的是什麼，這種時候，總是讓我們很不安，甚至有些焦躁，好像我們和個案一起浪費著寶貴的時間，怎麼可以這樣浪費生命時光呢？

　　這種感覺的浮現，通常是自己另有期待，要聽到的故事可以讓聽的人了解某些問題發生的緣由。分析治療師有可能不自覺期待個案，已經對自己的問題有了歸因，然後可以從說出來的生命故事裡，找出導致問題的前因。

　　如果分析治療師如此期待而不自覺，就是將聽故事的方式也完全交由個案決定，不過，雖然最後總得尊重個案的決定，這種方式卻忽略了一個現象，任何人對於自己問題的歸因常是有侷限的，可能對於真正的起源視而不見，也就是，如比昂所說的「去連結」（de-linking），讓真正問題的起源和後來問題之間是分離的，無法被聯想在一起，卻反而將不是最直接相關的起源，跟目前的問題連結在一

起，構成錯誤的連結（false linking），影響著個案說故事的方式。

依比昂的說法，對於不同事件之間和不同情感之間，所出現的攻擊現象而無法有所連結（attack on linking），可能是來自於生命早期的經驗，對於死亡有種難以命名的驚恐（nameless terror），由於這些潛在驚恐的存在，讓原本可能有關聯的故事之間，被去掉了關聯性。這是後設心理學的假設，在臨床上，不是很容易經驗到這種說法。我的說明只是試著表示，是否聽得懂個案故事的內在課題，是有不同層次的深遠關係。

如果開始分析治療的工作，就期待以聽得懂個案的故事作為出發，可能一開始就讓自己陷在個案原本的困境裡。進一步推想，其實個案對於分析治療師的「移情」本身，就是一種錯誤的連結，理論上是誤將以前的客體經驗移置在分析治療師身上，這些誤置是潛意識運作的結果。

不是從聽懂的故事開始工作，因為容易變成只是建議和暗示傾向，以為主要工作是藉由了解故事而提出建議，介入個案在診療室外的生活事件。但是如佛洛伊德所說，現實的侷限就是精神分析開始工作的地方，這也適用於分析治療的工作策略，包括我們聽個案說著片片段段的故事，如同人類學家在考古現場發現的殘片，是他們工作的起點。以分析治療來說，這些故事的殘片，如同零零散散的島狀記憶，就是開始探索潛意識的起點。

眾多的「我」在說話裡眾聲喧嘩

　　一個人覺得「沒有自己」，是多重意義的，有時候可用在大公無私，也可能變成接受別人的意見，就是自己不見了的「沒有自己」。都是「自己」，何以差別如此不同？我們是在談相同的那個「自己（我）」嗎？或者什麼是自己？是多重的？有很多自己都是自己？有些是別人眼中覺得是我們的那個自己，我們卻覺得那不是自己，這涉及我們對於是「自己」的那個「我」，可能有多重的感受和想像，而且是超乎意識所認定的那個「我」。

　　那麼，作為精神分析取向者，「要不要有自己」，這個命題成立嗎？

　　回到佛洛伊德，他提出精神分析師要節制，尤其是節制想要治癒個案的欲望，假設無法做到，這會成為了解個案的迷障。前述的常見現象可以部分說明，何以精神分析師未能節制想要治癒個案的欲望，反而可能帶來更多誤解。至於分析治療師的態度，是否也要符合這個對於精神分析師而言的重要概念呢？我主張仍是依循這個原則為先。

　　如何在技術上，「擱置」想幫助別人的欲望，並不是「否認」自己有這種欲望，雖然如何保持「注意力」，卻又沒有治癒個案的欲望，這是項難題。因為隨著注意力所在的地方，就意味著有治療師沒有說出來的詮釋。作為精神分析師和分析治療師是還需要培養能力，在注意力所在的無言詮釋裡，經由臨床重複的觀察和想像，逐漸形成語

言作為溝通的工具。這是詮釋被說出來前的形成過程。

巧妙地，這涉及人們說話時，「說話」這件事如同比昂在《注意力和詮釋（Attention and Interpretation, 1970）》裡，探索說話時所提及：「常常被忘記的是，如此核心的技能，說話的才能，更是藉著掩飾和謊言，被用來達成遮掩的目的，而不是達成闡明或溝通思想的目的。（It is too often forgotten that the gift of speech, so centrally employed, has been elaborated as much for the purpose of concealing thought by dissimulation and lying as for the purpose of elucidating or communicating thought.）」

想要維持如同鏡子般的想像，作為精神分析者的態度和技術，由於這些現實的存在，讓精神分析者仍然會遭遇難題，除了遮掩和謊言，因為眾多的「我」在說話的眾聲喧嘩，精神分析師或分析治療師要聽見什麼呢？依據溫尼科特的說法，沒有嬰兒這件事，只有嬰兒和母親，也許我們可以推衍，沒有故事這件事，有的是故事和移情。

「整合自己」是什麼意思

先前的文章提及佛洛伊德和比昂對word representations和thing representations的論述，我試著先從這兩個術語談論，當我們期待可以「整合自己」的內在世界，這是指什麼？「整合」這兩個字的中文是什麼？仍有爭議，我就暫先保留，有人將representation譯為「再現」，是指有原始不可捉摸的內容存在他方，而話語和文字只能試著再現它們，這

當然也包括「自己」這個語詞。

　　一般心理學的「自己」是什麼？深度心理學裡的「自己」是什麼？是相同的「自己」或者各有不同的定義？理論的通用定義和每個人的私密定義，也可能有所不同，因此所謂整合，是什麼被整合呢？

　　如果要繼續討論，需要有理論作為基礎。比昂於1975年巴西的某場個案討論會，提及他不認同以下說法：胖子身體內，有位瘦子想要走出來；每位慮病症者體內，有一位醫師來解救他們；或者，每一位精神官能症者體內，有一位精神分析師來讓他們得以自由等比喻。這些比喻是某種word representations，也就是以語言和文字來呈現，某種難以具體捉摸的東西。例如「聰明的人」，這四個字指的是什麼呢？

　　這些都跟我們想要說的「自己」有關的比喻，不過既然是比喻，當然就不是指所謂的「本尊」。也許「本尊」的說詞，有些接近thing representations的意思，因為實質上「本尊」是什麼，或者說「自己」是什麼，如果是指我們不自覺的那個「自己」，或說是潛意識裡的「自己」，這是thing representations所要說明的，無法被直接觸及的內容，而人們試著以語言來說明它。

　　也就是說，那些自己，可能不是胖子，也不是瘦子；不是醫師，也不是慮病症者；不是精神官能症者，也不是精神分析師。因為這些是比喻，都顯得過於具體，雖然是有助於我們了解某些事，卻可能反而變成妨礙我們了解那

些模糊且不被自覺的內容的比喻。

這個說法可以用來思考,當我們說有位「內在小孩」住在內心裡的意義……

「整合自己」的其它想法?

佛洛伊德也提到thing itself,這是類似我們所說「本尊」的意思吧,假設人有某種最原始最起初的東西,叫做「人性」,我們無法直接觸及它們,但我們在經驗和感受上相信它們是存在的。

概念上,接近比昂所說的beta元素(beta element),是指因為分裂機制(splitting)的作用,結果讓某些生命早期受苦的經驗,無法成為被思考和消化的原始材料。

依比昂的理論,這些beta元素要經過alpha功能(alpha function)的催熟作用,變成alpha元素後,才能成為夢的材料,並經由事後的分析才得以變成被思考和消化的素材。

thing-itself是類似哲學家康德說的物自身(thing-in-itself),這個只能被以象徵方式來表達的存在,但是語言只能作為象徵物,無法等於原本的物自身;一如潛意識無法直接被觸及,因此談論潛意識時,依據佛洛伊德和後續者的觀察,個案在臨床上所出現的某些矛盾的存在是並存的。只是如何描述這種並存狀態,例如比喻胖子身體內,有位瘦子想要走出來;每位慮病症者體內,有一位醫師來解救他們;或者,每一位精神官能症者體內,有一位精神

分析師來讓他們得以自由等比喻。這些比喻是要說明潛意識裡的多元並存，總有某些是當事者不想要的自己，而不自覺地以各種方式，想要排除掉它們。

要排除某些和自己有關聯的特質時，所謂「整合自己」是可能的嗎？如果當事者處在困境裡，又覺得無法「整合自己」時，那些特質會變得怎麼樣呢？

例如，假設愛和恨可以整合，這是指什麼？會是什麼樣貌呢？人們是常有「整合」的想法和感受，可能是嬰孩的早年經驗裡，曾有了某種被「整合」的經驗，或者是一種期待，很原始的期待，才會讓這個其實很模糊的「整合」概念，變得如此具體，成為目前被接受的流行字眼，到底，大家接受的是什麼呢？

難道精神分析者無視那些不好的欲望？

延續前文，什麼是整合自己呢？

相對於一群人無法相互合作，如果有人能將這群人整合起來做些事，這裡所指的「整合」，要了解它的意思並不是太難。但是如果談的是一個人有問題時，需要「整合自己」，這是什麼意思？或者「整合」是相對於分裂，但一般所說的「分裂」指的是什麼呢？常聽到批評別人時，例如，責怪某政治人物「精神分裂」，這種說詞大家可以分得出，不是指精神科醫師診斷的精神分裂症，而是帶有嘲諷意味的批評。

　　這種批評是指出有人前後不一，判若兩人，批評者隱含著期待對方是一致的，或期待對方能維持著批評者希望的某種樣子，並非要對方前後整合之意，是要對方只依循某種作法，也就是要踢走某一部分，不受歡迎的部分，而不是要對方同時擁有不同的意見和想法，因此這種說法下的分裂，所期待的解決方案並不是整合。

　　不過，對潛意識來說，就是各種因子都並存，是意識上期待有整合。為什麼不是將不好的欲望和想法，踢出潛意識領域呢？反而談的是整合呢？為什麼不是將不好的欲望趕走，反而要讓它們留下來，跟其它好的欲望相互整合呢？

　　坦白說，相對於那些起源於匱乏的問題外，精神分析針對個案潛意識世界的矛盾和衝突，的確是可能以「整合」作為部分方向。難道分析治療師無視那些不好的欲望，硬要留住那些不好的欲望嗎？怎麼回事呢？還說那是整合成「自己」。簡單的疑惑是，為什麼不將好的留下來，變成好的自己，這樣不是比較好嗎？如果能夠潛意識裡都是好的欲望和想像，人的世界不是更光明嗎？

　　精神分析談論的整合好和壞的欲望和想像，有什麼深意嗎？是否大家願意替精神分析這麼想，而不是覺得精神分析是黑白好壞不分，太鄉愿了，竟然硬要好和壞進行整合？我先引述溫尼科特對於真我和假我的概念，作為思索前述這些疑問的背景。

關切他人的能力的發展，源於完整的客體狀態時期？

　　溫尼科特談「關切的能力」時表示，通常運用母嬰關係，作為描述關切他人能力的起源。這是指「嬰孩」已經是一個已建構成形的單位（established unit），或者嬰兒感覺母親或母親形象（mother-figure）是一位完整的人。這種發展是屬於兩人關係（two-body relationship）的時期。

　　溫尼科特認為嬰孩和兒童的發展成熟過程，涉及心理學、解剖學及生理學的發展。就情緒發展來說，如果要讓成熟的潛力得以具體化，很明確地也需要某些外界情境。也就是說，情緒的發展依賴恰恰好的環境（good-enough environment）。溫尼科特根據他的研究，在生命發展的早期，如果缺乏恰恰好的撫育（good-enough mothering），嬰孩情緒發展的成熟就無法發生。

　　溫尼科特對於兩人關係的論述，意味著他的客體關係論述是以兩人關係為軸，他假設能夠關切他人的能力是起源於兩人關係。這裡所談的母嬰關係，是指心理學上，嬰孩已經發展到將自己和母親當作是獨立個體了。不過，對溫尼科特來說，他強調的是沒有嬰兒這件事，有的是嬰兒和母親，這是心理上共同一體感的存在。相對於克萊因強調部分客體，如乳房和陰莖的影響，而不是完整的客體，如心理學上的父或母獨立的個體。這也是溫尼科特建構的後設心理學，和克萊因有所不同的地方。

　　也許有論者會質疑，是否在心理學發展的過程，這種

共同一體感可能只是很短暫的時間？但是人要做自己的動力，一如開花，因此人我之分很快就出現。不過，就算如此，仍是值得關注和想像，並加以文字建構的領域。這個乍看好像是自戀，還沒有人我之分的時刻，不曾從人的心理上完全消失。

另外，當年克萊因學派有很大影響力的時候，溫尼科特強調環境因素，或者把母親當作環境因素來看待，是相對於克萊因的理論強調嬰兒的潛意識幻想，作為精神分析的主要論述。當溫尼科特強調恰恰好的環境因素時，自然是很有針對性，也是爭議的課題。

對於精神分析後設心理學的發展，這的確是很有爭議的課題。內在世界和外在世界的二分現象，是否精神分析理論只著重嬰兒內在心理世界的幻想，是嬰兒主動地投射他們的本能於外在世界？回頭來看溫尼科特的論點，在其它國家的精神分析者運用時，仍是很精神分析式的工作，如法國精神分析師A. Green等就常引用溫尼科特的論點，分析人的內在世界和移情。不可否認，溫尼科特著重外在環境的說法，在當年甚至被懷疑是否是精神分析？

在目前，是比較少這麼提問和質疑了，由於精神分析運用和消化，這些內在和外在環境對立的論述，相對地不再如當初那麼二分激烈，尤其是現實上，溫尼科特的一些文章，在全球精神分析界被引用的比例和次數是相當高的。

莫忘初心就是找到真我。

　　關於溫尼科特的「假我」和「真我」的概念。

　　社會上流行不少語詞，描述人們期待「做真正的自己」、「回到初心」、「莫忘初心」、「找到最原初的自己」或者佛禪宗所提問的課題，在有個自己之前的那個自己是誰？這些語詞都有各自的發展脈絡，雖然一般使用時可能任意取用，不必然是原來語詞的發展脈絡。不過，就日常語言來說，這並非使用對了或錯了的命題，雖然這些使用語詞的方式，由於被去脈絡化，不再完全等同於原來的意義了。

　　如果從精神分析的事後（après-coup）的概念來觀察，反而有機會了解這些流行語詞，通常也有個別化的使用脈絡，尤其是每個人可能都是使用著自己的定義。是否個別性的課題，才是走向「做自己」的方向呢？這想法和推論有些簡略，不過先大致如此呈現。

　　我要進一步表達的是，隨著情境的改變，我們發現某人變得跟以前不一樣，我們說對方是換了位置就換了腦袋，果真如此嗎？改變後所獲得的欲望，是後來才出現的嗎？我不是說這一定是意識上的偽裝，假設有內在的一致性，只是隨著情境會有不同的展現，這是另一種說法。

　　以「假我」和「真我」的角度來想像，什麼才是真我呢？後來流露的是他最真實的自己，或者說人都是在假我裡長大，內心的欲望跟外在世界處於永恆的矛盾和衝突，為了生存下去就一定會出現假我，讓內心欲望和外在現實處於某種平衡，讓日子可以過下去。這是我對於溫尼科特

的「假我」的解讀。

　　不是責備「假我」是假的，所以要剔除它，要找出個「真我」，也不是說，就是要維持在原來狀態的意思，是要指出來所謂要「做自己」，那個「自己」是什麼？並不是一般想像的，有一個最理想的自己在某處等待著，我們去把它找出來，然後我們就宣稱那是我們的「真我」。

恰恰好是多好？

　　溫尼科特認為「真我」是源於嬰孩自身的肌肉運動、心跳、呼吸等，讓嬰孩有一種活著的感覺（alive），並以這種感覺架構起真實感。

　　當嬰孩開始要適應外在環境，包括父母的期望和要求時，就會逐漸發展出，不是只依自身活下去的感受而已，還會出現其它現象，這個過程建構出了「假我」。

　　其他論者可能有不同定義，如果依溫尼科特的定義來看，人是不可能沒有「假我」在發展過程被建構出來。畢竟，嬰孩不可能只依自己的方式活下去，但是如果不自覺這種「假我」的存在，即難以了解何以人在某些狀態下覺得空空的，好像不是自己在做決定的感受。這是相當常見的臨床現象，讓人們浮現要「做自己」的感覺。

　　一層一層剖析會發現，如果完全只依自己的感受而活下去，意味著完全不受父母期待的影響。若是這樣，外顯現象可能被當作是相當自戀的人，那麼，難道那種深沈的

自戀就是「真我」嗎？溫尼科特的意見並非如此，他預約
了讓父母承擔一場不容易的任務，父母是「恰恰好（good
enough）」，不是要求完美的好，是不多也不少的好。能
夠恰恰好地回應和共鳴嬰孩的需求，妙的是也聽過英國之
外的其它歐洲精神分析師，帶著玩笑的方式說，不過這種
「恰恰好」也是溫尼科特英國式的「好」，還是回到「好」
所代表的生活內容和感受。到底這是怎樣的「好」呢？有
社會民情因子的影響吧？也就是說，不多也不少的好，也
可能被嚴厲地變成一種期待的好。

　　回到臨床經驗來看，何以溫尼科特要提出「真我」和
「假我」的概念呢？是因為臨床上，某些小孩活著但處於
空虛、死寂的狀態，那種沒有說出來也無法說出來的話，
也許是覺得一直不是做自己，而是做別人，依別人的期待
過日子，帶來空洞的感受，因為自己的心跳和呼吸、原始
存在的真實感都不見了，好像心跳和呼吸都是為了別人而
活。

　　不過，提出「恰恰好」的概念，是要避開過於嚴厲的
超我所帶來的完美要求，這仍出現在我們常聽到的，有人
說要「做自己」時的嚴厲性，而不是很自然地做自己，但
是什麼是自然地做自己呢？有種嚴厲性是間接地出現在，
要把受別人影響的部分都踢出門，因為那不是做自己裡的
自己，反而可能是在「錯覺」（illusion）上搭建另一種真
我。

如果分析治療，是建立在錯覺的基礎上

　　溫尼科特依觀察後提出的假設：嬰孩在發展的過程裡，為了要有活下去的存在感，除了自身的肌肉運動、心跳和呼吸等等感受外，也需要有重要客體「恰恰好」回應嬰孩的需求。依他的論點，嬰孩發展過程的第一道程序是，嬰孩在心理上是需要一種未分化的一體感（Undifferentiated unity），也就是嬰孩需要一種錯覺（illusion），覺得和母親一直有同體的連結，不是被分開的。當母親能夠恰恰好地回應嬰孩的需求時，嬰孩會覺得自大感，覺得能夠完全控制母親這個客體。

　　另一種說法是，嬰兒覺得需求的滿足也是來自自己；或那時候是沒有自己和他人的區分，也可以說是沒有自己的感覺，或是沒有他人的感覺？這些推論不是言詞之辯而已。在臨床上，要如何說明和處理個案的問題和症狀時，是密切影響著如何去溝通，或者有很長的時間還無法以言語溝通，是怎麼說也說不清楚的現象，或者好像聽懂了但再看時卻是完全沒有搞懂，而只能等待。

　　這不是對或不對的二分命題。依溫尼科特的觀察，他覺得這就是嬰孩在發展過程裡的心理需求，也是「假我」開始被建構起來的過程。有趣的是，如果依佛洛伊德的見解，人對生命早期的真正記憶是在行動裡，而不是在口述的歷史裡。

　　如果我們只是將這些理論默背起來，變成一種心理發

展學的理論，但可以發現這些理論的蹤跡，出現在我們眼前的分析治療過程裡，那才會是更有意義的事。是不是如此呢？當個案來分析治療，在開始的時候，會有很多時間處於這種錯覺裡，好像分析治療的過程，是當年事件遺跡再現時的見證。

這是指所有的心理治療，都是建立在錯覺的基礎上？也許有些人很難認同這個觀點，覺得個案來尋找心理治療時，他們的受苦和主訴是如此具體，治療師也在這種基礎上開始工作，怎麼會是一種錯覺？不過，如果只針對意識層次所提出的問題和症狀，自然會覺得這不是錯覺。

如果我們假設個案在說出他們的需求時，可能同時隱含著他們不自覺，甚至是無以名之的需求，例如類似生命早期，嬰孩期的心理發展過程裡，需要某種錯覺，覺得自己和分析治療師是有連結的，甚至是共同一體的，分析治療師是能夠隨時依他們的需求而有所回應的客體，如同當年想像中所期待的母親。

坦白說，這幾乎是分析治療必然會經驗的過程，對不少個案來說是相當辛苦且困難的，因為通常他們會覺得對分析治療師的期待，是合理、合乎現實的，如果分析治療師拒絕，就會導致分析治療的崩解。這的確是分析治療過程的難題，理論上是難以或無法完全滿足個案，而會影響治療結構的維持，不過，我不認為只有精神分析取向者會遭遇這種問題。

但是，難道分析治療要一直維持在這種錯覺裡找自己

嗎？也許可以這麼說，但是錯覺只是出發點，而不是分析治療的目的地。

從葛林的「死亡母親」談論分析技術的修正

談葛林「死亡母親」的概念可以這樣子開始，「在治療室看見一種個案，一開始可能不是外顯的憂鬱，相反的是一種無能為力，然後在移情中呈現憂鬱，當然是重複嬰兒期的憂鬱，接著在重構的過程中，推論母親曾陷入深深的憂鬱，常見的原因是母親自己失去了重要客體。對嬰兒而言，原本跟母親快樂穩定的關係突然被母親自己的憂鬱打斷，嬰兒失去愛，失去meaning（意義），嬰兒實在搞不懂。這時嬰兒大概會將情形怪罪於母親對父親的慾望，一個早熟的伊底帕斯三角；或是轉向父親，但常常父親是沒有回應的，再一次嬰兒陷入死亡母親與遙不可及的父親兩極矛盾中。」（游佩琳，逝去的父親與死亡母親（Lost father,dead mother），2017.03.25臺灣精神分析學會，「2017春季精神分析工作坊」演講）他提出了在精神分析史上重要的案例紀錄，說明古典技術需要做出一些修正。

法國精神分析師葛林起初跟隨拉岡，後來批判拉岡不是如他自己說的要「回到佛洛伊德」，而只是回到拉岡自己。葛林七十歲生日時，英國精神分析師Gregorio Kohon特別邀請了九位英語世界的精神分析取向者，書寫葛林的貢獻，標題就是《死亡母親》（The Dead Mother, Routledge,

1999），並邀請了阿根廷的精神分析師R. H. Etchegoyen寫序，他在序文提到出版這本書，對葛林來說是一種公平的舉動，因為相對於法國和拉丁美洲，在英語世界裡，葛林的英文譯作是不多的。

葛林雖然對於克萊因的論點，尤其是詮釋的方式給予相當嚴厲的批判，但是他一輩子書寫的文章，仍不斷地與跟克萊因有關的溫尼科特、比昂，在思想上交流對話，葛林對於精神分析領域的影響是重大的。

由於已有一些中文書寫，提到葛林「死亡母親」的概念，我因此引用已有的文字，補充我的解讀和想法。

周仁宇在〈沒有色彩的多崎作：過渡空間的死亡和重生〉裡談論葛林的說法：「葛林在診療室裡注意到一群個案。不同於經驗過母親死去的人，這群個案的憂鬱『很不典型』。葛林在他們的眼神裡看到的不是一般意義上的失落憂鬱，而是某種死亡的氣息，用自戀包裝。在他們的故事裡，都曾經擁有一個活生生的母親，然後有一天她突然陷入哀傷，對嬰兒的興趣消失，關注徹退，變得人在心不在。孩子於是陷入某種無意義之中，失去原有的生命力。在診療室裡，病人常會說到小時候照片裡的自己曾經活潑快樂，但突然在某個時間點之後，所有的照片裡的自己都變得沒有表情。就像是龐貝城突然被火山灰掩蓋那樣，人都還在，但生命被取走了。」（《心的顏色和森林的歌：村上春樹與精神分析》，無境文化，頁155-156）

李俊毅在〈死亡的母親，死亡的孩子〉裡引用了葛林

的某段話：「……認同因『去灌注』而遺留下來的空洞（並非認同客體）及這個空虛狀態，這經由對於死亡母親充滿情感的幻覺，來填補並且瞬間呈現出來，快速如同一個新的客體被定期挑選來佔據這個空間。」（取自《靈魂的缺口：診療室外的憂鬱》，無境文化，頁34。原文取自The dead mother, in 《On private madness》, 1983）

我稍說明我的解讀，所謂「去灌注」是指母親原本將注意力和關愛投注在兒童身上，但是在母親突然撤離她的注意力和關愛後，儘管她仍在場，卻在兒童的心智裡留下一個空洞。在發展的過程裡，起初兒童並非認同死去般的母親，但是母親的突然撤離注意力，是由於母親自身憂鬱所呈現的空洞感，因而兒童是認同了那個空洞，而且是兒童可以任意填補想像的空洞，對母親懷有幻覺般的想像，並且把這種想像投注到空洞裡。

生命早年的真正記憶，並不是在口說的故事裡

這些是後設心理學的猜測，是葛林經由臨床的重複觀察，發現這類型個案並非常見如同他們的母親般的憂鬱症狀，這是葛林說這個兒童在某些時候認同這空洞，並非是認同母親作為客體的意思。因為這些個案群所出現的是幻覺般的母親，是充滿情感的客體，只是這個潛意識的想像並非持續穩定。

這些個案總是可以很快地再挑選出，某個充滿情感的

客體來佔據他們的空虛，這些情況也常出現在後來的現實生活裡，以及在和其他人的互動關係上。也就是，這些個案群的臨床反應和佛洛伊德在〈哀悼與憂鬱〉（Mourning and Melancholia, 1917）裡所描繪的，重要客體的死亡而在個案心智裡留下的影子，是兒童認同死去的客體，在後來的人生裡呈現的是灰色憂鬱，而不是葛林所描述的「死亡母親」的個案，對於客體是充滿情感的幻覺。

　　這些是臨床外顯現象，再加上葛林的猜測所生動描繪的個案內心景象。這些猜測會左右著分析治療的技術的想像。分析治療師要做或不做什麼的推論，是來自於這些猜測，不論分析治療師是否有意識化這些猜測。作為精神分析取向者，是傾向想知道自己的猜測是什麼，並且意識後，作為思索某個瞬間如何回應這些類型的個案群。

　　葛林的說法是這樣：「在死亡母親情結，以及對母親的空白哀悼背後，我們看到瘋狂的熱情，在其中，母親一直是這個瘋狂熱情的客體，使得對她的哀悼不可能發生……主體整個結構的目的在於一個基本的幻想：要去滋養那個死去的母親，要去維持她永恆不朽。」（周仁宇，同上，頁163）

　　在何種技術下才有機會觀察到這些現象，並讓葛林做出如上述生動卻令人悲傷的猜測？引述李俊毅醫師的說法：「如同André Green所言，個案跟治療者初次接觸時，基本上抱怨的並非憂鬱之類的症狀；多數時候，這些症狀或多或少指向親密關係的嚴重衝突。『死亡母親情結』是在治

療室中的移情關係裡感受到的。在許多情況下，個案不會主動敘述他的個人史，而是治療者自忖個案在過去某個時間點，必然或可能在兒童時期罹患過憂鬱症（childhood depression），對此，我們的個案並不會主動提及。」（李俊毅，同上，頁36）

技術上依佛洛伊德的說法，是讓潛意識變成意識的記憶，精神分析取向者猜測的基礎和假設是什麼呢？何以不是在個案意識上自述的口述歷史裡呢？或者這些個案群的描述反而是很活躍，卻也同時讓聽者覺得是個空洞？因為就記憶來說，那是無法言語，難以忍受的苦痛，不是以成人式語言記憶的經驗，而是透過行動呈現記憶。這是佛洛伊德在《記憶、重複與通透》（Remembering, Repeating and Work Through, 1914）裡所說的，生命早年的真正記憶，並不是在口說的故事裡，而是在行動裡。

至於行動如果出現在診療室裡，「個案對分析有強烈依附關係，注意是分析這件事而不見得是分析師。個案會很現實取向的理智化（移情就是一種幻影啊，你又不可能真的進入我的現實生活，個案這麼對分析師說）。個案有很多理智的洞察，但情感改變很少，談很多外在事件，就像小孩放學後對媽媽訴說學校裡發生了甚麼事。個案無法放下對死亡母親的desire而進入哀悼，相反的仍幻想可以喚醒、使媽媽活過來。」（游佩琳，同上）

至於葛林所提及這類型個案的行動，童年曾有快樂的某段時光，後來如同家道中落般的處境，「病人常會說到

小時候照片裡的自己曾經活潑快樂」，但仍是「這經由對
於死亡母親充滿情感的幻覺，來填補並且瞬間呈現出來」。
這種情況也許接近佛洛伊德在〈哀悼與憂鬱〉裡提到的躁
症防衛（不必然等同目前DSM診斷條例裡的躁症定義），
但假設和憂鬱並沒有不同，都是與某個相同的情結，處在
搏鬥中，只是憂鬱的自我是臣服於這種情結。至於躁症現
象，則是自我意圖要掌握這情結，或是意圖將這情結拋棄
在一旁，假設自我可能不被影響。而葛林所提的死亡母親
情結，「就像是龐貝城突然被火山灰掩蓋那樣，人都還在，
但生命被取走了。」

想辦法讓自己持續活著

　　前述個案的心智世界接近躁症般，如同楊明敏在〈冰冷
與炙熱的憂鬱〉裡描述「在〈超越享樂原則〉（1920）一
文當中，描述了當母親不在時，他的孩子玩著繞線軸的遊
戲，這是小孩子用來撫平母親不在時（客體失落）的重複
遊戲。也許不必像佛洛伊德那般立意深遠，想到『死亡的
本能』，我們可以簡單地問：『母親回來後，這小孩會理
她嗎？』還是這種憂鬱，會轉變成沒有喜悅的重複動作，
再也不會相信離去的母親，即使離去是暫時的。又或者，
這小男孩日後會成為熱切的戀物癖，熱情地固著與愛戀著
客體？前者是冰冷的，後者則是熱情的反應。」（取自《靈
魂的缺口：診療室外的憂鬱》，無境文化，頁110）

　　就算個案可以說出這些生命故事，但是從臨床的觀察來說，他們並不真的知道到底發生了什麼事，畢竟，母親就算當年替自己說些理由，也不可能是個案在當時聽得懂的話。就算母親能說她心情不好，在當時是可以被理解的話嗎？尤其是身處於母親原本有的笑臉突然消失了，兒童只能自己猜測和想像到底發生了什麼事？這些猜測和想像雖然在記憶裡可能被掩蓋掉，但是歷史卻無法被改變，難題在於這些歷史是如何被以意識之外的方式記得呢？

　　如果定型後，可能就變成了兒童認同的故事版本，只是這種故事畢竟太令人悲痛了，後來可能連這些想像和猜測都不見了。如果都不見了，精神分析的工作是什麼呢？什麼才是潛意識變成意識呢？這是另一個精神分析工作的假設，雖然記憶上，當年的想像和猜測已經不記得了，但是從後來的行動裡，讓精神分析者的觀察和佛洛伊德的說法是一致的，也就是，真正的記憶不在記得的故事本身，而是在於他們後來的行動。這是精神分析取向的工作假設，至於在分析治療這群個案時，葛林對技術上有什麼意見呢？他這篇論文所舉出個案狀況，說出了不少精神分析取向者的工作經驗，因而對於葛林發表這篇文章後，有一種「就是這樣啊」的熟悉感。

　　依據葛林的說法，是不同於古典案例裡的精神官能症個案群，尤其是精神分析師在某些時候詮釋某些行動的潛在意義時，通常不是個案當時所需要的，「關於治療者該做什麼，葛林是這樣說的：不要沈默，那只會惡化空白哀

悼的移情並讓分析沈入死寂無聊；也不要直接侵入潛意識幻想或對攻擊做有系統的詮釋，那不會有用。他建議我們想辦法讓自己持續活著、對病人保持興趣、被病人喚醒、溝通其聯想、持續意識到病人在說什麼。葛林不斷強調兩件事：第一，支撐幻滅的能力取決於病人覺得分析師如何愛他；第二，不要過於暴力地詮釋病人的防衛。」（周仁宇，同上，頁165-6）

這說法是有別於以詮釋，尤其是有別於針對移情加以詮釋的古典技藝，葛林的說法也是貼近我的經驗，但這些說法雖然看起來明確地有別於，只以詮釋為主的技藝，不過細節上如何執行葛林的技藝，我相信不同的精神分析師或分析治療師間可能會有不同的見解。不過，至少葛林從臨床經驗出發並提出技術的修改，他的說法也得到不少共鳴，顯現了精神分析仍在活躍過程的重要現象。

依我的意見，隨個案群而需要調整精神分析技術的觀點，也是延續著佛洛伊德要推廣精神分析於更廣大的個案群時，所提出的「分析的金和暗示的銅」概念下的一環。因此，葛林的主張雖是針對這類型個案的精神分析，但是這些主張和相關的經驗，也是「精神分析取向心理治療」值得參考的主張，因為如上引用的說法，也是「精神分析取向心理治療」在「暗示的銅」範疇裡值得想像的技術。

結語：

　　提出三位重要精神分析師的一些論點，作為思索分析治療技術課題，本文說明在精神分析的發展史裡技術課題的反思。仔細想想，如果只依照古典精神分析的技術，焦點在於對移情做出詮釋，大部分現有的論文是在這種假設下形成的文字描繪。但是診療室的實作過程，提出詮釋的次數是稀少的，不可能在每次會談只是頻頻針對個案的移情做詮釋。

　　這可不是不敢做詮釋，或是分析治療師沒能力做詮釋，而是個案常呈現的反擊，讓我很難相信我們可以無視他們的反應，再多想想是怎麼回事？我相信比昂後來提出思考的涵容（container-contained）理論，就是意味著類似的反應吧？除了做詮釋之外，診療室會談過程裡的其它時間，分析治療師是在做什麼呢？如果我們說那是在等待，但什麼是等待呢？只是空等嗎？或者需要做出其它舉動或談話才算是等待呢？

　　依著個案群的不同而需要不同的技術，也許仍是以精神分析為主，不過對於古典精神分析技術的這些修補，我認為也適於用「精神分析取向心理治療」，在「分析的金和暗示的銅」之下，對於「暗示的銅」的思索也很有助益。讓我們將分析治療師在診療室實作時的焦點，從以前聚焦的詮釋之外，相對於以前被當作只是陪襯的等待和思考，有了更豐富的觀察和推論，讓等待不是空白的等，而是有豐富的心理活動實質內容和意義，有更進一步的想像，而

且這些想像是以臨床經驗作爲基礎。

第十一堂　理想性的困境和節制
超我作爲主人的技藝

前言：

關於理想性和現實之間的衝突，以及理想性的多重意義，甚至可能隱含的破壞，但是又有現實問題得處理，這將會對分析治療師帶來何種衝擊？以及如何影響相關的技術取向呢？我以近來發生的社會實例，作爲思考的起點，並和臨床的經驗相比對，來延伸精神分析式的思考。

雖然精神分析的焦點在於內在心理眞實，但是臨床上仍得透過個案的外在故事，再加上分析治療師的想像和感受的混合。本篇嘗試以外在現實的事件作爲刺激，思考技術的起點，同時呈現從精神分析的角度，如何想像在眾人的困局裡，找出不同的思考。

尤其從受創者的分析治療過程來說，通常會以理想化自己的未來爲起點，但是爲什麼他們的理想化，卻常是他們現實上受困的緣由？面對他們最難以放手的局面，使得分析治療變成了是理想和現實的掙扎，但這是眞正問題的焦點嗎？

有些理想卻落得殘酷的失敗？

　　為什麼有些理想最後卻落得殘酷的失敗呢？

　　這是臨床上常見的現象，最常見的是小時候被父母虐待的小孩，一心一意要趕緊長大，要有自己的家，很理想的家，要跟父母給的家完全不同。但是長大後，有了自己的家，有了現實的衝擊，卻很快地變成像父母一樣，這是怎麼回事呢？雖然當事者的理想並不曾消失，仍是堅持要有最理想的家，而且是自己親手打造的家。

　　精神分析的後設心理學是假設：自我和外在現實（或者和自身的原我欲望）遭遇而受挫折時，某種理想性會被創造出來。佛洛伊德起初以「理想的自我」（ego-ideal）（或「自我的理想」）來形容這種現象，後來在1923年的〈原我和自我〉（Id and Ego）裡才出現「超我」（super-ego）這術語。

　　後設心理學的假設是：某些理想是源於生命早期的挫折後所衍生出來，這種性質的理想和挫折緊緊相扣。因此臨床上可見某些理想的背面是挫折，如同硬幣的兩面，如果當年的現實愈殘酷，後來呈現的現實也如同複製當年，理想和挫折是攜手並行的。何以我強調理想和挫折依然並行呢？這是臨床的觀察，對這些個案來說，他們的問題常是同時呈現理想和挫折。由於自我的理想堅持著自己的理想，讓焦點常圍繞在爭議那些理想，卻忽略了潛在的挫折不曾消失過，而且一直是問題的潛在主導者。

某例子說明理想和挫折的並行

舉例說明前，我先舉一個日常例子作為思考的起點。

如果某人的家門窄小，而他的朋友基於善意要幫助他，送給他一套很大且精緻的沙發，後來卻發現家門太小，大沙發根本放不進去家裡，只能放在門外任由風吹日曬。他每天出門和回家時，都會看見朋友滿滿善意送的美麗沙發。他會有何種心情呢？如果分析治療師的詮釋技法出現類似狀況，給予個案滿滿的意見，但是個案的心理空間還很狹窄，結果會如何呢？

又例如，某個案從小在貧窮家庭長大，覺得就是要把事情做到最好才能夠出頭天。但是工作上卻常常難以和同事合作，因為總覺得對方的想法不夠好而批評對方，偏偏他想做的工作都需要和他人合作才能完成。他常覺得有滿腹理想而無法被採納，或者被採納後卻變成別人的業績。他來分析治療時最常浮現自問自答，好像自己的問題可以自己解決，不需要假借分析治療師的協助，但又期待治療師有回應。他是不是要放棄自己的理想？他是不是只要隨波逐流，跟別人都一樣就好了？個案的問題裡反映的是，他認為問題在於別人不夠有理想替公司爭取更多業績。

分析治療師曾試圖回應個案的問題，表示問題不全然在於是否有最理想的點子，而是在於實踐理想時如何跟他人合作。個案並未馬上回應，一會兒後才接著說，自己在公司裡上司和同事都不夠了解他。然後，個案仍是自說自

話表示，他覺得分析治療師不想跟他說話，堅持他的問題是在於同事們不認真，只是要混日子，還奪取他的業績。

個案是難以自覺，他的理想點子底下另有其它訊息，以及和他人競爭的課題。競爭的想法被「只是要出頭天」這些合理化的語句，壓制在底下而難以自覺。「出頭天」帶有理想的企圖心，包藏的不只是要出頭天的想像，是另有其它挫折和競爭或者妒嫉的課題，讓他和同事間難以相處。除了這種被表達出來的競爭，另有更早年生命經驗的累積，以沈默卻有力的方式影響著他，只是在治療的起初還無法做出更多的推論。

如果先以這個臨床片斷，推想和討論關於人的理想性，何以讓他難以再看自己另有其它潛在因子造成問題，而不是在於理想性本身？雖然我們可以很容易看出，他的理想性放在人際和工作脈絡，很快變成了攻擊同事的武器。

接下來，我另以社會事件作為例子，來推想前述的臨床現象。

掩蓋在理想化底下的破壞力

任何想法和作法就算是很理想化，是符合大眾想法的答案，仍需要回到對話的脈絡來思索這些答案。除了要解決問題，同時也要想像是否同時隱藏了，某些被掩蓋在理想化課題底下的破壞力？這不是要減損理想化的價值，但是任何理想化的存在通常隱含著某些挫折和不滿，並不是

以理想化的答案來蓋住就能解決了。

　　如果面對的是一個傷口，理想化的答案可能不是抗生素，而只是一塊紗布，更複雜的是每個人對於理想化的意識型態，會只當它是抗生素或只是紗布？或者想像自己是抗生素就會是抗生素嗎？是什麼因子在決定呢？因為抗生素所以成為抗生素，是它以細菌為對抗的標的物，但是有些問題不必然是細菌引起的，例如肌肉扭傷。不論如何，我們不希望我們的理想只是紗布，更不喜歡只是遮羞布，但是理想化的答案會不會可能是遮羞布呢？其實，可能很難說一定不會如此。

　　引用外在事件的觀察，一如症狀的觀察，作為思索診療室裡的人性和技術的課題。我們如何從個案以及從外在事件來學習和想像，作為刺激精神分析發展的方式？不是只以精神分析術語，貼在個案和他的問題上，就是做了診斷。對精神分析取向實作來說，術語的標籤只是一個開始，甚至有了標籤卻反而是妨礙再思考的開始。很快有了簡便的術語作為答案，就以為是了解人性或了解個案的複雜感受，反映著對於理論過於理想化。不然何以精神分析家比昂，需要在佛洛伊德的精神分析師如鏡子般的理想外，再說明精神分析師的「沒有記憶和沒有欲望」呢？

　　不是要我們故意忽略有記憶和有欲望，而是記憶和欲望在本質上，也會妨礙對個案深層心理的了解。但是俗語又常說「我們要記得過去歷史」，例如生命早年殘酷的迫害史，不然我們就可能會重複過去。早就有人以悲觀卻真

實的口氣這麼說，人都是不斷重複的，無法從歷史學習到什麼。這些不同說法都有各自的基礎，描述了複雜人性的真實面，所以各種矛盾的說法都有它們成立的基礎。

文明的理想裡所隱含的不滿

　　人世間總有進步的意識型態，例如，人權和民主概念就是文明的成就。而當佛洛伊德提出《文明及其不滿》（Civilization and its discontents, 1930）時，別人曾以不同角度表達過此概念，但是他說的是那些不夠文明的不滿，該要如何被面對和思考呢？那是文明無法壓制，無法視而不見的，這些不滿會造成什麼災難嗎？

　　如何面對不滿呢？尤其是那些不滿是人性的一部分，怎麼辦？佛洛伊德在1933年透過某刊物編輯的穿針引線，和愛因斯坦的模擬通信裡，議論《為什麼戰爭》（Why war？）時，他沒有愛因斯坦那麼樂觀。有人說佛洛伊德是悲觀的，但是人有悲觀的權利嗎？尤其是佛洛伊德作為積極的心智探索者，除了對於症狀的出現抱持著興趣，也抱持著悲觀的心情觀察精神官能症，了解症狀對於生活品質的影響不下於結核病的損害。

　　佛洛伊德始終抱持著積極，想要探索及尋找語言，描繪他覺得不是那麼樂觀的內在心理緣由，因此精神分析保持著持續探索的動力，就算臨床實作其實是步步困難。重點不在悲觀或樂觀，而是在於保有持續探索的決心，不是

一下子就滿足於現有的簡便答案。現有的答案，包括精神分析的理論，可能是讓探索停頓下來的原因嗎？

有時候，我們問一下奇怪的問題也許不是壞事。例如，我再重述先前的疑問，具有理想化的答案或意識型態，是對抗心理傷口的抗生素？或只是遮住傷口的紗布？或在某些情境下是一塊遮羞布？這麼提問是有些大膽，或者很平常也說不定。不過與其重複說著那些被當作是進步的意識型態，我們問一下有些暗淡的問題，也許可以照映出光在哪裡？

談論政治現象作為思索前述課題的方式

對我來說只談政治輸贏很無聊，我更有興趣的是在交鋒裡的人性，讓我可以和診療室裡的經驗相互對話，不是相互要把經驗硬擠進對方的心裡。

關於接下來要舉出的例子，我先交待一下背景。2016年，美國總統大選過程，川普以冒犯現有的體制和主流，被自認有進步意識型態的主流媒體貶抑。但是，結果他卻當選了。當選後，開始以行政命令著手他在競選時提出，卻被當作是粗魯不夠文明的政策，例如禁止再讓難民成為美國的移民等，再招致和選舉前類似的主流抨擊（意指有出聲的），擔心他成為未來的希特勒。因此示威遊行和文章攻擊川普，好像要教他如何成為一個文明人。

但這是怎麼回事？有出聲的是什麼意思？何以沒有出

聲且一路挨打的，卻是得到近半數的票數呢？請勿誤解我的意思，我要談論這些，並非以票數勝利就是對或錯的定論。這些描述當然很片面，我無意深究所謂真正的原因，不過這是不少人不熟悉而錯愕的結果，因此目前的說法都只是猜測，不然不會讓大家覺得錯愕。

　　錯愕就表示不夠了解，或者根本不了解，我就從這些有限訊息，來猜想這些現象和診療室裡某些片斷的相關性，以及如何讓診療室內和外的經驗，可以相互交流，讓我們省思臨床的技術課題。多年後，也許會有更多了解關於川普現象是怎麼回事，不過我也相信這些後來的了解，不會減低目前在有限裡所做的相互對比的價值。這種情況就像診療室工作的一部分，尤其每次當個案離開診療室時，下次能否再來？對某些個案來說，像是大型選舉的過程，很多變數的起伏，就算投票前嚴謹的民意調查，總是直到投票時刻有行動才展現最後結果。但是下一次呢？

　　我大膽假設，是否大家不敢責怪歐巴馬，其實他可能做差了一些日常事，但對投票給川普的人來說，卻認為那些是重要的事。只是，那些並不是與目前檯面上和進步意識型態直接有關，並且被目前主流出現的幹譙遮掩了。從佛洛伊德談論的〈文明及其不滿〉來說，就算是有文明也需要更文明，但那些不滿是不能被忽略的，也是無法忽略的。從投票裡做出一些重要決定，只是大家還不願想想那些是什麼聲音？甚至，有可能是很弱勢者的聲音，被壓在理想化的意識型態底下，沒有被聽見的聲音就只能透過行

動，例如選票來呈現。如果依然只要重複在選前的論述，但結果是在證明理想化只是空口白話，是否反而讓理想化的意識型態（本質上也是我認同的）被延遲了實踐的機會和速度？

如果將這些不同的聲音，比喻是診療室裡有困局的個案內心的難題（這是相對的比喻，以這是人的常情來比對，不是說不同聲音者就是病人），只要稍有經驗的分析治療師早就在重複經驗這些爭戰。跟精神分析有關的聯想是，當佛洛伊德承續了催眠術時代將潛意識的記憶意識化後，其實問題依然存在。但是他沒有像當年的某些簡單暗示或建議，認為要解決個案的問題就是去找個人結婚，或者去渡個假等方案，而是開始再問是否有什麼因子，阻礙著我們看清楚真正問題？

佛洛伊德後來再推出第二地層學，也就是自我、原我和超我的論述，多了一些潛意識地圖的地標。但是至今看來仍是不夠的，還要再找出其它的語言來命名。這就是我目前認為如果只以「自戀」來診斷川普，其實大家都說了，也早就意識化了，但是問題依然，再重複診斷是否就變成是一種懶惰了，以為貼了這個標籤就說明一切了。但，真的是這樣嗎？

假設民主也是一種症狀

以下我稍從這些假設做些推論，只是揣測，雖然值得

認真想一下，這是有表面的矛盾，例如，那些理想化的意識型態被喊的愈大聲，是否原本存在的潛在問題和理念就愈不會被聽見？如果那些潛在聲音被聽見和被思索後，會有更多深刻的了解？但是目前大家擔心的是，如果不說更文明的理念，是否川普和美國會重複了當年納粹黨的結果？也就是說，大家會以歷史經驗來對比，不想再重複歷史的錯誤，我們將這種經驗的對比當作是歷史的學習。

是否值得想一下，在這種歷史經驗裡，不想重複問題的對比下，是否也有機會回想在理想化意識型態的吶喊裡，值得觀察和想一下被壓掉的聲音？不然，是否會變成過於簡化式的經驗對比，就被說一定是那樣子，一定會重複某些歷史經驗。這種叮嚀是反省裡重要的一環，只是就像一昧地以為愛可以取代恨，因此忽略了恨是什麼？如何滋長？以什麼潛在多重樣貌呈現出來？硬要看見愛，是否愛變成了另一種暴力？也就是，在愛和恨底下，還有別的因素，別的語言還沒有被說到，而那些是更重要的影響因子？

假設民主也是一種症狀，是各種心理動力相互妥協後的成果，精神分析認為的症狀意味著是值得觀察思索的窗戶，不是幹掉它就好了的意思，若這樣做是關閉了解的大門。因此我想談些不一樣的，我不想再罵川普是自戀狂了，這是便宜的精神醫學診斷名詞，連路人都可以說上話的名詞，好像運用這兩個字後，就可以不要再想人性是怎麼回事。是否目前的事件反應著，還有更多不知名的聲音被遮掩住了？那些聲音是可以讓我們再了解人性，再找出目前

還沒有浮現的字眼，來描述出現在眼前的情況。

　　不是假設我們都知道了，重複以現有的語言和標籤來責怪一方，這樣只是表示想罵人而已，容易讓有道理的想法和意識型態變得挫敗。這種場景在這次美國總統選舉前都發生過了，而川普是做著他選前的承諾，雖然什麼叫做選前承諾，選民投票給他意味著同意他曾說過的所有話嗎？很難說如此，或者投票給一個人只同意他的某些論點，而那些論點卻不是亮點，只是生活裡的日常小事？

從政治社會現象思索診療室裡的技術

　　也許現在只是重複著這次美國總統選舉前的場景，在意識層次的意識型態上是站在進步概念的一方，例如關於難民、同性戀等政策。但是當投票選完了，還在重複選前類似場景，這是怎麼回事呢？如果只是再講一次選前的道理，是什麼意思呢？或者我們敢大膽想一下，前任的歐巴馬是否失敗了什麼，很深沈的挫敗卻被蓋在目前理想的意識型態底下，如果再全面地投一次票，還是會如這次的結果？

　　一如個案談論內心複雜的矛盾，理想、欲望和現實之間的相互挫敗和相互干擾，每次內心衝突後，結果是什麼獲勝呢？這次勝利了，下次呢？我當然沒答案，也不可能預期。如果有人這時提重選，這想法鐵定比川普目前所做的還更難以預測，不過總可以多方想想一些不太一樣的。

進一步想像前，請勿以爲我是支持目前的政策者，我的目的不是要評論美國的事件，而是這些後續現象裡，是否有什麼值得想像，並作爲診療室裡技術面的思索？

　　另，也請勿以爲我在替川普或任何人做診斷，因爲以「自戀」作爲診斷，其實是沒親自看過病人就下診斷的問題，加上替政治人物下自戀的診斷，已經變成是便宜的說法了，變得大家都不需要再想像了，好像有了診斷就是有結論，然後就只能重複地說他很自戀，說他可能是破壞者。雖然不一定重複說就是無用的，只是我更好奇，何以有了大家看得見的診斷，也在選前被說出來了，但還是得到很多選票，投票者將近一半的美國人投給他？是沈默的那些人，這些沈默的聲音是否反而需要被聽見？那是什麼，我不知道那是什麼？

　　只是好奇，對網路世界有大聲說話者來說，也許反映著挫折，但眞正挫折的是目前大聲呼叫出來的事情嗎？是否另有更難以處理，卻被理想化的意識型態作爲防衛而遮掩住了呢？當大家愈罵愈大聲，就愈聽不見其它聲音？從另一角度來說，不是站在理想面的聲音是弱勢者，但在意識型態上，是不是要聽一下弱勢者的聲音？

　　我是假設：就分析治療實作來說，陰暗裡的欲望是精神分析取向的工作重點，只是它們不會一下子就冒出來，而是以隱隱弱勢者的姿態存在。雖然這些默默存在者，如同潛意識的力量可能是實質的決定者，一如這次美國大選投票的發聲過程，乍看起來是處於弱勢聲者反而是勝利者。

但是否如此，我也不確定，我只能在所知有限下提出一些不確定的想法，並假設唯有不確定才有其它的思考空間。

理想化的存在可能先於現實的受挫

一如佛洛伊德拿夢和症狀相比對而產生知識，對人性或心智有更多的想像和猜測，至於猜測和想像是否就是「了解」，仍有議論的空間。表面的說法是，任何理想都有它在現實裡的對立面，因而理想是為了要更好。如果細想，任何理想會浮現出來的時候，是它早就在現實裡鋪設了某些困境，而理想會真正浮現出來成為課題，就是它的反動者在數量上足夠到就要反撲了，理想性就讓自己從脈絡裡浮現出來。

這是一種潛意識的假設。

理想化的存在可能先於現實的受挫，再因現實受挫而讓理想性更加強（是更嚴厲），雖然理想性照理來說是美好的事，何以卻常帶來災難般的後果呢？例如，理想化包括只要嘴巴張開，乳房和奶水就馬上出現。但現實不是如此，讓理想性受挫，然後嬰孩會修正理想性？或者會更加碼，讓現實更困難滿足理想性？

例如，將川普當作是反智者，是否忽略了這只是反映著，現有的理論或學者覺得他很陌生，因此就把他往另一端點塞進去？是否「他」早就存在我們心中，也可能是我們的一部分，不是憑空冒出來的，只是具體呈現在某些人

身上，在某些人身上被明顯化、被物體化出來？這些讓人不解的現象，果眞是我們都沒有的特點嗎？是否只是被我們排擠出去，但是這些特質一步一步集結，直到我們在其他人身上看見了？我們仍在排斥它，以爲是異類，但是這些投票支持的人都是異類嗎？這些現象也許類似個案難以接受自己擁有恨和惡意，因而往外投射變成他人的問題，雖然這種現象好像很明顯，但由於以理想的化身出現，因此很不易被發現或者被承認。

我們想像進步的意識型態，在目前的困局裡就像是正向的想法，這個現象在臨床上就像有人假設：正向想法可以取代負向想法，進而眞正改變問題。這種說法是有它的某些功能，但臨床常見的不必然如此，也就是有了病識感，不必然會有改變，或者只讓那負面或者（主流上處於）弱勢的聲音被抑制，進而變成四處流動侍機發作的力量。

如同個案持續談著「政治正確」的內容，但這些內容卻變成了妨礙，讓我們無法思索其它困難和政治不正確的內容如何影響著個案。

理想性的可能盲點

理想化的內容可能帶來不同的後果。

是否物化了某種理想性，如同「戀物」，忽略了每個理想性都有它的形成脈絡，以及放在目前脈絡所帶來的影響，如同理想性在當初被形成時的情況呢？

　　例如，在美國總統選舉投票給川普的人，是因為歐巴馬的某些失敗，或是不同意見的一方，如經濟或其它的政策，但是一個候選人可以在過程裡說了很多論點，一張票很難區分和表示同意所有論點。因此後來只強調雙方不同的某些論點成為攻防（排除性格方面的論述），突出了某些保守性和理想性的差距，使得原本是光譜式漸進的分野，變成一道鴻溝在兩者之間，例如，難民政策和健保福利政策等等。

　　這個攻防過程裡卻可能忽略了，投票給川普的人是對於歐巴馬的某些失敗，而浮現了理想性投射在川普身上，因此當以某些事例，例如難民政策和健保政策的理想性作為攻擊時，表面上是攻擊另一方某些方面的不夠理想性，但是卻可能忽略了前述的另一些議題的理想性，因而在攻防上並不是理想和現實的攻防（雖有這部分的外在現象），而是理想性和另種不同內容的理想性的相互攻防。

　　也就是，理想性如果是尋找另一方的現實（意味在意識型態上不夠理想）作為對口和對戰的單位，卻可能盲目於另一方的理想性是在目前現實的不足處，也就是讓歐巴馬的做人客氣有禮和種族因素，以及話語術的精緻部分，成為盲目而無視於他曾有的失敗地方。畢竟不論何種歸因（都是假設，甚至不是民調可以調查出來，不然以後要成功的人就只要學做民調，了解一些事就可以保證一輩子成功嗎？），後來者的成功都是基於前人的失敗和不足，不然不會有青出於藍或歹竹出好筍的說法，這當然不是說前

人要故意失敗。

常見一些理想性很快就掉落了

　　我以這政治事例的推論和想像，作爲比對精神分析取向技術思索的起點。

　　理想化是怎麼回事？它是否會帶著某些破壞性，而這些破壞性出現的方式，是另一方的人以反彈方式呈現出來？這是另一方的人的反動。以團體動力來說，是原本的理想化議案裡必然有的一部分，只是透過相互分化和投射的過程，變成另一方在實踐理想化本身必然會出現的破壞性？這些說法好像有些玄妙，不過卻是常見的臨床現象。個體內在世界裡有一方以理想性自居時，會有另一方被擠壓成缺乏理想性。由於這種結果的形成，是漫長不自覺的互動過程，因此很難在意識上理解這種可能性。

　　常面臨的情況是，起初佔據理想高調的部分，如果不幸在現實上，被別人捕捉到某些不合實際，或甚至違背原來高調的理想性者，然後只是一小部分或只有一人，就可能會運用來推翻先前所有理想性的陳述。也許覺得不可思議，不太會如此，卻是常見的情況。因爲理想性的論述常是去脈絡化地被期待著，但是只要被放到社會脈絡或診療室裡的移情脈絡，常見理想性的答案很快就從天上掉落到地上了，其他人因此很快就感受到失望。

　　何以如此？可能當初理想性的形成，是某種躁症防衛

（manic defense）的成果，尤其是早年受創傷的小孩，對於未來自己的家庭和小孩的理想期待是很高的，高過現實可以做得到，但是很難只從他們想像的理想內容來做評論，而是得放進脈絡來看才會發現問題，例如放在診療室裡移情的脈絡。又例如，期待自己的小孩可以做著超過年紀能夠負荷的事。

如果以此假設，民主還只是發展中如小孩，卻被過度期待可以如大人般解決所有人性的問題，因而在挫折時就會變成民主是不好的，一如做個小孩是不好的，雖然只是不夠好，需要時間長大成熟，但是在理想性之下，不夠好就是等於不好。如果有人假設民主就是最完美的東西，忽略民主是人類衝突下所產生的「症狀」，是有用也有侷限的症狀，但不可忽略了它也在發展中，如同小孩在發展中。

光明趕走黑暗後，黑暗會去哪裡？

值得進一步想的是光明趕走黑暗後，黑暗會去哪裡？

不是要助長黑暗，但有些黑暗，不是光進去後就會亮起來，看不見黑暗，只是以光明的樣子佔據了黑暗。需要假設它依然存在，才會讓我們再仔細觀察和想像，不然就以為正向可以壓迫負向，愛可以踢倒恨意。是否被愛踢倒的恨意更像英雄？

不再只以精神分析的常識「伊底帕斯情結」替人生做結論，一如不再只以常識的「納粹黨」來形容目前我們正

面臨的大難題，例如川普現象。這是意識上的常識，至少
我假設上網的人會知道這些歷史，並不是不要再提出來說，
因為歷史的確容易被忘記。

　　但是這種失憶或容易忘記就是有意義的現象，有時不
只是忘記了，而是被忽略，被視而不見。雖然社會現實很
容易以為，正向思考取代負向思考，就是人類心理學的全
部。但這卻可能是在貶抑心理學，一如只重複以「自戀」
來形容某些人物，後來已經變成一種惰性了，就像只聽個
案和父母的問題，就很快下結論：個案有伊底帕斯情結。
並誤以為只要攤出這個概念，就是了解個案的全部了。

　　畢竟歷史事件，例如「納粹黨」到了現在，常會變成
更困難被檢測到的防衛，而防衛也可能出現在最理想化的
一端。例如，會責打小孩的父母，常是覺得小孩不聽話，
但多大的小孩才會聽話呢？聽話是指什麼呢？川普現象裡
的人是不聽話的壞小孩嗎？有可能是，也可能不是。或許
是處於從奸巧到盲目的系譜中間的一小截。

　　我引述林俐伶作為評論人，回應林建國報告〈伊狄帕
斯來到台灣〉的觀點作為進一步的參考：「林教授觀察到
了這個類似的議題，他說：民主對幻想扇風點火，讓人覺
得閹割是不可能發生的。在此，閹割焦慮象徵著人清楚著
自己之於環境的有限性，明白自由是有所節制的。我要轉
到另外一個思考方向並提出幾個問題：是否可以想想我們
觀察到的『閹割欲望』現象是怎麼回事？如對權威卡動地
全然順從，把榮耀都拱手讓人等？ 我們能否把他理解成是

一個兒子沒有得到的但又深切盼望的去認識一個有愛有力量的伊底帕斯父親？而一個父親又要如何回應這樣的一種深切盼望？

在光復高中的納粹遊行例子裡，林教授說到了他們對道德權威者的不信任似是我們社會裡的流行病。身為一個精神分析師，我特別好奇的是：學生們是如何處理他們的這種不信任感？還有為什麼要用這種方式呢？他們又為什麼會有這不信任感呢？為什麼人們會把民主跟放任主義搞混呢？感覺起來是在上位者心中對於強勢的下位者是有恐懼的。這裡令人傷心的是上位者的看顧消失了。而在下位者又得到了什麼？失去了什麼？」（取自：2017.05.04-06日，國際精神分析學會主辦，臺灣精神分析學會承辦，在台北晶華酒店舉行的亞洲區國際會議論文）

目前的川普現象是我們還無法完全了解的事，畢竟選舉結果是讓反對方覺得意料之外。反對方在選舉後仍重複說著選前的呼籲，提出進步的意識型態概念來評論川普的人，不太相信他會選得上。結果是意料之外，就是不夠了解或根本不了解，而需要事後用已知的知識和概念（通常只是假設），來消化和想像眼前是怎麼回事？為了說服和安撫自己在意料之外的驚嚇或是想了解到底還有什麼是不知道的呢？在這種挫折裡，重複說著進步意識型態，意味著對於意料之外的了解仍是有限的？

其實，以前述政治現象作為象徵類比，這些類似的反應和想像，幾乎是分析治療實作的日常情境，時時衝擊著

分析治療師的反應。

症狀是弱勢者的聲音？

如果欲望和衝動在自己內心裡，或在社會裡攪動著不安和焦慮後，各種衝突會浮現出來。「民主」是其中的一個「症狀」，是各種相關力量相互妥協的結果。意圖解決人的欲望和想像的各種衝突，民主當然是很厲害的角色而且是文明的成果。

不過，再看目前美國總統川普的作為和言論，引來了眾多的憤怒和不安，例如，是否會變成再現「希特勒現象」？自然需要再觀察這些擔心，但是在激情下，雙方說著選舉前就相互說過的論述，選後再搬出來，是要證明民主的投票作為症狀，仍有它不足的地方？不過，能有各種聲音存在也反映著民主還在。

簡單的假設是，目前對於某些問題，如希特勒現象，在意識上是被警戒著，雖然意識的概念不見得能夠完全駕馭潛意識的欲望和想像，當希特勒現象被如此警覺，雖然不必然不會再發生，但是從美國總統選舉的結果來看，選前已常被提及這種擔心了，但是仍被選上，這種現象是否在提醒我們，目前的抗議是在培養壯大另一些聲音？並不是說這些進步概念再被提出是不對的，而是是否需要同時想著其它事？

例如，是否在目前的激情裡，有部分在掩飾歐巴馬的

話語術和溫和態度下，所衍生仍未被彰顯出來的問題？而且那些問題可能不小，因此需要目前的相互刺激來掩護呢？不是反對川普的一方說出理想化的概念是不對或不好，而是就脈絡來想，是否仍需要聽到有哪些聲音被遮掩住，卻以投票行動來呈現結果？有趣的是這次美國選舉，依民主方式投票勝選多數的一方，乍看起來聲音上卻是弱勢且被抑制的一方。如果假設是如此，如何對待弱勢的聲音呢？是否需要就現有的機制再思索呢？

這些類似情況在診療室是常見的，個案描述家中激情相互敵對時，分析治療師還能夠有思考的空隙嗎？不敢說或還無法說出來的聲音，也許引導了一時的結果，如同川普當選的投票結果，那些聲音是社會壓抑而成為弱勢的聲音。

再次強調，不是對或錯的是非題，而是當我們覺得川普現象不可思議，其實「不可思議」就是「不了解」，不是大家以為的「不夠了解」。但常見的是，分析治療師的反應卻反而更想告訴個案，應該要怎麼樣做，建議好的答案針對表面的作為，但人的內心是怎麼回事？我們是否忘記了，當覺得對方不可思議時，我們是多麼挫折，而這些挫折是被埋沒在表面上有道理的想法裡。

畢竟我們不可能掌握未來啊

舉出這些診療室外的事例，作為說明和想像精神分析

取向技藝的背後思索，這當然是個冒險，因為這些人物不是我們能控制，在這篇文章書寫的當刻，到後來這些人物是否做出或說出了不一樣的事？不過，我無法百分百猜測到某人物的後續，而且本書出版閱讀時，這些內容早就是歷史了，我是當作如同引用某部小說或劇本的方式。

這些故事發生在近期，我們或多或少影響了心情，或原本各自的立場，使得解讀這些事件更顯複雜。由於立場的岐異，卻使得原本複雜的實情可能反而被簡化了，包括簡化成只有二方擇一。這種情形也常出現在診療室裡，分析治療師聆聽個案的故事時，常出現的類似困局，我希望這篇文章裡引用的事例，讓讀者可以感受到這些說法。

佛洛伊德在《有止盡和無止盡的分析》（Analysis terminable and interminable, 1937）裡提到，就算個案在目前有所收獲，我們無法保證個案在未來就平安無事了。畢竟我們不可能掌握未來啊，這麼說是輕鬆的，但在臨床實情上是不容易的，尤其是在個案強烈期待有來自分析治療師的建議，而且暗暗希望是可以適用一輩子的答案時。但是要預期個案下一次是否會再來？是否會發生難以預料的變化？這些都是分析治療師處理困難個案，無時無刻在經驗的過程。

進一步談論前，我先整合前面章節提過的一些想法。

我主張「精神分析取向心理治療」（分析治療）的基礎，以古典精神分析至今強調的，移情的觀察和詮譯是「分析的金」，也是分析治療的技術核心主軸。雖然這項核心

技術在精神分析學圈裡也有眾多爭議，因此分析治療師也要設法了解和熟悉這些爭議的背景，以及它們在爭議什麼？爭議是想要解決什麼問題？

　　值得提出來的是，在精神分析史裡，當安娜歐（Anna O.）說出她懷了布魯爾（Josef Breuer）的小孩後，佛洛伊德卻聽見不同的心理世界，以及後來費倫齊（S. Ferenczi）對於佛洛伊德某些盲點所做的修改。極有創意描繪嬰兒心理的克萊因，對於負面移情的深度詮釋，後續者執行這項技術時，何以常遭遇到個案的反擊呢？溫尼科特（D. W. Winnicott）和麥克巴林（Michael Balint）在英國以獨立或中間學派為名，除了本能理論外，強調客體關係的視野。再加上自體心理學（self psychology）對於自我心理學（ego psychology）的反動，對於自體和自我之間的明確化論述。以上的種種分野，都是環繞著精神分析本身的視野和技術的反思與建構，這些也是分析治療的重要基礎和寶藏。

讓「分析的態度」有更多的思索

　　值得再細想的是，我們如何看待所謂的核心技術呢？精神分析師都會同意已有的核心技術嗎？當我們回顧分析治療會談過程，如果我們有核心技術的概念，是否意味著核心技術之外的其它處置和互動，都是不被允許或是不需要的處置？都是行動化？或只是被當作鋪陳核心技術的背景，只為了服務核心技術？是如此的主僕關係嗎？

　　這涉及我們以什麼態度，來看待核心技術和其它的互動情境。如果我們是以嚴厲的超我（super-ego）來看待兩者間的關係，就變成除了做出對移情的詮譯外，其它的處置和互動都被當作是錯誤的。不過這跟是否錯誤，不必然有那麼尖銳的關係，而是核心技術和其它互動和處置，若是以「暗示的銅」來統稱，這統稱已拓展佛洛伊德提出「分析的金」和「暗示的銅」時的想法了。讓我們有機會進一步思索詮釋之外的技術，因為後來葛林（A. Green）的〈死亡母親〉這篇文章裡，針對的已不只是精神官能症層次，而涉及一些人格層次的現象，甚至是貼近精神病層次的個案問題時，古典精神分析技術是需要有所調整。

　　葛林所描繪的個案，在目前的診療室裡是常見的個案群。在台灣，我們雖有特定的時空和民情，這些個案已是診療室的常客，尤其是在醫療院所和學校等機構。如果我們以自己是不夠有經驗的治療師，只是精神分析史裡的小老弟，再加上分析治療師個人常有的超我般的期待，這些因子都可能讓我們忽略了，除了核心的詮譯移情的技術外，其實，其它作為或不作為都是待開發的場域。

　　這片待開發的場域或許被以「分析的態度」來統稱，不過我想以「暗示的銅」的角度來思索這個主題，這是值得被仔細觀察的領域。我甚至主張，多了解和多描述這場域，才是拓展分析治療領域，甚至是建構分析治療的臨床觀察和理論的重要場域，如此才會讓精神分析和分析治療的重疊和分野，是以臨床經驗的詳盡描述作為基礎。

也就是，從「分析的金」到「暗示的銅」之間，有一片值得被探究的場域，如溫尼科特所說的「過渡空間」（transitional space），或我想用的「餘地」，留有餘地的餘地，可以在僵局裡再創新的領域。這需要更多臨床經驗的描述和積累，才會讓我們對於這領域有更多了解。在臨床督導的經驗裡，不少初學者容易以對或錯的超我態度，來看待自己在診療室裡，面對困難個案群的態度，例如，邊緣型或自戀型個案。

甚至有一些治療師以其它模式，和個案固定工作一年或兩年以上了，當被期待以精神分析的角度來整理和討論治療過程時，常見的是，治療師以為精神分析核心概念外，其它都被當作是「行動化」，並以嚴厲超我的角度，簡化地看待行動化原有的多重意義。雖然就嚴謹定義來說，行動化是必然會出現的，我們替這些必然會出現的情境，自己過度辯護反而變得盲目。

但是如果只從對和錯的二分法，來看待分析治療師的複雜情境，就錯過了其中的豐富性，就像當年安娜歐說，她已經懷了布魯爾的孩子時，讓布魯爾感到困擾而難以持續，但是佛洛伊德從另一角度來想像，卻讓精神分析有了發展的餘地，並在這塊餘地上建構出精神分析的繁華。

「暗示的銅」被召喚回來再度上場後

克萊因對於負面移情的深度詮釋，但追隨者卻常遭遇

困局的情境，反映著爲了在核心技術裡取得精神分析史的位置，可能出現不自覺或自覺地忽略了核心技術外的其它狀態，不論是鋪陳會談的氣氛，讓核心技術得以被說出來，並讓個案有所回應，而不至於因過於直接深度對話，可能帶來的一言喪邦的破壞結果。

除非個案原本就是破壞性很強的人，他們常以爲自己只是重複做著說眞話的舉動，卻帶來人際的災難。至於某些人說所謂的眞話時，仍可以讓溝通得以持續，差別在哪裡？對於充滿潛在破壞力的人來說，他們說眞話卻常以破壞的災難收場。如果我們相信克萊因所描述的景象，是心理眞實的一部分，那麼不論任何人都具有這種潛在的可能性。我假設如果要讓溝通可以持續，當事人勢必另做了不少其它鋪陳，可能是自覺或同時混雜著不自覺的內容，但是這些作爲或不作爲，卻未被納進仔細觀察和描述的視野裡。因此如果能夠有更多非核心技術的描繪，或許讓我們有機會看見其它地方，進而發現那些也是重要的地方。

某些心理治療取向著重暗示和建議，這可能意味著，他們已對某些人性問題有了清楚的意見，給意見被當作是做對的事情。但是對於精神分析的初學者，常見的是對於自己做了詮釋移情外的其它作爲，例如支持和安慰，卻常覺得自己做錯事了。這替他們帶來不少困擾，例如他們以自己的方式進行了一兩年的個案，後來才開始學習精神分析後，卻以不自覺的超我看待自己的作爲，好像以前所做的都是不對的。

　　這種反應反而讓那些曾有的作為，以及核心技術外的領域缺乏機會被觀察、被了解，然後變成只能處在黑暗世界，偏偏這是診療室實作裡，每次會談時都會佔有大部分時間的事情，我覺得有需要翻轉這種情況。對於分析治療來說，重新注視那些領域會是新發現的重要方式。

　　以從前的某些方式來處理，然後個案可以持續下來直到現在，無法說那些作為或不作為是對的或錯的，我覺得可以是重新思索的焦點，但並不是立基於那些是對或錯，只圍繞在對或錯來想像這些現象，反而無法自由地觀察和思索。不過，我並非主張分析治療為了有別於精神分析，就變成以強調非核心技術的領域為核心，也就是將「暗示的銅」變成分析治療的金。這不是我的想法，我主張分析治療不必放棄古典精神分析百年來的文化資產，這些文字思想仍是重要的經驗寶庫，仍是值得當作文明成就的重要參考點。

　　也就是，佛洛伊德談論精神分析擴大運用於治療時，雖然「暗示的銅」被召喚回來再度上場，但「分析的金」仍是重要的基礎，兩者是相互交纏的，不過需要更多的文字，將焦點放在這些交纏的過程和細節。畢竟，佛洛伊德當年的概略式描繪，指出了方向但內容仍是薄弱的。

結語：

　　漢娜西格（Hanna Segal）晚年受訪時表示，溫尼科特只想做好媽媽，遇到負面移情時不會以詮釋來處理。漢娜

西格也說只要當面看見溫尼科特的笑臉，就會很困難如此
負面對待他。我的解讀是，溫尼科特的理論除了發表出來
的文字，作爲伸張自己的發現外，他也不自覺地做出了對
臨床過程影響重大的元素。我不是說就是他的笑臉，我是
指出要讓核心技術發揮作用時，不可能沒有其它作爲或不
作爲，當作鋪陳的背景氣氛。而那是什麼呢？

　　我主張在「暗示的銅」的概念下，那是值得大家仔細
觀察和多說一些話的領域。唯有累積更多的話語後，才有
機會慢慢知道原本被當作背景的內容，有多少成份其實是
一直扮演著主角。

　　進一步說，精神分析後設心理學的進展，不必然是在
成功裡重複著成功，並以成功自居，只在成功的領域裡打
轉。沒錯，這是一種機會，讓成功之道能夠更細緻。只是
對於複雜深邃的個體心理來說，直到目前，精神分析只有
百年歷史，對於心性和深度心理學的了解，仍還有很遠的
路可以走。至於要走向更多的了解和描繪，是在成功上尋
找更多的成功？或是在令人難以理解的地方摸索和猜測？
就像有人在光明裡捕捉光，有人在暗黑裡尋找暗黑是怎樣
的黑。

　　也許都有出路，只是從臨床實作的經驗來說，我們是
在不了解和失敗裡往前走的。個案不會鋪陳成功的路讓我
走，分析治療師是處理和想像意料之外的事，那更是我們
還不了解的領域，才會讓我們感到出乎意料之外，這更貼
近我們在診療室實作時的實情。

【2017/07/01 課後補記】

1.

　　分析治療的技術，不論是在「分析的金」這端的詮釋技術，或在「暗示的銅」這端的暗示或建議等，在技術和態度上，我是主張分析治療盡量靠近分析的金這端，這也需要依著個案當時的情況而定。至於如何決定個案當時的狀況，是要採取接近哪個端點的技術呢？有什麼參考點作為判斷的基礎？我整理了先前的觀點如下。例如，分析治療師如果說了個案有伊底帕斯情結，那意味著是要個案跟著記住這個情結，而反省自己的行為和感受嗎？如果是如此期待個案時，雖是使用了技術好像詮釋伊底帕斯情結，但分析治療師的期待是接近暗示的銅的策略，要個案記住我們的詮釋，並試著運用於生活上。這是一種處理的方式，但是這離分析的金是有些距離的。我如此主張的基礎是在於，分析治療師的期待帶來了不同的目的，依佛洛伊德的古典指示來說，精神分析師施行詮釋技術後的期待，不是要個案記住並照著做，而是個案是否能夠因此而更自由地談論自己。

　　也就是，類似於精神分析師的技藝，分析治療師施行任何技術後，觀察個案是否能夠更自由地聯想，這才是技術施行的重點和目的。

2.

　　因此我主張是否能自由聯想，是執行技術前後的判斷

點，另外也包括溫尼科特的「過渡空間」的概念，個案對待分析治療師的說法和作爲，是否如同過渡客體般，如泰迪熊或是某條棉被等。這是一種重要的「醞釀空間」，讓未來有很多可能性可以發展。另，我也想以「模糊地帶」或「餘地」（留有餘地之地）來貼近前述的想法。這裡所指的模糊地帶，是指讓創造力可以發揮的地帶，是指分析治療的技術施展出來時，並不必然如想像的，說清楚就好，而是預設有不可能說得完全清晰的心理地帶。

　　這些立論或許會有爭議，但我覺得是值得思索的說法，也就是，分析治療師的詮釋，雖有意圖要說得清楚讓個案可以了解，我認爲分析治療師期待清晰是自然的，只是臨床上需要預設，是否技術的主要目的是，讓個案有個模糊卻有創造力的空間？

　　至於「餘地」的假設，完整的說法是「留有餘地」的意思。我是試著要以日常語法來想像分析治療的實境，在日常生活裡，我們是經驗過，例如有些人處理人和人的衝突事件時，他們的處理方式是可以解決或緩和衝突，而且是讓雙方都覺得各有餘地，依自己的方式來闡述這場衝突的意義。分析治療師處理個案內心裡各式欲望的相互衝突時，是否臨床上是難以硬要壓抑掉某種欲望，因此就分析治療師的技術介入來說，也許「留有餘地」的「餘地」，是值得深思並作爲參考點的概念。

3.

　　以本章提及的「超我」的角度來說，不是將這些說法當作是教條般的概念，需要學習想像的是，讓分析的金和暗示的銅兩端點之間系譜能有愈大距離，也許就反映著分析治療師和個案的工作空間是愈大的，但這需要分析治療師觀察自己的超我，會如何影響自己如何運用這些技術，尤其是施以技術後對於個案的反應的期待。

　　分析治療的技術是否只是考量「真」？其實不然，只要仔細觀察分析治療師的作為時，大都同時有著「真善美」的實踐，「真」是指什麼呢？一般以為的說真話的真嗎？這一般常以為的真，但常碰到的是，以說真話為例，在平常關係裡常會變成具有攻擊意味的動作，一針見血。

　　也就是，當有人覺得在某個時候需要說真話時，可能常是帶有攻擊性的。這不是一定如此，我只是提出這種可能性。不過什麼是真我？引用比昂的論點關於「真實感」（sense of truth），這裡的真實或真理，如果依循克萊因的憂鬱形勢（depression position），是指小孩後來可以了解到，有好有壞的乳房都是屬於同一位母親的。對比昂來說，這種發現是人性的真實或真理，因此如果從比昂的真實感出發，分析治療的技術裡的「真」是有整合的意味。

　　也就是，讓好和壞的部分都屬於自己，也都屬於重要客體對象。因此技術的出手是要造成連結（linking），如果只是針對負面移情，而且抱持著要解消負面移情，來削減潛在的破壞力時，意味這些壞的部分，除了被看到，也要

被消解。依克萊因針對負面移情做出詮釋，在後世者常覺得引來個案的反攻，但是如果是追求比昂所描述的真實感，意味著詮釋負面移情時，需要考量或猜測分析治療師的出口說話，不全然真要讓負面移情可以停歇，而是和正向移情可以對話，並進一步成為比昂所說的，認識了人性的真理，好乳房和壞乳房都是同一個母親的乳房。

這是人認識了自己的真理，也是一種真實，但是如果出口說話是期待這些負面能量被趕出家門，這帶來的就不全然是如比昂所說的，認識自己心智的真理了。這是我主張的分析治療技術裡的「真」的要素。

4.

至於分析治療技術裡的「善」，我整理如下。分析治療師在說話的當刻裡，思慮了多少？或化為行動後，個案會承受什麼樣的衝擊？這些衝擊是個案此刻能夠承受的嗎？或者在下次來會談之間，個案在診療室外能夠承受會談後引發的衝擊嗎？雖然只能猜測，如果主張分析師要中立，不需要替個案想像這些，我覺得這幾乎違反了診療室實作中，分析治療師的心智狀態，這預設了完美分析治療師和完美個案的存在，好像分析治療師完全不必在意，個案走出診療室後的狀況。

我主張這種假設是不符合人的常情，也不符合分析治療的常情，雖然有佛洛伊德的鏡子論，和比昂的「沒有記憶和沒有欲望」作為參考指標，但是指標就是指標，不是

出發點，而是在出發後一路走的參考點，那不是人性上可以百分百做得到的，如果預設百分百做到才上路，那將是超我以破壞的方式在擋路。

　　除了重複或單調式的詮釋，例如，你覺得我不懷好意，要說明類似的現象時，是否只是相同的話語不斷重複？或者將「美」和創造，運用在每次詮釋和暗示的技術裡呢？一如重複說著人和人之間的恩怨情仇。有存在價值的小說，都有它獨特的說故事和表達方式，這是分析治療師在思索和表達詮釋，或者執行建議時，值得一起考慮的事，也許需要和文學藝術的聯繫......

5.

　　關於超我的角色。以佛洛伊德在《夢的解析》裡的說明為例，夢的形成就是無時無刻在監督者的運作下（在原我和自我後，佛洛伊德就稱呼它為超我）進行。佛洛伊德主張監督者的存在，而各式的欲望，尤其是嬰孩式的欲望（infantile wish），要展現自己時，都需要以濃縮（condensation）或取代（displacement）的方式，扭曲最原始的欲望，而呈現出來成為夢。

　　從被壓抑的角度來說，監督者是權威迫害者，不過從夢的形成過程來看，如果有欲望要表達，一如生為一朵花就是拼命要開出花，不論是否有石頭壓著，也因為有監督者的存在，讓表現的美學和手段有了多樣性，讓夢在被分析的過程，得以是通往潛意識的皇家大道。從這角度來說，

並非要鼓勵外在嚴苛壓迫式的監督，而是如果依循比昂的
追求真實感（sense of truth）是重要方向，那麼分析治療技
術施行時，並非以消滅超我為目的，也不是以消滅原我為
主要目的。

　　在超我和原我的壓力下，呈現如同夢般的問題和症狀。
不可忽略的是，就是在超我的監督運作下，人仍有想要表
達的動力，但是為了避開超我的監督，就讓濃縮和取代發
揮了象徵化作用，得以出現從不同角度來展現自己，就因
為如此，讓人的象徵表達有了重要的心理基礎。

　　這個主張的目是要說明，比昂的部分經驗來自精神病
（psychoses）個案，在精神分析的過程，當他們開始說夢
時，比昂認為在這種時候回頭看整個流程，就會發現個案
在說夢前，其實已經有些改變發生。因此推論，想要了解
人在分析治療過程產生改變的細節，是值得再回到《夢的
解析》，仔細研究和思索佛洛伊德提出的，夢的形成過程
裡有什麼因子，可以讓我們說明個案在分析治療或精神分
析的過程裡，是造成個案改變或轉型（transformation）的
所在。

6.

　　深度心理學的深度是在於地層學的深淺，或是生命發
展時間的先後？例如，原初場景出現的時間先於伊底帕斯
的故事，就表示原初場景是比較深度的心理情結嗎？

　　另外，當我們看見了對方的伊底帕期情結後，我們還

能做什麼？是否有更多的自由看待自己的一舉一動和人生的經驗？

　　如果還是無法自由，那是意味著我們還沒有看清楚伊底帕斯情結？或是伊底帕斯情結在人性上，就算被看清了，人性的困局依然在這片清澈的視野裡？還是在某些地方或角落，看見了一些模糊的點狀物，那些點之間好像有一絲絲隱隱的線軸，在點和點之間串連著。這些我們至今依然陌生，或者是太熟悉了，反而成了不被看見的人生背景？

　　再細看伊底帕斯情結外，是否還有別的故事，足以像伊底帕斯的故事那般，能夠充當穿針引線的任務？或者這些故事因為還不被普遍認識，而無法接受它足以承擔這個重責大任？一如存在千年的故事伊底帕斯王，近百年來，被佛洛伊德指派的任務，到現在它仍是重複觀察和思索的故事，它依然不會害羞，也不怕被大家觀看，就算是色瞇瞇的也可以承受。

第十二堂　我要在一條舊毯子上活出自己
需要什麼技藝？

前言:

　　活出自己是欺騙自己，或是壓榨別人，或者它只是一種說詞，潛在裡有太多的內容了？讓它的出現模樣多樣化，也就是不再只是活出自己，而是有對照面的他者，或何以需要對另一個人說出要活出自己呢？是掙扎，或只是撒嬌？並沒有想要改變最大謊言系統，它已經成為一套系統，當它愈是流行的口頭禪時，可能就愈難以活出自己。

　　我嘗試運用溫尼科特和某住院中的小孩子互動的過程，談談個案做自己的過程。該個案手術後才能做自己想做的事，但是手術的成效有限，他如何依自己的原樣被喜歡呢？這是可能的嗎？溫尼科特的處理技術裡，有什麼值得我們借用來思索「精神分析取向心理治療」（分析治療）的技術？我以漢娜西格對於溫尼科特的批評著手，不過她對溫尼科特在技術方面的說法，反而是我在本文開始著墨的地方。最後並藉由這些觀點討論台灣發展精神分析時，隨著時日的變遷，關於技術的想像和肯定，可能帶來對於精神分析發展的影響。

　　這章節處理的情境是一個常見的困惑，何以個案來求助分析治療師，卻常出現反擊治療師的情況？不同個案以

不同象徵方式呈現反擊，但是不久總會浮現到底個案要不要被幫忙，或個案反而怪起治療師進行得太快或太慢，這是怎麼回事？是有什麼心理基礎讓這個情境出現？有什麼值得思索的地方？在技術上如何做呢？除了主張個案是自戀型或邊緣型個案，來界定我們對於個案的結論，這結論會有什麼幫助嗎？

就從漢娜西格（Hanna Segal）評論溫尼科特談起

漢娜西格是克萊因的追隨者，而溫尼科特在1940年代英國不同學派間的爭議裡（請參考《佛洛伊德—克萊恩論戰1941-1945》，The Freud-Klein Controversies 1941-1945，林玉華、蔡榮裕合譯，2014，聯經出版）是以中間學派的角度，不直接涉進克萊因和安娜佛洛伊德的爭議裡。不過在本文我無意談論這場世紀大辯論，我想從不同角度談談佛洛伊德的「分析的金和暗示的銅」在技術上的意涵。

我想到了漢娜西格對於溫尼科特的評論。她說溫尼科特不會處理和詮釋個案的負面移情，下文會進一步談論她這麼說的背景訊息。我從文獻和個人經驗上，也常看見後續者面對個案的負面移情時，如果治療師深度詮釋個案的負面移情，可能讓個案變得更攻擊，尤其是法國精神分析師葛林（A. Green）強烈批評對於負面移情的深度詮釋。

臺灣精神分析學會歷年來邀請來台演講的法國精神分

析師的文章，除了引用佛洛伊德的想法外，也常引用溫尼科特的論點，因此漢娜西格晚年對於溫尼科特在分析技術的評語，對我來說，反而是一道想探究竟的裂縫。從溫尼科特的案例著手，以漢娜西格的評論作為我探索和思考本書重複談論的主題，「分析的金和暗示的銅」是什麼呢？

　　基本上，我主張在台灣沒有必要直接引進，當年在異國論戰所涉及個人間的愛恨，雖然這是很人性的一部分。我試著以漢娜西格的評論作為切入口，不是要帶進他們的人性愛恨，而是在這些基礎上觀察理念和技術的參考點，畢竟相互批評的內容，可能意味著那是雙方最爭議的地方，也是潛在最影響論述的重點。

　　回到開頭所提到的，漢娜西格在2004年和2006年受訪的紀錄（Jean-Michel Quinodoz, Listening to Hanna Segal，Routledge，2008，頁15）提及，溫尼科特雖然曾提供她在倫敦Paddington Green醫院一個很有彈性的工作，也曾借她整套過期的International Journal of Psychoanalysis雜誌，但是他不喜歡她，她也不喜歡他，她是明顯傾向克萊因。至於在技術方面，她說如果要談不同意溫尼科特的地方，可以持續談好幾個小時，例如對於那些比較退化的個案，她認為溫尼科特傾向以行動化（acting out）來面對，她形容溫尼科特的分析技術裡，他是理想的母親，是能給所有東西的母親。

　　所謂比較退化的個案，依我的理解可能是指，現今所認為的自戀型或邊緣型個案，甚至是精神病（psychoses）

的個案。至於以行動化來面對個案的退化行為，在精神分析領域如是說，是在責怪這個行動化的人根本就不懂精神分析，或者比較客氣的意思是指，他需要嘗試使用話語作為工具，而不是以行動做出某些事來滿足個案的需求。

只是臨床實作是如此絕對嗎？以語言作為主要的表達工具，是相當文明的事，但是在面對早年嚴重創傷的個案群，這是分析治療的結果或是開始呢？一如「自由聯想」的指示，後來有人說那是治療或分析的成果，不是真的能夠隨時在自由裡工作，這並不全然符合診療室裡的實作經驗。

不過，也可以從前面章節提過的，從分析的金和暗示的銅的概念，來想像詮釋和行動化在技術裡的可能功能，一如佛洛伊德提出暗示的銅時的勸告，基礎是在於分析的金。至於行動化和暗示的銅之間的關係，我認為值得再探究。關於技術面如第九和第十堂談論葛林的概念時，我是站在那個假設上，來思索和比對技術的課題，不是要鼓勵行動化所帶來的滿足。但是，何以漢娜西格批評溫尼科特呢？還有哪些值得再細思的呢？

個人特質如何影響技術的效能

漢娜西格受訪時繼續說溫尼科特的技術問題，她說如果個案並沒有回應，或者變得較具攻擊傾向時，溫尼科特無法處理這種負向移情。不過漢娜西格又說了一項令人複

雜感受的事，她說儘管如此，只要是和溫尼科特一起的時候，看著他臉上的笑容，是相當困難會不喜歡他。

漢娜西格的說法是帶有攻擊性的，最極端的解讀是，溫尼科特根本就不會做精神分析，但是他的笑容讓人無法不喜歡他，因此他能待在精神分析領域裡，只是因為他的笑臉。我相信在訪問裡還有更多的背景細節，不見得是訪問者和受訪者所察覺的背景，但是我無法認同她這樣子說，為什麼呢？我如此說的立場是什麼呢？

如果笑臉是溫尼科特很獨待的特質，且會讓個案逐漸不排斥精神分析而帶來後續的蛻變（transformation），一如目前回頭看克萊因的詮釋，有她個人化的特質呈現在個案面前，不然如何說明她對於負面移情的深度詮釋會有作用，而後續者施行相同技藝時卻常遭遇個案反擊呢？後來的精神分析師覺得需要修正克萊因的臨床技術。如果溫尼科特的笑容是帶來個案改變的因子之一，我們如何看待這種現象？

治療師個人特有的氣質，也是分析治療和精神分析過程裡的重要環節，只是這些環節被擱置在一旁，也就是分析的技術本身，不論說什麼或做什麼，都是跟治療師個人特質相關的技術課題，在實作過程是無法和治療師的個人特質分開來，兩者是一個整體。只是一般在說明技術課題時，總是以當代主流典範的內容為主，而有意無意忽略了個人特質也是技術裡的一環。不過，也許早就有人注意到這點了，只是我個人的視野有限，未能看見這種說法被特

別強調。

早年的精神分析文獻很少談論反移情，直到1970年代起，相關主題的文章才逐漸多了起來。佛洛伊德在1900年書寫《朵拉》，1904年發表時提到他忽略了個案的移情，也可以說佛洛伊德的反移情影響了當時的視野，文獻的議題大都著重移情現象。不過雖如此推論，在本文重點不是談論個人特質如何影響技術效能，而是思索暗示的銅可能性是什麼？

接下來將探索溫科特在《The therapeutic Consultations in Child Psychiatry, 1971》裡第一位案例的處理過程，來談論前述的主題。

詮釋之外的其它作為

除了說出的故事外，如佛洛伊德所言，真正的記憶是在行動裡，我試著運用客體關係的概念再推論，真正的記憶是個案如何運用分析治療師作為客體對象，這個客體在眼前是具體的人外，也同時是溫尼科特所描繪的過渡客體和過渡空間，他用這些詞語來假設，人在最初的創造活動和已經內化的投射之間所出現的現象，這些現象會呈現在個案對治療師的關係裡。

這也是在「非我」和我之間的中間地帶。溫尼科特說得更具體，例如，小孩在約四個月至十二個月之間，可能會特別喜歡某條毯子，一定要拿著它或聞著它來抵抗焦慮

而安靜下來，如果母親清洗了那條已有特殊味道的毯子，可能就完全摧毀了這個客體對小孩的意義和價值。

溫尼科特主張，嬰孩在認識眞正的外在現實前，需要過渡客體和過渡現象作爲中介地帶，他以文化的領域來描述過渡現象的命運，意味著將某些原本具體的小東西，由於它隱含的錯覺和想像，成爲人的創造力形成的過程。這涉及一個很重要的觀察和推論，也就是能夠以某種小東西來代表重要客體，如母親。這種代表物就是象徵能力的重要基礎。有了運用象徵的能耐後，才有機會在語言和想法上舉一反三，增進溫尼科特所說的文化能力。

溫尼科特和克萊因對比，他說過渡客體並不是內在客體（internal object），內在客體是心理概念，但是過渡客體確實是被小孩擁有的具體現實的東西。有趣的是對小孩來說，在心理上它也不是外在客體（external object），這說法也許有些玩弄文字，不過也說出了過渡客體的重要特色。我藉這說法來想像，如果分析治療師在分析治療的過程裡，某些時候像個案的過渡客體，雖然「分析治療師」是個實體，但眞正重要的意義是在於，個案的心智裡分析治療師是個什麼樣的客體呢？這涉及了個案會如何運用分析治療師這個客體。如同佛洛伊德所說，生命早年的眞正記憶，不在於說出來的故事裡的記憶，是在於行動，依著這個想法，個案如何運用分析治療師作爲客體，就是一種行動，是潛意識重要記憶的顯現。

談論這些概念是要呈現，在分析治療的過程裡，就精

神分析技術來說，涉及漢娜西格評論溫尼科特，只想做「好媽媽」的差異所在。或者可以想像的是，分析治療師想要扮演什麼角色？或者更重要的是，觀察個案會把分析治療當作什麼客體？不過，我認為我們必須回到溫尼科特的說法，推論他何以在精神分析技術上，會注重小孩或者個案在分析治療關係裡「母親」的意義。

這裡所指的母親角色是一種象徵，不再只是個案當年實體的母親，而漢娜西格延續克萊因注重精神分析師如何做詮釋上的技藝，不是以扮演什麼角色為重點。不過這仍得回到臨床上來看，不是只以理論層次來作爭論。需要思考的是，我們處理比較退化的個案，例如自戀型或邊緣型的個案，在進行有效的詮釋前，是否需要做些其它事來鋪陳氣氛和脈絡，讓詮釋得以有效促進自由思考呢？

無法以語言的詮釋來溝通的現象

溫尼科特形容的「恰恰好的母親」（The good-enough mother），就字面意義來說，看來是簡單的說法，不過在日常生活和臨床上，可不是容易做到。有不少母親是做得到，才讓人類的文明和文化是目前模樣。但這是能夠訓練的嗎？當然啊，要先克服的是，在「精神分析取向心理治療」的過程，溫尼科特的說法仍是有值得借鏡的地方。

另，相對於佛洛伊德所說，精神分析師如同「鏡子」的比喻，以及比昂所期待的精神分析師要「沒有記憶和沒

有欲望」（no memory, no desire），是否溫尼科特的「恰恰好的母親」是另一個值得思索和觀察的比喻？

　　回到診療室來說，我們觀察的是個案的退化反應，以原始方式對待分析治療師作爲客體時，溫尼科特的描述是否也是分析治療過程的一部分？如果是，溫尼科特的概念就有意義了。溫尼科特的論點是否有意義，不在於理論本身，是在於臨床過程是否有這些現象，以及溫尼科特的推論和描述，是否能夠幫助我們想像那些臨床現象？

　　前述的幾種比喻雖是具體事例，但是他們想要描繪的狀態，以我們在地語言來說，可以說是某種「境界」，是無法以語言的詮釋來清楚說明溝通的現象，雖然爲了溝通還是得多方尋找比喻來接近它們。藉由溫尼科特描述這些現象和內在想像，替我們建構了語言來思考這些無法言說領域裡的素材，過渡客體是外在客體但在心理卻不全是外在現實。

　　相對於移情的詮釋和對內在客體的著重，溫尼科特對於過渡客體的描述，例如過渡客體不是內在客體，對嬰孩來說也不全然是外在客體。這是更接近診療室裡，個案談論診療室外發生的事情時，對個案的影響來說，不全然只是外在客體的故事。其實也開通了一道窗戶，讓我們在面對個案描述外在現實時，例如想要請假的理由是要工作而無法來分析治療。有這些理論背景，讓我們在思索技術的修改時可以參考。

　　也就是，如果「暗示的銅」裡包括了詮釋和移情之外

的其它課題時，我們如何決定是否需要給予個案支持以利再走下去？或個案錯覺（illusion）地認為分析治療師一定了解他，或者完全不了解他？這些錯覺的潛在心理過程，可以對比溫尼科特所提的，兒童對於過渡客體的「去錯覺化」（disillusion）過程，因為如果只思考是或不是什麼，做或不做什麼，這種二分法的思考就無法細緻了。

　　有次和林俐伶討論時，她認為溫尼科特的去錯覺化的概念，並不是一般以為的，是在去錯覺化後，然後對於以前感到幻滅，因為幻滅而覺得先前的錯覺是完全不好的。這是個不錯的提醒，我也認同不必然是那樣。對溫尼科特來說，是更強調經由過渡空間的過程，有了創造力的產生，讓原本的錯覺有了新的經驗。

　　因此去錯覺化，不必要鄙夷原本的錯覺，畢竟，那是嬰孩成長過程裡很重要的生命經驗，也是後來具有創造力的基礎。或者可以說，如果缺乏那些錯覺的想像，嬰孩在生命早期就面對著超過能力可以消化的現實，會是過早就被現實淹沒而難以起步往前走。

　　因此也可以說，過渡客體和過渡空間是嬰孩心智創造後展現的結果，這種狀態持續存在一段時間，讓後續的生命活力有機會發展得更有力道。一如佛洛伊德在晚年於《在分析裡的建構》裡所呈現的意旨，建構早年的生命經驗，如果我們由此結合溫尼科特的概念，這種建構是在創意的基礎上，讓早年的經驗也是錯覺，得以後來能有創意的一再被解讀，這種有創意的再解讀，形成了後來去錯覺化的

實質內容。或者換另一種說法，是以更自由，更有創意的方式，建構早年的生命經驗，這種建構所呈現的是生機或生命力的再現。

　　只要稍有臨床經驗者都經歷過，真實是殘酷和令人難以忍受的。某些過早的詮釋可能是過早地將真實拿出來面對，因此溫尼科特描述錯覺和去錯覺化的過程，背後思索的是個案在這當刻能否承受真實。例如，如果實情是母親無法提供足夠的照顧，我們並不是讓個案的自大幻想只是冒然幻滅，而是逐步讓那些自大幻想有過渡空間轉變成有創造力的基礎。

　　也就是，讓自大幻想遭遇現實的適度挫折作為基礎，而不只是想要消滅被純然當作是不好的自大幻想。畢竟，那是人類的幻想得以往前的重要基礎，問題不全在那些自大幻想本身，而在於是否有機會在過渡空間裡，經歷過現實的挑戰和歷練。

　　由於前述不同學派間的爭議，我的主張是，爭議像是裂縫的所在，是讓光可以照進來的地方，也是精神分析機構持續發展的光源。但那些爭議有它當年背景和人情脈絡，因此也有它的侷限性。如何消化這些爭議才是我們在地發展的重點，不是要消滅這些爭議，也不是原版地帶進並要在地複製那些古老爭議，而是從中尋找值得我們思索和新發現的所在。

包容和思考，只是背景嗎？

　　在個案的心智裡，如果分析治療師被當作過渡客體的角色，分析治療師要接受這種被編派的角色？是能拒絕的角色嗎？或是分析治療過程裡幾乎無法避免的角色？重點也許在於，分析治療師如何對待這個被編派的角色，以及處在這種狀態時，和佛洛伊德的鏡子說，以及比昂的「沒有記憶和沒有欲望」的說法之間，是矛盾的？互補的？或者是相同的事呢？

　　一是，對個案來說，分析治療師作為外來物，是外在現實，至於精神分析取向對於外在現實的態度，涉及在分析治療過程裡，採取從心理真實的角度介入。如何介入？例如，如果個案視分析治療師這位外在客體如同死去的母親，那麼依葛林（A. Green）的意見，是否可再採取古典分析技術，以沈默作為中立的假設？或者是需要說些話，讓治療師是主動的存在？分析治療師到底是外在客體，或者是個案當刻裡某種內在客體的運作，而讓分析治療師要做或不做什麼變得很重要。這的確是個案眼前具體的分析治療師所為，一如小孩手中的毛毯。

　　二是，從錯覺到去錯覺的過程。這是挑戰，如何在細緻的過程裡，每一步做著臨床判斷，採行溫和由淺至深的步驟，讓個案在適度挫折的過程裡逐步體會到需要修改錯覺，而讓去錯覺化的結果是更接近現實，甚至讓這種去錯覺化過程變成是創造力的來源之一，不是過早地幻滅而癱瘓了個案往前走的動力。

　　這說來容易，但早年蒙受創傷個案的分析治療過程，

常是如同在戰場般工作，讓分析治療師的判斷隨時都充滿了驚險。如果精神分析取向要更細緻了解人性，而不是草率行事，冒然以個案可以自行消化爲由，忽略了分析治療師的存在所產生的細緻影響。如溫尼科特的描述，讓過程有更細緻的地圖可以參考和經驗，雖然在臨床技術上，不可能有簡化的地圖可以依循，但是有了更細節的想像和描述，至少有某種出路的感覺。

溫尼科特在1971年過世，已經無法替自己說明了，也無法反駁漢娜西格對他的評論和評價，我也無法完全掌握這些爭議的所有細節，只複述爭議的臨床現象作爲思索的基礎。在個案處於負面移情時，是詮釋這移情的好時間嗎？如何詮釋呢？是否只會引來個案的攻擊呢？如果這時候可以做些其它的，那是什麼呢？是溫尼科特所做的這些嗎？

母性的功能是大地般的象徵，不是父親角色般言語的詮釋，而佛洛伊德在古典分析裡是傾向父親般的詮釋，而不是母性大地的展現。支持和包容，是詮釋運用過程裡需要的部分，那麼施展技術的過程，誰是主體呢？母性包容的重要性（比昂的「思考理論」和「涵容理論」，也許包含兩者），這得看歷史的主流是什麼了，如果只管佛伊德以降，把詮釋當作是唯一的核心技術，那樣就會有不同的爭議了。

在實作過程裡，包容和思考，只是背景嗎？這涉及精神分析和分析治療要建構什麼核心價值？我主張父性般運用語言做詮釋，也是分析治療的核心技術，但是如果要說

效果，就很難肯定說全部是詮釋帶來的功勞，有多少效能
是其它作為所帶來的？雖然不被當作是最重要的視野，卻
是影響重大。其實，這想法也接近精神分析後設心理學的
說法，不被注意的並非不重要，而是另一種重要，或者更
重要。

個案狀況才是分析治療技術是否需要修改的基礎

這些爭論觸及了另一個重要的課題，當精神分析師或
分析治療師執行詮釋前，做出了多少鋪陳？不論那是什麼，
有說出來或沒說出來的，值得思索的是，執行詮釋的當刻，
是否雷同於小說或劇本裡情節的鋪陳，直到有個高潮出現？
就小說來說，也有小說家刻意反高潮，或者不注重情節的
鋪陳，但情節和劇情高潮的型式，是值得我們一起來想想
的課題。那麼，我們才有機會藉著小說或劇本的書寫或閱
讀經驗，對照診療室裡實作過程，還有那些未被放在主要
聚焦的場域。畢竟，精神分析的主要想法之一是，不重要
的部分不必然就是不重要。

漢娜西格在受訪提及，克萊因很善待溫尼科特，只是
溫尼科特一直挑戰克萊因。漢娜西格也提及一段很私人的
訊息，表示克萊因對溫尼科特一直有罪惡感，因為當年溫
尼科特先找她要被她分析，但她將他轉介給Joan Riveiere。
漢娜西格透露這些訊息自然有她的用意。不過我的解讀是，
不排除種種可能性，但有趣的是，這好像意味著精神分析

技藝的發展和批評，不是那麼客觀，而是會受人和人之間主觀經驗的影響。但我覺得這是人性的實情。

精神分析和分析治療的發展，當然會被如此影響，但這樣子就不夠科學嗎？這是另一個議題。不過值得想像的是，當我們要處理人性深沈處的材料，而且是以精神分析師或分析治療師自身作為探索工具，如果假設相關技術不受個人因素影響，是否在塑造錯覺和妄想，反而會忽略了任何人的意見？對別人來說，都不足以使用自以為是客觀和科學而硬塞給其他人。畢竟，精神分析取向是要讓他人有自由能力，但關於自由是多麼主觀的事情啊，我並非說主觀就好了，精神分析的技藝是一系列概念和作法，是和人性串串相連結的，先避免自許是客觀和科學，承認有主觀，才有可能隨時探索或檢討自身概念和技藝的侷限性。

前述情形是精神分析能夠活下去，且有活力的重要因素。反而是我們回頭看一個機構的發展，例如臺灣精神分析學會裡，關於技術和概念，在不同成員間的磨合，我們會是以超我的嚴厲理想，或者以更多的自我協調來面對臨床的爭議？也就是，如何細緻精美，而不是嚴厲的完美，來消化任何精神分析診療室裡的經驗，並成為自身養份的過程。從漢娜西格受訪的發言看來，是替克萊因說話，也間接佐證溫尼科特在技術上的作法。不過回頭看，不可否認的是，克萊因的技術在後來的追隨者也是有所修改，畢竟，個案狀況才是分析治療技術是否需要修改的基礎。

以分裂機制為例談論新的焦點

　　因此我的假設是，在精神分析的機構和學會裡，如果資深者後來漸漸地表示，就是那樣做就好了，可能反映機構或學會是處在逐漸僵化的過程。我的想法是，愈來愈資深者的工作生涯裡，除非隨時開放挑戰難度高的個案，不然，後來可能傾向選擇愈能夠讓分析治療師覺得易有成就感的，易有進展的個案群。

　　如果是這樣，這些跡象可能反映著，分析治療師的個案群是愈來愈侷限了，如果不夠隨時自覺，就愈會傾向在技術上對已有的經驗產生更大的信心，以為就是如何如何了，卻忽略了目前臨床上的個案群，大都是困難個案，要花很長的時間，相互折磨般地緩緩前行，或者更常覺得是後退走（退化的意思），讓分析治療師很難有收獲感。

　　就算分析治療師熟悉佛洛伊德所宣稱的，分析師要節制自己的欲望，尤其是針對想要治癒個案的欲望，而比昂對類似現象提供另一種說法，「沒有欲望和沒有記憶」。我的假設是，後來的精神分析師的臨床經驗，知道想要治癒個案的欲望是深根的，不是那麼容易處理的課題，比昂才會立下了這個幾乎是難以達成，卻又必須面對的境界，「沒有欲望和沒有記憶」。

　　佛洛伊德晚年在《有止盡與無止盡的分析》裡提及，只管分析不必整合的說法，是他在困局裡努力走出一片天空的技藝，但是不要忘了，他是忽略了「朵拉」和「狼人」

等案例，也是合併有邊緣型問題的個案。技術的調整已在前述章節裡有所描述，因此佛洛伊德後來的論述裡，那些過於肯定和太有把握的說詞，有些也許是為了維護精神分析的存在和領域而說。但是除了這些之外，有些是忽略了常運用「分裂機制」（splitting）的邊緣型和自戀型個案所帶來的困局，而這些有精神官能症合併邊緣型特色的個案群，卻是目前診療室裡的常客。

　　也許佛洛伊德有某種天份和人格特質，或者還有某些做人的原則和理念，讓他能不自覺地處理分裂機制所產生的臨床現象，這些是被歸類在人格層次的課題。由於當時他還沒有特別把分裂機制當作焦點，他將焦點放在精神官能症個案群常用的潛抑和合理化機制等，對於分裂機制的文字描繪，和相關經驗的消化是相對稀少的。這是後來的精神分析師和分析治療師，漸漸對這些個案群有更多的觀察和了解，以及文字的描繪豐富了我們的視野。

　　回頭來看，佛洛伊德形容移情關係如同戰場時，也許就有分裂機制影子的描繪了。他的說法是有臨床的敏感度為基礎，且符合目前臨床的經驗，尤其是目前佔診療室大多數的個案群，精神官能症合併邊緣型和自戀型人格。這是精神分析取向的工作場域，我引用這事例的想像是想要表達，精神分析後設心理學勢必會面臨的侷限性，但精神分析所以能夠依然持續發展，已經不可能再如二十世紀中期前的蓬勃，但它仍是持續活絡地存在著。

結語：

　　就算有了豐富的後設心理學的概念，面對移情和反移情裡人性的複雜，分析治療師最需要的是猜測的能力，一如Michel Gribinski提及，「對於精神分析師而言，推測或許也是唯一的方法去想像發生之事……而在所有無意識的形態中，移情是唯一一種病患無話可和我們說的。藉由朵拉（Dora）的病例，佛洛伊德相當堅持此點：『夢的解析，以及從病人的聯想中，萃取一些想法以及無意識的回憶，還有翻譯的諸般程序都是容易學習的，總是由病患提供文本。但反之，移情卻需要被猜測，*沒有病人的協助*（我斜體強調），根據一些細微的訊息來猜測。』」（黃怡菱、楊明敏譯，「屋裡的陌生人」，取自Michel Gribinski《現實的困擾》，五南出版，2008，頁137）

　　佛洛伊德晚年的文章《有止盡與無止盡的分析》裡，再度提及他的後設心理學是一種猜測。這不是在個案打轉一輩子的人所做的謙虛陳述，而是作為精神分析師或分析治療師，面對「臨床事實」（clinical facts）所真實經驗到的感受。精神分析師和分析治療師對於個案內心世界的探索，唯一的工具是猜測，只是精神分析取向的猜測和其它取向者的猜測有所不同。雖然其它取向者不必然會接受這種主張，可能會認為是運用被發現的客觀知識，而不是猜測。

　　人性的知識放回診療室裡，在分分秒秒的臨床過程裡，

對於精神分析取向者來說，隨時都是依著猜測往前走，這是分析治療師和個案共同建構出來的臨床事實。作為分析治療師，沒必要對於自己的作為大都是猜測而感到汗顏，因為這是臨床事實，而唯有面對這種具有主觀且猜測的性質，分析治療師才能仔細傾聽個案的故事，不至於只想要以假設的客觀真理，要個案跟著做就好了。

　　畢竟對精神分析取向者來說，我們試圖要接觸和處理的領域，是個人不自覺且主觀的心理世界。每位個體都有他的獨特性，雖然我們也極力想要歸納出，某些共通的人性知識（self-knowledge），作為溝通內容並讓個案有所了解，但這些共通特質如何被消化和運用，也是相當個人化且主觀的過程。

　　最後，我以溫尼科特的描繪作為本章的結語。

　　「同樣的事也在母嬰之間看到。有些母親在有了好幾個小孩之後，技巧變得非常好，好到總能在所有正確的時候做完全對的事。然後，開始與母親分離的嬰兒沒有辦法控制所有正在發生的好事。有創意的手勢、哭喊、抗議，以及所有原本用來讓媽媽做事的小小訊號，所有的這些都無從發生，因為媽媽已經滿足了嬰兒的需要，如同她與嬰兒仍然互相融合時一般。如此，看似好的母親，卻做了比閹割嬰兒還糟的事。這時，嬰兒只有兩個選擇：要不永遠在退行狀態中，與母親融合；或者完全拒絕母親，即使她表面看起來很好。

　　如此，學生分析師有時會比幾年後懂更多時做得更好。

當他有了幾個病人後，他開始對走得和病人一樣慢感到厭煩，於是他開始做一些詮釋，不是基於某天由病人提供的材料，而是他自己累積的知識或他當時堅持的一組特定想法。這對病人是沒用的。分析師可能看起來很聰明，病人可能表達崇拜，但最後正確的詮釋是一個創傷，而病人得要拒絕，因為這不是他的。他抱怨分析師試圖要催眠他，也就是說，分析師在招引一個嚴重的退行到依賴，把病人拉回和分析師的融合裡。」（Winnicott, D.W. (1960)The Theory of the Parent-Infant Relationship，周仁宇中譯，於2017.07.06吾境思塾課程的講義）

【2017/07/08課後補記】

　　佛洛伊德在發展精神分析的過程，著重精神官能症的潛抑機制（repression）和伊底帕斯情結的觀察描繪，構成精神分析文獻的重要基礎。到了晚年，他提出分裂機制（splitting）的概念，也許意味著他對於個案的視野，是隱隱挪移至我們目前的日常工作裡，常遇到的邊緣型個案的全好全壞的心理機制。那麼，處理全好全壞或愛恨二分的心理課題，是以洞識（insight）為核心目標？或如比昂所說是蛻變（transformation）過程，而獲得「真實感」（sense of truth）？

　　比昂「真實感」概念是克萊因的憂鬱形勢（depressive position）的延伸說法，是指終於理解好乳房和壞乳房都是同一個母親的，要達成這種蛻變的過程，我主張分析治療

師需要有佛洛伊德的鏡子說，以及比昂的「沒有記憶和沒
有欲望」作為參考點，才不至迷失在人性的茫茫裡。但這
是一種「境界」，也就是不容易做得到的意思。

　　我刻意挪用「境界」的概念，來描述分析治療師的態
度，因為只要分析治療師有欲望要幫上個案的忙時，可以
廣泛地說，就算是執行詮釋也可能仍有暗示的意味。雖然
這種暗示是採取逐步的策略，容易被忽略帶有潛在的暗示
（suggestion）本質，這幾乎是精神分析式的詮釋難以避免
的命運。

　　如果不自覺我前述的可能性，個案會抱怨分析師的詮
釋是要催眠他，這裡所說的暗示是指催眠式的暗示，或是
現代版的認知建議。例如，如果要詮釋負面移情時，一如
處理想自殺破壞自己的人，總是帶有期待個案可以減少破
壞力，進而讓分析治療可以持續下去。

　　其實，這個欲望是難以避免，甚至被某些人當作是主
要的核心技術。分析治療師如果秉持著鏡子說和「沒有欲
望和沒有記憶」的參考點時，意味著以這種參考點作為某
種「境界」，如何在臨床實作的每個瞬間裡，不論是說話
或沈默，不論是詮釋或支持，都是需要某種「境界」的追
求。

　　以我們的語言來說，甚至最後連「境界」都不追求，
才是最高境界。不過作為分析治療師，在技術施行時，從
沈默、支持到詮釋、說話或沈默等待，都需要在這種「境
界」為標的裡，而有所作為或者不作為。以個案能夠自由

聯想作為所有技術施展的目標，讓個案自由地詮釋自己的過去、現在和未來，不是要個案記得伊底帕斯情結或死亡本能的概念，而是能自由地「建構」（construction）自己的心理史。

我提出「境界」這個日常用語作為本系列課程的總結，讓精神分析經驗和在地化過程有所連結，在個人有限的知識裡，我覺得「境界」這語詞在精神分析文獻裡，還沒有完全對等的概念。當我們要服膺佛洛伊德的鏡子說和比昂的「沒有欲望和沒有記憶」時，相對於使用「分析的態度」（analytic attitude）或中立的概念，我覺得「境界」是相當適合的語詞，它也是我們的日常用語，可以接續我們的文化經驗。

至於我說的在地文化經驗，並不是要以我們的文化經驗，過早地凌駕精神分析的經驗，我是更著重藉由「境界」經驗的觀察，了解我們在意識上希望符合精神分析外，在臨床實作裡，我們有哪些不自覺的反應和感受，其實是源自於我們的在地文化經驗？我們需要觀察我們的文化經驗，這些經驗早就不自覺地存於日常的實務過程，只是未被當作焦點來觀察和描述。

有了這種觀察的過程，我們才有機會讓精神分析概念，和我們在地文化經驗的交流，並且進一步了解哪些在地文化經驗，對於精神分析取向可以有重要的貢獻，而這些交流和想像的基礎，作為臨床家，我主張這個基礎是診療室實作的臨床事實。

跋

感謝推薦序的書寫者：劉佳昌、林俐伶、林怡青、謝佳芳、莊慧姿、周仁宇。

也感謝李曉燕、李詠慧、謝佳芳三人。臺灣精神分析學會週六下午的「精神分析取向心理治療臨床課程」，2017年三月至六月，由我負責主講的課目是「治療技術：治療結構、移情、反移情」，我邀請她們三人一起合作。他們三人接下來是2019年三月至六月相同課目的主要講師。這本書的形成，她們三人也是有所貢獻的。

我稍說明何以本書的篇章只有十二章？因為原本是十五堂課。第一和第二堂使用相同的的素材，另外，第四堂「往事都在山那邊：有評估這件事嗎？」以及第十一堂「精神分析取向在機構中：技巧與框架的修正（引言）」，文章並未收集在本書裡，因為打算未來另有專書討論這兩個主題，加上要節制這本書的頁數份量因此做這種安排。

另外，也提醒大家，當我決定不以學術規格加上註解，和列出很多參考資料，相對的會減少這本書的學術性。不過，對我來說，如果因為這樣使你在閱讀時，會更審慎，更回到自己的經驗來想像，那麼，我覺得減少學術規格的損失是值得的。我相信我在書寫時，是很審慎，很用心的，但是你們閱讀時，需要的不是完全相信我的觀察和想像，

就算我搬出不少名家的想法，你們需要邊讀邊有更多的疑問，尤其是在你們覺得讀得不順的時候，或者甚至覺得就是這樣子的共鳴時，也許那些地方就是需要更多了解和思索的地方。

另，值得替我的朋友和同儕們高興的是，臺灣精神分析學會經過劉佳昌、周仁宇和楊明敏歷任理事長十幾年的接棒努力，以及所有會員的協心出力，今年起終於可以在國際精神分析學會的監督下，精神分析委員會的成員可以在地訓練台灣的精神分析師。對年輕一輩有興趣於精神分析的朋友們，是項重大的訊息和里程碑，這是精神分析運動在地落實的火車頭，雖然本書是以精神分析取向心理治療作爲焦點。在此深深感謝代表國際精神分析學會，從遠方來輔導台灣的朋友Dr. Michael Gundle和Dr. Rudi Vermote。

2017年11月21日-26日，第九屆臺北心身醫學和心理治療國際研討會，主題爲「躺椅內外，精神分析之思考及其應用」，由松德院區和臺灣精神分析學會共同邀請Mr. Michael Brearley和Mr. David M Black來台灣講學一週。兩位的態度和講題都是讓人印象深刻且收獲豐碩。在台灣能夠有群理念接近可以合作的好朋友，共同促成活動完成是人生快意的事。

最後，值得記上一筆的是，多年好友Nicola Abel-Hirsch女士去年順利成爲英國精神分析學會的訓練暨督導分析師。也預祝她正在編輯中的關於比昂（Bion）的新書順利出版，感謝她在臺灣精神分析學會初成立的幾年，每年接受

邀請來台灣講學。在她編輯中即將出版的新書致謝辭裡，
她也將向台灣的一些朋友們表達謝意，聽說還有中文名字
羅列出來呢！

不是拿走油燈就沒事了 /
「精神分析取向心理治療」進階（技術篇）

作　　　者 ｜ 蔡榮裕
執 行 編 輯 ｜ 游雅玲
校　　　稿 ｜ 葉翠香

封 面 設 計 ｜ 楊啓巽
版 面 設 計 ｜ 荷米斯廣告設計有限公司
印　　　刷 ｜ 侑旅印刷事業股份有限公司

———————— 精神分析系列 ————————
【在場】精神分析叢書　　策劃 ｜ 楊明敏
【思想起】潛意識叢書　　策劃 ｜ 蔡榮裕
【生活】應用精神分析叢書　策劃 ｜ 李俊毅

出　　版 ｜ Utopie 無境文化事業股份有限公司
地　　址 ｜ 802高雄市苓雅區中正一路120號7樓之1
電　　話 ｜ 07-3987336
E-mail ｜ edition.utopie@gmail.com

初　　版 ｜ 2018年3月
I S B N ｜ 978-986-92972-9-5
定　　價 ｜ 400元

國家圖書館出版品預行編目(CIP)資料

不是拿走油燈就沒事了：「精神分析取向心理治療」進階.技術篇 / 蔡榮裕作.
-- 初版. -- 高雄市：無境文化，2018.03 面 ；公分. -- ((思想起)潛意識叢書；4)
ISBN 978-986-92972-9-5 (平裝) 1.精神分析 2.心理治療 175.7　　106024669